Martin Krieger

Kaffee

Kaffee

Martin Krieger

Geschichte eines Genussmittels

2011
Böhlau Verlag Köln Weimar Wien

Bibliografische Information der Deutschen Nationalbibliothek:
Die Deutsche Nationalbibliothek verzeichnet diese Publikation in der Deutschen Nationalbibliografie; detaillierte bibliografische Daten sind im Internet über http://dnb.d-nb.de abrufbar.

Umschlagabbildung:
Detail aus Johann Heinrich Tischbeins Gemälde der Plöner Herzogsfamilie auf der Terrasse des Schlosses Traventhal (1759)
© The Museum of National History on Frederiksborg Castle.
Photo: Frederiksborg / Hans Petersen.

Ursulaplatz 1, D-50668 Köln, www.boehlau-verlag.com

Druck und Bindung: Finidr s.r.o., Český Těšín
Gedruckt auf chlor- und säurefreiem Papier
Printed in the Czech Republic

ISBN 978-3-412-20786-1

Vorwort

Kaffee – praktisch jedem ist das Getränk hierzulande vertraut oder zumindest bekannt. Trotz aller Nähe bleibt jener doch in vielerlei Hinsicht ein unbekannter Begleiter unseres Alltags. Dabei stellt die unscheinbare, koffeinhaltige Bohne schon seit Jahrhunderten eine wichtige kulturelle Brücke zwischen Übersee und Europa dar. Woher stammt der Kaffee? Auf welche Weise verbreitete sich das Getränk seit dem 15. Jahrhundert im Orient und wie gelangte es schließlich zu uns? Welche Bedeutung besitzt dessen historische Dimension noch heute? Eine Geschichte des Kaffees stellt eine Einladung dar, sich nicht nur mit diesem wichtigen Welthandelsgut selbst zu beschäftigen, sondern auch einen Blick auf die Vergangenheit jener Länder und Kulturen zu werfen, die von dem Getränk in besonderer Weise geprägt wurden. Dieses Buch will den Leser mit der langen wie tiefen Tradition vertraut machen, die uns mit dem Kaffee verbindet, und kann dabei durch die große Breite des Themas kaum mehr als ein erster Einstieg sein.

Ein Buch ist niemals das Werk eines einzelnen. Besondere Unterstützung erfuhr ich durch mein Kieler Team. Ich danke Herrn Tobias Delfs für die fundierten Verbesserungsvorschläge und die Korrekturen sowie Frau Carolin Groth für die Anfertigung des Registers. In bewährter und erfreulicher Weise betreute der Böhlau Verlag, dem ich ebenfalls sehr herzlich danke, die Entstehung dieser Publikation. Mit großem Engagement griff der Verlag die gemeinsam entwickelte Idee auf, meinem Tee-Buch auch noch ein Werk über den Kaffee folgen zu lassen. Von

Beginn an stand mir Herr Harald S. Liehr mit Rat und Tat sowie großer Geduld zur Seite. Herr René Valjeur las den gesamten Text mit einem gekonnten Blick fürs Detail Korrektur.

Ein besonderer Dank gilt vor allem meiner lieben Familie, die mir wieder einmal die Freiräume schuf, die ein solches Buch erst ermöglichen.

Osterby, im August 2011

Inhalt

I. Kaffee: Eine Weltgeschichte

Kaum ein Getränk prägt unser tägliches Leben mehr als der Kaffee. Der Kaffee hat unseren Alltag erobert – als Muntermacher zum Frühstück, zur Förderung der Konzentration im Büro, in geselliger Runde am Nachmittag oder vielleicht auch in Form eines starken Espresso nach dem gehaltvollen Diner am Abend. Der Begriff »Kaffeetrinken« steht dabei längst nicht mehr nur für den Genuß eines bestimmten Nahrungsmittels, sondern für eine gesellschaftliche Institution, die behagliches Beisammensein und kulinarische Gaumenfreuden ebenso verspricht wie Kommunikation und menschliche Nähe. Neben dem Getränk an sich drückt sich unsere Vorliebe für den Kaffee auch in einer hochentwickelten materiellen Kultur aus, die von Großmutters Kaffeemühle, bis hin zu edlem Porzellan, Silberbesteck, Tabletts und Kannen reicht. Aber auch aus Literatur und Musik ist er nicht mehr wegzudenken, gleich ob in der Wiener Kaffeehausmusik oder in Bachs »Kaffeekantate«. Wer erinnert sich nicht an das vielleicht noch in der Grundschule angestimmte Lied »C-a-f-f-e-e – trink nicht so viel Kaffee«? Wem der »Türkentrank« aus politischer Korrektheit nicht mehr mundet, der sei auf die wunderbare Darstellung von Siegfried Lenz zu den »Jütländischen Kaffeetafeln« verwiesen. Denn auch bei unserem nördlichen Nachbarn erfreut sich das Getränk außerordentlicher Beliebtheit:

> »Die Gastgeberin ließ es sich nicht nehmen, den Kaffee selbst einzuschenken, kräftigen, stark gebrannten Kaffee, und wem es aus der Tasse dampfte, der durfte auch gleich probieren, und auf einmal war ein Seufzen am Tisch,

ein Stöhnen, man seufzte und stöhnte mit geschlossenen Augen, freimütig, anhaltend, die unendliche Wohltat bezeugend, die man heiß im Schlund spürte, wir seufzten ungetrübt mit und nickten zu dem vollständigen Bekenntnissatz, daß doch nichts über eine gute Tasse Kaffee gehe.«[1]

Kaffee bedeutet an dieser Stelle wesentlich mehr als einen bloßen Durstlöscher. Der aus der Tasse aufsteigende Dampf gehört als visuelles Erlebnis ebenso dazu wie der Duft der gerösteten Kaffeebohnen und deren anregende Wirkung. Bei Lenz geriert sich der Kaffee einmal mehr zur Metapher eines bestimmten Lebensgefühls, das doch im merkwürdigen Kontrast zu unserer Unkenntnis über die Herkunft der Kaffeepflanze und die lange Geschichte des Kaffeetrinkens steht.

Die Literatur eignet sich den Kaffee aber nicht allein in Hinblick auf dessen Konsum an. Unvergessen sind die das spezifische Licht und die Stimmung des Plantagenlebens in den kenianischen Ngong-Bergen einfangenden Anmerkungen der dänischen Schriftstellerin Karen Blixen:

»Zuzeiten ist es sehr schön auf einer Kaffeepflanzung. Zu Beginn der Regenzeit, wenn die Pflanzung in Blüte stand, bot sich ein leuchtendes Bild, eine Wolke von Kreide schien im Nebel und Geriesel sechshundert Morgen weit übers Land gebreitet. Die Kaffeeblüten haben einen zarten bitterlichen Duft, ähnlich wie Schwarzdornblüten. Wenn das Feld sich von den reifen Kirschen rötete, wurden die Weiber und die Kinder – die Watoto – mit hinausgenommen, um mit den Männern den Kaffee von den Bäumen zu pflücken.«[2]

Bei Karen Blixen verklärt sich der Kaffeeanbau durch den romantischen Blick des Plantagenbesitzers; Land und Menschen verschmelzen zu einer Einheit; das Schicksal des Einzelnen wird allenfalls im Ausnahmefall und mit folkloristisch gefärbter Brille wahrgenommen. Ganz anders wirkt auf uns der epochale Roman »Max Havelaar« des niederländischen Kolonialbeamten Eduard Douwes-Dekker (alias Multatuli), dessen emotionsgeladene Kritik am ausbeuterischen Produktionssystem in Niederländisch-Indien im ausgehenden 19. Jahrhundert für heftige Debatten in den Niederlanden sorgte, weshalb der Autor schließlich ins deutsche Exil fliehen mußte.[3] Laut klagt Multatuli am Ende seines Buches die niederländische Kolonialobrigkeit an: »Gut, gut, alles gut! Aber ... DER JAVANER WIRD MIßHANDELT! ... Je lauter übrigens die Ablehnung meines Buches, umso lieber wird es mir sein, denn umso größer wird dann die Chance *gehört zu werden*. Und genau das *will* ich!«[4]

So hat der Kaffeegenuß heute wie in der Vergangenheit nicht allein mit der Pflanze selbst zu tun, sondern vielleicht noch viel stärker mit unserer kulturbedingten Wahrnehmung. Für denjenigen, der ihn das erste Mal trinkt, scheint er unangenehm und bitter; und den mit dem Kaffee nicht Vertrauten schmeckt er ebenso wenig wie den Kindern. Erst der regelmäßige Konsum sensibilisiert uns für seinen Geschmack, weshalb die Wissenschaftler in diesem Falle vom »angeeigneten Geschmack« sprechen.[5] Ein solcher Gewöhnungsprozeß vollzieht sich nicht nur tagtäglich unter zahllosen Individuen, sondern auch in längeren Zeiträumen unter ganzen Gesellschaften. So eignete sich ganz Europa in der Zeit zwischen etwa 1600 und 1800 den Kaffee als Konsumgut an. Seit dieser Zeit eröffnet uns die kleine, schwarze Bohne auch mental ganz neue Welten. Ebenso wie der Tee Assoziationen mit China und Indien weckt, verbinden wir den Kaffee mit dem Vorderen Orient – eine Gegend, die erst in unseren Köpfen ihre spezifisch exotische Anziehungskraft entfaltet. Wer denkt nicht an den Kaffee, wenn er den Ortsnamen »Mokka« hört oder an orientalisches Marktleben denkt?

Neben die kulturelle Bedeutung tritt die ökonomische Relevanz, denn der Kaffee stammt aus den Tropen und Subtropen, wird aber zum großen Teil in gemäßigten Breiten konsumiert, was die Kaffeebohne zu einem der wichtigsten globalen Handelsgüter macht. Gegenwärtig werden jährlich in mehr als einhundert Anbauländern mehr als 7 Millionen Tonnen Rohkaffee produziert. Dabei bauen die Armen den Kaffee für die Reichen an, was zu sozialer Ungleichheit führt und Entwicklungsgefälle festigt. Seit beinahe einem halben Jahrtausend existieren internationale Kaffeemärkte und üben einen erheblichen Einfluß auf politische, gesellschaftliche und kulturelle Entwicklungen nicht nur in den produzierenden Regionen, sondern auch in den Verbraucherländern aus. Damit avanciert die Geschichte des Kaffees gleichsam zur Weltgeschichte.

Aus diesen Gründen setzt ein Buch über den Kaffee eine multiperspektivische Herangehensweise voraus. Der Konsument und Connaisseur wird zweifellos einen anderen mentalen und intellektuellen Zugang zu dem Getränk finden als der Plantagenbesitzer; und dieser wiederum einen anderen als der Tagelöhner. Während die Bohne für letzteren die Grundlage für einen kargen Lebensunterhalt bietet, kann sie dem ersteren höchsten Genuß und Ausdruck von Lebensqualität bedeuten. So stellt das Thema auch den vorliegenden Band vor die Herausforderung, dem Kaffee möglichst in ganzheitlicher Perspektive gerecht zu werden – ein Anspruch, dem vielleicht nicht in jedem Falle entsprochen werden kann. Als zu unterschiedlich erweisen sich die vorliegenden Quellen, und auch der Standpunkt des Verfassers spielt wie in jedem anderen Buch auch hier eine nicht unerhebliche Rolle. Wenn im folgenden der Schwerpunkt eher auf einem europäischen Blickwinkel ruht, so geschieht das doch in keiner Weise in Verkennung der großartigen Arbeitsleistung und der damit in aller Regel verbundenen einfachen, wenn nicht gar unwürdigen Lebensbedingungen, mit dem die Menschen in den Anbauregionen für unseren Genuß zahlen.

Worum geht es in dem vorliegenden Buch also? Wir wollen versuchen, eine Reise durch die lange und vielfältige Geschichte des Anbaus, Handels und Konsums von Kaffee zu unternehmen – eine Reise, die uns durch viele Regionen der Erde führen und mehr als ein halbes Jahrtausend umspannen wird. Es ist das

Ziel des Buches, zu zeigen, daß Kaffeekonsum in großem Maße kulturbedingt ist, daß dessen im 17. Jahrhundert vielleicht noch ungeahnter weltweiter Siegeszug in erster Linie in den Köpfen der Menschen und mit ganz konkreten Assoziationen begann. Außerdem ist es ein Anliegen, die enorme ökonomische Reichweite dieses Getränks aufzuzeigen. Es ist nicht nur die eigene Vergangenheit, die sich in der schimmernden Oberfläche einer Tasse schwarzen Kaffees widerspiegelt, sondern auch eine weltwirtschaftliche Verflechtung, in der nicht allein die Arbeitsleistung der den Kaffee erntenden Menschen eine Rolle spielt, sondern in ebensolchem Maße das Klima, Mikroben, Kriege, Modeerscheinungen und der Staat.

Zunächst wird es in Kapitel II. aber um die Frage gehen, worum es sich beim Kaffee eigentlich handelt. In aller Regel kommt das Getränk in Pulverform (sei es als gemahlene Bohne oder als Instantversion) zu uns. Kaum etwas erinnert dabei noch an die Kaffeepflanze und an die Frucht, in der sich die Bohne einst befand. Und nur wenigen mag bewußt sein, daß jene bis zu einem Jahr lang an der Pflanze zur Reife heranwuchs, während sich die Aromastoffe herausbildeten, die erst mit der Röstung zur Entfaltung kommen. Ebenso verbindet uns wenig mit den Anbaugebieten und den einzelnen Sorten dieser Pflanze, die ursprünglich eine enorme genetische Breite aufweist. So sollte es uns also zunächst darum gehen, die Kaffeepflanze in ihrem natürlichen Umfeld kennenzulernen: Von welcher Gestalt ist sie, wie bilden sich die Früchte heraus, wie definieren sich die optimalen Anbaubedingungen?

Der allgemeinen Wahrnehmung nach liegt die Wiege des Kaffees im orientalischen Raum, worauf unter anderem der Name der *Coffea arabica* – der als am hochwertigsten betrachteten Sorte – verweist. Kaum ist hingegen die Tatsache bekannt, daß die Pflanze ursprünglich nicht aus Arabien, sondern aus den Urwäldern Afrikas stammt. Wie in Kapitel III. untersucht werden soll, existierten in der südwestlichen Peripherie des heutigen

Äthiopien in der Provinz Kaffa schon spätestens im 15. Jahrhundert Kaffeeanbau und -konsum. Hier haben die Biologen die größte genetische Vielfalt der Kaffeepflanze festgestellt, und hier bewahrte sich unter der indigenen Bevölkerung bis in die Gegenwart ein hochentwickeltes Zeremoniell um das Getränk. Während der Kaffee aus der Provinz Kaffa jedoch lange Zeit als minderwertig und nicht wettbewerbsfähig galt, zählt er heute zu den begehrten Spezialitäten auf dem Kaffeemarkt.

Eine Karriere als global gefragtes Luxusgut machte der Kaffee aber erst von der Arabischen Halbinsel aus, wo er vermutlich seit dem 16. Jahrhundert in größerem Umfange angebaut wurde. Schwer lassen sich allerdings die realen Anfänge von der landläufigen Legendenbildung trennen. Wie in Kapitel IV. untersucht werden soll, avancierte an der Schwelle zur Neuzeit das westliche Küstengebirge des Jemen zu einem bedeutenden Anbaugebiet, von wo aus die Bohnen nicht nur Eingang in die Märkte des westlichen Asien, sondern später auch Europas fanden. Wir wollen versuchen, den Anbau in den von Schluchten und einsam gelegenen Weilern gekennzeichneten Bergen ebenso zu rekonstruieren wie die aufwendige Reise des Rohkaffees in die Küstenebene und in die Hafenorte des Jemen. Dabei können wir uns auf frühe europäische Reiseberichte stützen, denn seit dem ausgehenden 17. Jahrhundert hielten sich in wachsender Zahl europäische Kaufleute und Reisende im Lande auf. Auch wenn die wenigsten von ihnen, im Gegensatz beispielsweise zum norddeutschen Arabien-Reisenden Carsten Niebuhr, die Anbaugebiete je mit eigenen Augen sahen, konnten sie doch mehr oder weniger präzise auch vom Hörensagen darüber berichten.

Der Kaffee wurde im Jemen nicht bloß für einen stetig größer werdenden Konsumentenkreis in Europa angebaut, sondern anfänglich in erster Linie für einen beträchtlichen Verbrauch im islamisch geprägten Asien und dem nördlichen Afrika. Zwischen Mokka, Djidda, Alexandria, Konstantinopel und dem indischen Surat avancierte das Getränk, wie in Kapitel V. zu untersuchen, schon früh zu einem beliebten Muntermacher, wobei nicht allein die gemahlenen Bohnen Verwendung fanden, sondern auch das getrocknete Fruchtfleisch der sie umhüllenden Schalen in Form des »kisher«. Dabei war der Kaffee immer auch ein soziales Getränk, das mit Vorliebe in den berühmten (und teils auch berüchtigten) orientalischen Kaffeehäusern genossen wurde, die in der zeitgenössischen Wahrnehmung oft auch Stätten der Prostitution und des unmoralischen Glücksspiels waren. Schon bald zog der Konsum daher nicht nur das Auge der weltlichen Obrigkeit, sondern auch das der Geistlichkeit auf sich. Und unter den muslimischen Gelehrten entspann sich eine Debatte über reale und vermeintliche moralische Gefahren und um die Frage, ob der Kaffeegenuß mit den islamischen Glaubensvorschriften vereinbar sei. Auf lange Sicht etablierte sich das Getränk aber doch als Substitut für den geschmähten Alkohol.

Lange, bevor der Kaffee erstmals auf einem Schiff um das Kap der Guten Hoffnung herum zu uns gelangte, hatte er über das westliche Asien und die Levante Europa erreicht. In der Anfangszeit des 16. und 17. Jahrhunderts galt jener hier in erster Linie als Medizin und wurde auf Grund des hohen Preises allenfalls von den Eliten in kleinen Mengen eingenommen. Schon bald gediehen jedoch in den botanischen Gärten Europas erste Kaffeepflanzen und avancierten an den Königshöfen (beispielsweise bei Ludwig XIV. von Frankreich) zu begehrten Geschenken. Kapitel VI. stellt das allmähliche Eindringen des Kaffees nach Europa vor, das mit einer gelehrten Debatte um die Herkunft dieses Getränks wie auch um dessen gesundheitlichen wie wirtschaftlichen Schaden und Nutzen einherging. Erst im 18. Jahrhundert erreichte jener mit stetig steigenden Importen auch breitere Bevölkerungsschichten und veränderte deren Konsumverhalten nachhaltig. Anstatt der traditionellen Biersuppe gab es nunmehr morgens zum Frühstück Kaffee. Und mit einem wachsenden Freizeitbewußtsein im Zuge der Aufklärung avancierte das neue Nahrungsmittel zu einem festen Bestandteil von Pausen, die den Arbeitstag strukturierten. In diesem Zusammenhang bildete sich eine spezifische materielle Kultur heraus, die sich heute anhand der zahllos überlieferten Nachlaßinventare rekonstruieren läßt.

Auch wenn der Kaffee in zunehmendem Maße die private Sphäre erreichte, ist doch keine Institution mehr mit diesem Getränk verbunden als das Kaffeehaus. In Kapitel VII. wollen wir die Geschichte dieser Einrichtung nachvollziehen, die im Orient ihren Ursprung hatte, sich seit der zweiten Hälfte des 17. Jahrhunderts aber auch in Europa geradezu explosionsartig verbreitete. Die Vorreiterrolle nahmen hier die nordwesteuropäischen Handelsriesen England und die Niederlande ein, aber auch im nord- und mitteldeutschen Raum zogen die Kaffeehäuser in immer größerem Umfange Kundschaft an. Hier wurde bei weitem nicht nur der legendäre schwarze Trank konsumiert, sondern die Kaffeehäuser avancierten ebenso zu Informationsbörsen, Orten der Kommunikation und des kommerziellen Austausches. So bedeutet es auch keinen Zufall, daß Lloyd's of London – eine der heute weltweit führenden Versicherungsbörsen – seinen Ursprung im Londonder »Lloyd's Coffee House« hat.

Immer seltener kamen die begehrten Bohnen schließlich über das Mittelmeer und die Levante nach Mittel-, West- und Nordeuropa, sondern die überaus erfolgreich agierenden europäischen Ostindienkompanien brachten jene im 18. Jahrhundert auf dem Seeweg vom jemenitischen Mokka direkt nach London, Amsterdam, Kopenhagen oder anderenorts. Der Erwerb von Kaffee im Jemen war kostspielig, und die europäischen Kaufleute vor Ort litten unter einer ausufernden Korruption und Vetternwirtschaft. Wie in Kapitel VIII. zu betrachten, entstanden auf Grund dieser Erfahrungen schon bald, ganz im Sinne des Merkantilismus, Pläne, den Kaffee auch in den eigenen tropischen Kolonien anzubauen. Unter teils konspirativen Umständen schmuggelten die Europäer keimfähige Kaffeebohnen und Pflanzen aus dem Jemen heraus. Diese wuchsen und vermehrten sich überaus erfolgreich beispielsweise in Niederländisch-Indien, Südamerika sowie in der Karibik und legten damit den Grundstein für eine eigenständige europäisch-koloniale Produktion, während der jemenitische Kaffee gegen Ende des 18. Jahrhunderts an Reputation und Bedeutung einbüßte.

Während die einstige, am Roten Meer gelegene Kaffeemetropole Mokka schließlich nur noch ein Schatten ihrer selbst war und zu einem Trümmerfeld degenerierte, erlebte der Kaffee im 19. Jahrhundert einen bis dahin ungeahnten Siegeszug um die Welt. Erstmals entstand ein globaler Kaffeemarkt, bei dem Angebot und Nachfrage die Preise sowohl beim Produzenten als auch beim Konsumenten bestimmten und die Monopolbestrebungen der Handelskompanien ein Ende fanden. Dauerhaft sanken die Preise und machten das Getränk quasi für jedermann erschwinglich. Vor diesem Hintergrund untersucht Kapitel IX. den Aufschwung des Anbaus in den Kolonien sowie in den damals jungen südamerikanischen Staaten ebenso wie die Globalisierung von Produktion, Transport und Konsum im Zeitalter des Imperialismus. Gegen Ende des 19. Jahrhunderts avancierte selbst Deutschland mit seinen afrikanischen Kolonien zu einem Kaffeeproduzenten, auch wenn es mit den übermächtigen Wettbewerbern nicht mithalten konnte. Bald schon verbanden Eisenbahnen die Anbaugebiete mit den Häfen an der Küste, was die Transportkosten ebenso reduzierte wie die aufblühende Dampfschiffahrt auf den Weltmeeren. Krisen in den Anbauregionen – wie etwa durch den Kaffeerost verursachte Mißernten – und die Weltkriege konnten das globale Wachstum der Kaffeewirtschaft allenfalls phasenweise ausbremsen, nicht jedoch dauerhaft hemmen. Seit dem Zweiten Weltkrieg kamen neue Produzenten hinzu, wie etwa Vietnam, das heute zu den Großen eines globalen Kaffeemarktes zählt.

Wie wir in Kapitel X. untersuchen wollen, führten aber nicht nur ein unvergleichliches quantitatives Wachstum, sondern auch regelrechte qualitative Kaffeerevolutionen in den Konsumentenländern zu einer gänzlich neuen Sicht auf das Produkt. Huldigte die Erfindung des koffeinfreien Kaffees in erster Linie der Lebensreformbewegung des ausgehenden 19. Jahrhunderts, stellt der Siegeszug des Löslichen seit Ende der 1930er Jahre eine Hommage an die Beschleunigung des Alltags der Gegenwart dar. Ein ganz neues Lebensgefühl vermittelte dann seit den 1950er Jahren die Innovation der Kaffeebar im Westen, wie auch der Erfolg der weltweit operierenden Kaffeehaus-Ketten und der Kaffee im Pappbecher nochmals zur Revolutionierung unseres Verhältnisses zum Kaffee führten.

Inwieweit dieser Wandel auch das Leben in Deutschland prägte und prägt, ist Gegenstand des abschließenden Kapitels. Wieso ist Deutschland ein Kaffeeland, und aus welchem Grund hatte der Tee hierzulande die geringeren Chancen? Es liegt nicht zuletzt am Bild dieses Getränks, das uns seit mehr als einem Jahrhundert die Werbung vermittelt, wonach der Genuß einer »guten Tasse Kaffee« ein Gefühl von Heimeligkeit, ja bisweilen sogar Biederkeit, vermittelt. Assoziationen mit der erfolgreichen Arbeit im Büro sowie dem gelungenen Familienfest kommen auf. Gleichwohl bröckelt dieses Bild zusehends, was auch hierzulande den Weg der geschmacklichen Globalisierung ebnet, wie nicht nur Firmenzusammenschlüsse von Kaffeeanbietern, sondern auch die wie Pilze aus dem Boden schießenden Kaffeebars zeigen.

Die große kommerzielle und kulturelle Bedeutung des Kaffees brachte eine außerordentlich breite Forschung hervor, die heute ganze eigenständige Bibliographien füllt und hier unmöglich in ihrer Breite berücksichtigt werden kann. Einen guten Überblick zur Kaffeepflanze in ihrem natürlichen Kontext bietet bereits 1934 C. Coolhaas; wesentlich ausführlicher und den aktuellen Forschungsstand reflektierend (allerdings sich auch eher an den Plantagenbesitzer als an den Historiker wendend) ist die tausendseitige, von Jean Nicolas Wintgens herausgegebene, Gesamtschau über die Anbau- und Verarbeitungsmethoden der Bohne.[6]

Zur Geschichte des Kaffees existiert ungleich weniger Literatur, was vor allem den deutschsprachigen Raum betrifft, während von anglo-amerikanischer Seite deutlich zahlreichere Arbeiten vorliegen. Nur selten wurde der Versuch unternommen, die Vergangenheit des Kaffees in einer Gesamtschau zu betrachten. Eine Pionierleistung stellt dabei Heinrich Eduard Jacobs Studie »Sage und Siegeszug des Kaffees. Die Biographie eines weltwirtschaftlichen Stoffes« aus dem Jahre 1934 dar, die heute zu den lesenswerten Klassikern zählt und verdienstvollerweise 2006 unter leicht verändertem Titel erneut herausgegeben wurde.[7] Jacob, der mit seiner Publikation bisweilen als der »Erfinder des Sachbuches« gilt, stellt den Kaffee als Person, ja geradezu als Helden dar, der seit dem Mittelalter die Welt in seinen Bann zog.[8] Auch wenn aus heutiger Sicht nicht mehr in allen Details zutreffend, hat Jacobs' Buch nachfolgende Arbeiten angeregt und vorangebracht. Insbesondere erscheint der Topos, wonach das Getränk Religionen und Kulturen zusammenführe, aus heutiger Sicht aktueller und wünschenswerter denn je. Da sein Buch bereits 1935 ins Englische übersetzt wurde, berufen sich heute auch die gängigen englischsprachigen Gesamtschauen, etwa »The World of Caffeine« von Bennett Alan Weinberg und Bonnie K. Bealer auf den Doyen der Kaffeegeschichtsforschung.[9]

In großem Maße fiel die Sozialgeschichte des Kaffeetrinkens bei den Historikern auf fruchtbaren Boden, insbesondere die vielfältige wie interessante Geschichte des Kaffeehauses. Während ältere Werke wie das Buch von Wolfgang Jünger, aber auch die lesenswerte, illustrierte Studie »Kaffee und Kaffeehaus« von Ulla Heise auf einen breiteren Leserkreis abzielen, existieren heute auch sehr spezifische Fachstudien zum Kaffeehaus, die diese Institution im Umfeld des frühneuzeitlichen gesellschaftlichen Wandels verorten. Besonders zu empfehlen ist an dieser Stelle Brian Cowans »The Social Life of Coffee« mit einem Schwerpunkt in Großbritannien.[10]

Daneben nimmt die Wirtschaftsgeschichte des Kaffees einen vergleichsweise großen Raum ein. Den Beginn machte die Erforschung des europäischen Kompaniehandels der Frühen Neuzeit, in dessen Zusammenhang auch der Kaffee in das Blickfeld der Wissenschaftler geriet. Neben Kristof Glamanns Buch zum niederländischen Ostindienhandel bis zur Mitte des 18. Jahrhunderts geht vor allem K. N. Chaudhuri in seiner beeindruckenden Studie »The Trading World of Asia and the English East India Company« auf das Thema ein. Hier geraten erstmals auch vergleichsweise moderne Markt- und Preisbildungsmechanismen in den Blick der historischen Forschung.[11] Im vergangenen Jahrzehnt weitete sich die wirtschaftsgeschichtliche Perspektive auch um die ökonomischen und sozialen Folgen für die Produktionsländer und die dortigen Menschen. Gleich ob auf Java, in Ceylon, Nicaragua oder Brasilien – der Kaffee veränderte in den vergangenen beiden Jahrhunderten die sozio-ökonomischen Strukturen der ländlichen Bevölkerung grundlegend und nicht immer zum Positiven, wie aus dem von Clarence-Smith und Topik 2003 herausgegebenen Sammelband »The Global Coffee Economy in Africa, Asia, and Latin America, 1500–1989« mehr als deutlich wird.[12] Für einen breiteren Überblick zur existierenden Forschung sei auf das Literaturverzeichnis im Anhang dieses Buches verwiesen.

Vielfältiger als die Darstellungen zur Geschichte des Kaffees sind die Quellen, auf die sich die einschlägigen Studien stützen. So gut wie nichts existiert aus der Anfangszeit des Kaffeeanbaus im afrikanischen Kaffa, wenig aus der Frühzeit im Jemen. Ungleich mehr Dokumente sind hingegen in den Archiven der europäischen Ostindiengesellschaften seit der zweiten Hälfte des 17. Jahrhunderts erhalten. Hinzu treten zeitgenössische wissenschaftliche Abhandlungen, Reisebeschreibungen, Prosa und Poesie, in neuerer Zeit ökonomische Analysen und seit dem ausgehenden 19. Jahrhundert in immer größerem Maße die Werbung. Fremdsprachige Zitate aus den Quellen werden in diesem

Buch in deutscher Übersetzung wiedergegeben, es sei denn, sie sind so knapp und prägnant, daß eine Übersetzung ihnen den besonderen Charakter nehmen würde.

Sollte dieses Buch den Leser anregen, die lange Geschichte und die großen weltwirtschaftlichen Zusammenhänge zu erkennen, die sich in der morgendlichen Kaffeetasse spiegeln, hat es seinen Zweck erfüllt.

II. Was ist Kaffee?

Schon längst dampfte in den Tassen der Europäer der belebende, schwarze Kaffee, als noch kaum bekannt war, woher die blaß-gelblichen Bohnen stammten, die erst geröstet ihre charakteristische schwarzbraune Färbung annehmen. 1686 erschien in Bautzen eine Schrift über die drei neuen Getränke Kaffee, Tee und Schokolade, verfaßt von dem aus einer alten Ulmer Familie stammenden Jacob Spon (1645/47–1685). Darin informiert der Verfasser seine Leser über die Kaffeepflanze:

> »Café ist eine Art fremder Hülsen-Früchte / so groß / wie bey die Bohnen / und denen auch sonst nicht gar ungleich / an einem Ende rund / am andern breit / und in der mitten gespalten / von Farbe nicht recht weiß / auch nicht recht gelbe; steckt in einer doppelten Schale oder Rinde / deren die inwendige sehr dünne / und der Farbe nach wie der Kern; die auswendige aber schwärtzlich und gar dicke ist.«[1]

Spon beschreibt korrekt die helle Farbe der in der Frucht zweifach vorkommenden Bohne, die jede für sich von einer dünnen Pergamentschicht sowie insgesamt vom Fruchtfleich umhüllt ist. Auch das Bild, das er von dem Kaffeestrauch zeichnet, ist zwar unscharf, aber im großen und ganzen zutreffend:

> »Der Baum ... kann der Grösse nach / auch wohl unserm Kirsch-Baume vergliechen werden: Denn / es hat die Staude ebenfalls gantz dünne Aestgen / kleine Blätter / welche dicke / gleich / und allzeit grüne sind / doch bald wieder abfallen / also / daß die Frucht noch eine Weile stehen bleibet / biß sie vollends recht reiff geworden.«[2]

Auch wenn er sich selbst nicht ganz darüber im klaren ist, ob es sich bei der Pflanze um einen Baum oder einen Strauch handelt (eine Frage, die bis heute unentschieden ist), trifft doch seine Einschätzung der Größe recht genau zu. Ebenso ist ihm bekannt, daß es sich beim Kaffee um eine immergrüne Pflanze handelt und daß die Kaffeefrucht offenbar eine längere Zeit zum Reifen benötigt.

Spon unternimmt in seinem Text den Versuch, die Pflanze mit einem in Europa heimischen Gewächs zu vergleichen, um sie dem Leser überhaupt erst anschaulich zu machen. Auf ähnliche Weise verfährt auch der englische Geistliche John Ovington, der sich Ende des 17. Jahrhunderts in der jemenitischen Handelsstadt Mokka aufhielt:

> »Der Kaffee reift zu einer bestimmten Jahreszeit, und er ist ebenso der Gefahr von Mißernten ausgesetzt wie bei uns Getreide und Früchte. Die Pflanzen gedeihen jeweils gruppenweise in der Nähe von Wasser wie bei uns die Ilex; die Bohne selbst ähnelt einer Lorbeere. Jeweils zwei von ihnen finden sich in einer Schale eingeschlossen und trennen sich erst, wenn jene aufbricht. Auch das Blatt ähnelt von der Größe her demjenigen der Lorbeere, ist aber recht dünn. Der Baum selbst wird nicht groß und trägt auch nicht besonders lange Früchte, sondern muß immer wieder durch neue Pflanzen ersetzt werden.«[3]

Im Gegensatz zu Spon bemüht Ovington gleich zwei europäische Pflanzen, um dem Leser einen groben Eindruck vom Kaffeegewächs zu vermitteln. Viel mehr noch als bei Spon wird aber deutlich, daß er selbst einen Kaffeegarten in den Bergen des Jemen kaum je gesehen haben mag, allenfalls die Blätter und Früchte der Pflanze. So ist allein schon die Bemerkung, die Pflanze würde in der Nähe des Wassers wachsen, unbestimmt: Meinte er damit die Küstenebene des Jemen oder einfach nur Flüsse und Seen im Landesinneren? Was bedeutet die Aussage, die Kaffeepflanze würde nicht lange Früchte tragen und müsse bald ersetzt werden, wo eine solche doch üblicherweise mindestens drei Jahrzehnte ausreichende Erträge abwirft? Es entsteht der Eindruck, als habe Ovington die Pflanze allein vom Hörensagen kennengelernt.

Eine weitere Beschreibung begegnet uns mit dem französischen Reisenden de Noïers, der den Jemen zu Beginn des 18. Jahrhunderts besuchte. Dieser vergleicht den Kaffeestrauch vom Aussehen her mit einem acht bis zehn Jahre alten Apfelbaum. In einem gewissen Alter bögen sich die Zweige nach unten, was dem Strauch die Gestalt eines Schirmes verleihe. Die Rinde sei weißlich und rauh, während das Blatt demjenigen eines Zitronenbaumes ähnele – allerdings weniger spitz zulaufend und dicker; und das Grün des Blattes sei kräftiger als bei der Zitrone. Die Blüten erinnerten de Noïers wiederum an Jasmin, deren Geruch sei angenehm und habe etwas Balsamisches; offenbar muß der Franzose von den Blüten sogar gekostet haben, denn er fand an ihnen einen bitteren Beigeschmack. Nach dem Verwelken der Blüte wachse an derselben Stelle eine kleine Frucht – zunächst grün, mit wachsender Reife rötend und einer Kirsche nicht unähnlich. Auch von der Frucht probierte er: Man könne sie gut essen, sie sei nahrhaft und kühlend. Innerhalb der Frucht fand er schließlich die zweigeteilte, jeweils von einer feinen Haut umhüllte Bohne. Diese war ihm deutlich unangenehmer im Geschmack und »extrem bitter«.[4]

Diese drei Beispiele verdeutlichen, daß die Kaffeepflanze in Europa um 1700 keine gänzlich Unbekannte mehr darstellte, daß aber das Wissen um sie sehr ungleich verteilt war. Selbst Reisende, die den Jemen aus eigener Anschauung kannten, mußten nicht notwendigerweise auch in den Kaffeeanbaugebieten gewesen sein. Das größte Problem dieser Zeit bestand darin, dem heimischen Leser die Pflanze visuell vorstellbar zu machen, was allein durch Vergleiche mit europäischen Gewächsen gelang.

Es sollte noch einige Zeit vergehen, ehe die Europäer begannen, in ihren eigenen Kolonien in Asien und Amerika Kaffee anzubauen. Die plantagenmäßige Kultivierung setzte schließlich eine intensive wissenschaftliche Auseinandersetzung mit der Pflanze voraus, um die bestmöglichen Anbauvoraussetzungen zu schaffen. So sammelte sich spätestens seit der Mitte des 18. Jahrhunderts in den europäischen botanischen Gärten und später auch in den Forschungsstationen in Übersee ein breites Wissen, das sich im Laufe der Zeit noch beträchtlich vermehrte. 1753 führte der berühmte schwedische Botaniker Carl von Linné (1707–1778) – selbst ein eifriger Verfechter heimischer Ersatzgetränke – den Kaffee schließlich in seine Pflanzentaxonomie ein. Aber selbst heute noch ist die Kaffeepflanze trotz ihrer großen weltwirtschaftlichen Bedeutung noch immer nicht vollständig erforscht. Insbesondere vermuten die Botaniker, daß in den Tiefen der afrikanischen Urwälder noch weitere, bislang unbekannte Sorten dieser Pflanze beheimatet sind – ein biologischer Schatz, der mit zunehmender Entwaldung des Schwarzen Kontinents unwiederbringlich verlorenzugehen droht. Gerade in Ländern wie Gabun, der Demokratischen Republik Kongo und Uganda sind umfangreiche Feldforschungen dringend vonnöten.[5]

Die Gattung *Coffea* gehört zur Pflanzenfamilie der Rötegewächse (*Rubiaceae*). Entsprechend ist sie mit der Gardenie ebenso verwandt wie mit der Ixora, dem Krapp, aber auch mit dem Chinarindenbaum. Heute sind etwa 70 Sorten der Kaffeepflanze bekannt, von denen allein die *Coffea arabica* und *Coffea canephora var. robusta* für den kommerziellen Anbau von größerer Bedeutung sind. Von geringerem Rang, aber gleichwohl auch plantagenmäßig angebaut, sind *Coffea liberica* und *Coffea excelsa* mit jeweils etwa 1–2% der heutigen Weltproduktion.[6]

Der Kaffee ist, wie bereits von den frühen Jemen-Reisenden festgestellt, ein immergrüner Strauch bzw. Baum. Die Pflanzen werden aus Ablegern oder Samen (eben den »Kaffeebohnen«) gezogen. Diese müssen möglichst frisch gesät werden, solange sie noch einen Feuchtigkeitsgehalt von mehr als 50% haben. Auf diese Weise keimen gewöhnlich um die 90% von ihnen, während die

Keimfähigkeit mit zunehmender Trocknung beträchtlich sinkt. Daher ist auch heute noch die Konservierung keimfähigen Materials in Saatgutbanken außerordentlich problematisch, und allein die Anlage lebender Feld-Genbanken ist auf lange Sicht bei der Bewahrung der genetischen Vielfalt erfolgversprechend. Solche *in situ*-Pflanzungen existieren gegenwärtig in Äthiopien, Costa Rica, Brasilien, Kolumbien, Tansania, Kenia, Kamerun, Togo, auf Madagaskar, an der Elfenbeinküste, in Indien und Südostasien.[7]

Etwa zehn Wochen nach der Saat platzt die dünne Pergamenthaut der Bohne auf, und ungefähr einen weiteren Monat später entfaltet der junge Keimling seine ersten Blätter. In der Folgezeit entstehen Wurzelwerk, Stamm und Zweige. Die ausgewachsene Kulturkaffeepflanze verfügt schließlich über einen 8–13 cm dicken Stamm und kann in unbeschnittenem Zustand bis zu 8 m hoch emporwachsen. Die Lebensdauer eines regelmäßig gepflegten Strauchs beträgt bis zu 80 Jahre, obgleich kommerziell genutzte Pflanzen in der Regel nach etwa drei Jahrzehnten deutlich ertragsschwächer und entsprechend ersetzt werden.

Die ausgewachsene Pflanze verfügt über eine kräftige Hauptwurzel, die gewöhnlich einen halben bis einen Meter in den Boden hinabreicht. Von jener zweigen kleinere Wurzeln ab, die sowohl senkrecht in die Tiefe als auch in die Breite wachsen und Längen von bis zu 3 Metern erreichen. Bei feuchteren Böden finden sich jene Wurzeln meist dicht unter der Oberfläche, sind dann aber bei längeren Trockenperioden entsprechend anfälliger; bei trockenem Untergrund reichen sie hingegen oft weit in die Tiefe hinab. Insgesamt erweisen sich die Wurzeln also als außerordentlich flexibel und passen sich durch individuelles horizontales wie vertikales Wachstum den unterschiedlichen Boden- und Grundwasserverhältnissen an.[8]

Die elliptischen Blätter wachsen immer paarweise gegenüberliegend am Stamm oder an den Ästen und Zweigen. Sie haben eine wachsartige Oberfläche, sind entsprechend leicht glänzend und von dunkelgrüner Farbe. Die jungen Pflanzen setzen üblicherweise im zweiten oder dritten Jahr Blüten an und tragen meist drei Jahre nach der Keimung erstmals Früchte. Die Blüten der Kaffeepflanze sind weiß. Während die Wildsorten in der Regel nur über 2–4 Blütenblätter verfügen, sind es bei Kulturpflanzen zwischen 8 und 16. Die meisten Kultursorten sind zudem sehr blütenreich, so daß die Blüten oft in Büscheln dichtgedrängt nebeneinander wachsen. Meist entwickeln sich jene am einjährigen Holz und sind außerordentlich kurzlebig. So öffnen sie sich in der Regel früh am Morgen; findet dann sogleich die Befruchtung statt, beginnen sie schon am Nachmittag desselben Tages zu verwelken. Eine ausgewachsene Pflanze produziert während der Blüte bis zu 2,5 Millionen Blütenpollen, die vom Wind weitergetragen werden und damit 20–30.000 Blüten bestäuben können. Oft befruchten dabei die aus den oberen Bereichen der Pflanze herabfallenden Pollen die weiter unten liegenden Blüten derselben Pflanze.

Unmittelbar nach der Befruchtung setzt der Prozeß der Fruchtbildung ein. Dabei wächst die junge Frucht innerhalb der ersten beiden Monate nur ganz allmählich heran. Deutlich an Größe gewinnt sie dann zwischen dem dritten und dem fünften Monat. Der Reifeprozeß setzt aber erst zwischen dem sechsten und achten Monat ein, wobei die anfänglich grüne Kirsche in den letzten Wochen der Reife eine rote (bei einzelnen Sorten auch gelbe) Färbung annimmt. Zwischen Blüte und Ernte vergehen auf diese Weise je nach Sorte zwischen einem dreiviertel und bis zu mehr als einem Jahr. Die Frucht der Kaffeepflanze wird gemeinhin als Kirsche bezeichnet, in der sich jeweils zwei, von der bereits erwähnten dünnen Pergamentschicht umhüllte, Samen finden – die uns als Kaffeebohnen bekannt sind. Diese sind in Abhängigkeit von der jeweiligen Sorte durchschnittlich 10 mm lang und 6 mm breit. Eine getrocknete Bohne wiegt zwischen 0,37 und 0,50 Gramm. Es ist also leicht vorstellbar, welch enorme Kultivierungs- und Arbeitsleistung sich hinter einem Pfund Kaffeepulver verbirgt, das wir heute im Supermarkt kaufen.

Die entscheidenden Merkmale der kommerziell genutzten Kaffeebohne sind ihr Aroma und ihre anregende Wirkung. Während das Aroma durch eine große Zahl unterschiedlicher Inhaltsstoffe bestimmt wird, ist es doch das stimulierende Koffein, das in der Forschung wie in der öffentlichen Wahrnehmung das größte Interesse auf sich zieht und am umfangreichsten erforscht wurde. Dabei sind allerdings noch längst nicht alle Fragen zur Wirkung dieses Stoffes auf den menschlichen Körper geklärt. Schon seit der Frühen Neuzeit war die belebende Wirkung von Kaffee und Tee bekannt, aber noch lange fehlte das Wissen um den konkreten Inhaltsstoff, der zu dieser Wirkung führte. Die Entdeckung des Koffeins blieb der ersten Hälfte des 19. Jahrhunderts vorbehalten, als bereits recht fortschrittliche chemische Analyseverfahren zur Verfügung standen. Um 1820 wurde das Koffein nahezu zeitgleich von mehreren Forschern identifiziert: von Pierre Joseph Pelletier (1788–1842) und Jean Bienaimé Cavetou (1795–1877). In Deutschland extrahierte erstmals Friedlieb Ferdinand Runge (1794–1867) diesen Stoff, wobei er hierzu von keinem geringeren als von Goethe selbst angeregt wurde. So fand im Jahre 1819 in Jena eine denkwürdige Begegnung zwischen dem alternden Meister und dem vielversprechenden, fünfundzwanzigjährigen Chemiker Runge statt. Goethe hatte zuvor von dem renommierten Jenenser Chemiker Johann Wolfgang Döbereiner erfahren, daß der aus dem hamburgischen Billwerder stammende Runge schon als Kind Experimente mit Pflanzenextrakten unternommen und bereits in jungem Lebensalter einen Extrakt aus der hochgiftigen Tollkirsche gewonnen hatte. Zufällig sei eines Tages ein Tropfen davon in sein Auge gelangt, und Runge habe beobachtet, daß sich seine Pupille ausdehnte und sich sein Blick eintrübte. Für weitere entsprechende Versuche mußte dann seine Katze herhalten, ehe Runge in Jena mit dem Chemiestudium begann.

Goethe seinerseits hatte sich im höheren Lebensalter den Naturwissenschaften verschrieben und nahm begierig neue Forschungserkenntnisse auf. Mit seiner Katze (wohl nicht mehr dieselbe, mit der er als Kind experimentiert hatte) erschien Runge im besagten Jahr auf Einladung beim Dichter, der sich das Experiment mit dem Tollkirschen-Extrakt vorführen ließ. Anschließend deutete dieser auf die vor ihm liegenden Kaffeebohnen. Goethe war ein großer Kaffeefreund, ist sich aber offenbar schon früh einer gewissen Suchtgefahr bewußt geworden, was ihn schon als Dreißigjährigen bewogen hatte, seinen Kaffeekonsum deutlich zu reduzieren. Gern wollte er aber wissen, was nun genau die belebende Wirkung des Getränks verursache und ob nicht im Tierversuch ein ähnlicher Effekt wie bei den Tollkirschen zu beobachten sei. In seinen »Hauswirthschaftlichen Briefen« berichtet Runge:

> »Nachdem Goethe mir seine größte Zufriedenheit ... ausgesprochen, übergab er mir noch eine Schachtel mit Kaffeebohnen, die ein Grieche ihm als etwas ganz Vorzügliches gesandt. ›Auch diese können Sie zu Ihren Untersuchungen brauchen!‹ sagte Goethe. – Er hatte Recht, denn bald darauf entdeckte ich darin das wegen seines großen Stickstoffgehalts so berühmt gewordene ›Coffein‹. Nun entließ er mich. Ohne recht zu wissen, wie, war ich zur Thür hinaus und die Treppe hinunter, als Goethe mir noch nachrief: ›Sie vergessen Ihren Famulus!‹ und der Diener mir den kleinen Kater in den Arm legte, der während unserer Unterredung ruhig auf dem Sopha gesessen hatte.«[9]

Trotz dieser Entdeckung und weiterer erfolgreicher Forschungen zur Herstellung künstlicher Farbstoffe blieb die große Karriere aus. Nach einer Grand Tour durch Europa wirkte Runge eine zeitlang als außerordentlicher Professor in Breslau, das er 1831 wieder verließ. Es folgte eine Anstellung in der Privatwirtschaft. 1867 starb Runge in Armut.[10]

Heute ist das chemische Geheimnis um das Koffein weitgehend gelöst. Die zur Gruppe der Alkaloide gehörende Verbindung besteht aus den vier chemischen Elementen Kohlenstoff,

Wasserstoff, Stickstoff und Sauerstoff. Als chemische Formel ausgedrückt: $C_8H_{10}N_4O_2$. In Reinform handelt es sich um ein bei Raumtemperatur weißes, flockenartiges Pulver, das sich aus länglichen Kristallen zusammensetzt und auch unter mehreren anderen chemischen Bezeichnungen firmiert. Reines Koffein wird aus den Restprodukten, die bei der Herstellung entkoffeinierten Kaffees anfallen, aus überschüssigen Teeblättern oder auch synthetisch hergestellt und wird für medizinische Zwecke und zur Herstellung koffeinhaltiger Softdrinks benötigt.[11]

Lange Zeit rätselten die Forscher, weshalb bestimmte Pflanzen, wie beispielsweise Tee, Kaffee, Mate oder Qat, überhaupt Koffein produzieren. Heute herrscht weitgehend Einigkeit darüber, daß das zu ihrem Selbstschutz geschieht. So sind jene in der Lage, mit Hilfe dieses Stoffes schädliche Bakterien und Pilze abzutöten sowie pflanzenschädigende Insekten unschädlich zu machen. Beispielsweise zeigen Versuche mit durch Koffein narkotisierten Spinnen, daß diese kaum mehr in der Lage sind, ein ordentliches Spinnennetz zu weben, und daß das Koffein auf diese Tiere deutlich stärker wirkt als beispielsweise das Rauschmittel Marihuana. Aus dieser Beobachtung erklärt sich auch die Tatsache, daß sich die *Coffea robusta* mit ihrem im Vergleich zur *Coffea arabica* beinahe doppelt so hohen Koffeingehalt als deutlich widerstandsfähiger gegenüber Schädlingen und anderen Umwelteinflüssen erweist.

Dem Menschen gilt das im Kaffee enthaltene Koffein hingegen als Wachmacher; es dient der Steigerung von Leistungsfähigkeit und des Konzentrationsvermögens und hebt die Stimmung. Außerdem trägt es dazu bei, asthmatische Beschwerden zu lindern und hilft gegen zu niedrigen Blutdruck. Neben den positiven Effekten kann das Koffein unseren Körper aber auch negativ beeinflussen. Das trifft vor allem bei erstmaliger oder unregelmäßiger Einnahme zu, während regelmäßige, maßvolle Kaffeetrinker kaum gesundheitliche Folgen zu fürchten haben. Neueste Forschungsergebnisse gehen davon aus, daß der maßvolle Kaffeegenuß weder zu einem verstärkten Risiko des Herzinfarktes noch zu einem erhöhten Krebsrisiko führt. Medizinische Erkenntnisse unterliegen gleichwohl einem steten Fortschritt und können möglicherweise auch einmal widerlegt werden.

Koffein ist fettlöslich und in der Lage, Zellmembranen zügig zu passieren, wodurch der Stoff innerhalb kurzer Zeit von Magen und Darm in die Blutgefäße und wie nur wenige andere Stoffe sogar in das zentrale Nervensystem gelangt, wo er seine anregende Wirkung entfaltet. Er verbreitet sich schließlich in allen Zellen des Körpers, beispielsweise auch in der menschlichen Muttermilch. Innerhalb einer Stunde nach Einnahme zeitigt das Koffein im Körper seine maximale Wirkung (in Form von koffeinhaltiger Softdrinks etwas später). Insgesamt ist jene abhängig vom Körpergewicht – bei leichteren Menschen wirkt der Stoff schneller und intensiver als bei schwereren. Ebenso rasch, wie das Koffein in die menschlichen Zellen gelangt, wird es schließlich in der Leber chemisch umgewandelt und mit dem Urin wieder ausgeschieden.[12]

Wieviel Koffein mit einer Tasse Kaffee tatsächlich in unseren Körper gelangt, hängt natürlich nicht allein von deren Größe ab, sondern von der Wahl der Sorte und der Art der Zubereitung. Im Jahre 1988 wurde in Kanada eine Studie an siebzig verschiedenen Orten durchgeführt, die zu dem Ergebnis kam, daß eine standardisierte Tasse Kaffee zwischen 20 und beinahe 150 mg Koffein enthält, daß also eine beträchtliche Spannweite besteht. 1995 wurden in den USA vergleichend entkoffeinierte Kaffees untersucht, wobei sich herausstellte, daß auch hier eine erhebliche Bandbreite existiert, ja daß einige angeblich Entkoffeinierte beinahe so viel Koffein wie normale Kaffees enthielten (Starbucks: 25 mg; Sanka 1,5 mg).

Lange Zeit glaubten die Botaniker, es gebe mit dem arabischen Kaffee – der *Coffea arabica* – nur eine Sorte von dieser Pflanze, die im Süden der Arabischen Halbinsel in kultivierter Form aufträte. Seit die europäischen Forscher und Reisenden aber in den letzten Jahrzehnten des 18. Jahrhunderts immer weiter in die küstennahen Urwaldregionen Afrikas vordrangen und auch die vor der afrikanischen Küste im Indischen Ozean gelegenen Inseln erforschten, entdeckte man weitere Sorten. So wurde wilder Kaffee 1783 auf der Insel La Réunion festgestellt, 1790 in Mosambik, zwei Jahre später in Sierra Leone, aber erst um 1890 am Kongo.[13] Gerade die letztgenannte, vergleichsweise späte Entdeckung sollte sich aber als besonders folgenreich erweisen, handelte es sich bei der Kongo-Sorte um die *Coffea canephora var. robusta*, also um den sogenannten Robusta-Kaffee. Dieser billigere, aber auch koffeinhaltigere Kaffee besitzt nämlich heute für die industrielle Produktion von Instant-Kaffees große Bedeutung. Im ausgehenden 19. Jahrhundert setzte unter den Botanikern schließlich ein regelrechter Wettlauf um die Entdeckung bis dahin noch unbekannter, wilder Kaffeesorten ein, deren Nachkommen sich heute in den botanischen Gärten rund um den Globus befinden. Gegenwärtig unterhält die Welternährungsorganisation FAO ein ständig aktualisiertes Verzeichnis der weltweiten Kaffeesammlungen.

Bei der Identifizierung der Kaffeesorten stellte sich rasch ein grundlegendes Unterscheidungsmerkmal heraus: So gibt es Hochland- und Tieflandgewächse, die sich voneinander nicht nur durch ihre geographische Verbreitung, sondern auch durch Wuchs und durch jeweils unterschiedliche Reifung und Eigenschaften der Kirschen unterscheiden. Die bereits vorgestellte *Coffea arabica*, die im äthiopischen Hochland in Höhen zwischen 1.300 und 2.000 m beheimatet ist (vgl. Kapitel 3), stellt dabei die bedeutendste Hochland-Sorte dar. Ihre Blätter sind deutlich schmaler und filigraner als die ihrer Kollegen aus dem Tiefland; ebenso ist der aus den Arabica-Bohnen gewonnene Kaffee aromatischer und damit in der Wahrnehmung des Konsumenten hochwertiger. Die Tiefland-Gewächse weisen dagegen eine wesentlich größere Sortenvielfalt auf und sind großräumig in den Urwäldern von den der afrikanischen Ostküste vorgelagerten Inseln im Indischen Ozean bis zum Kongo wie auch in Westafrika in Höhen bis zu 1.000 m beheimatet. Neben der Robusta-Sorte gehört beispielsweise auch die *Coffea liberica* zu den Tiefland-Gewächsen. Die Unterschiede zwischen den Sorten zeitigen einen erheblichen Einfluß auf die Ernte der Kirschen und damit auf den Produktionsprozeß. So lösen sich beim Arabica-Kaffee die Früchte mit dem Fortschreiten des Reifeprozesses praktisch von selbst und fallen herunter, während diejenigen der Robusta-Sorte auch in reifem Zustand mehrere Wochen lang fest am Zweig hängen bleiben.

Für die systematische Zuordnung immer wieder neu entdeckter, wilder Kaffeepflanzen spielen nach wie vor historische Quellen, wie Herbarien, Reisebeschreibungen und historische Pflanzen in den botanischen Gärten, eine große Rolle. So besitzen die botanischen Gärten heute große Sammlungen von Pflanzenpräparaten mit jeweils bestimmten geographischen Schwerpunkten. Der Botanische Garten im englischen Kew verfügt beispielsweise über eine ausgezeichnete Kollektion zum östlichen und südlichen Afrika sowie zu den ehemaligen britischen Kolonien in Westafrika. Der Jardin Botanique National de Belgique hat hingegen seine Sammlungen auf Zentralafrika und das Museum National d'Histoire Naturelle in Paris auf West- und Zentralafrika wie auch auf Madagaskar konzentriert. Niederländische Sammlungen besitzen vorwiegend Kaffee-Präparate aus Indonesien und Kamerun, während die wertvolle historische Sammlung des Botanischen Gartens in Berlin-Dahlem im Jahre 1943 fast vollständig zerstört wurde. Auch afrikanische und asiatische Staaten verfügen über nationale Herbarien, die für die Wissenschaft oft ungeahnte Schätze bergen – wie beispielsweise das nationale indische Herbarium im botanischen Garten von Kalkutta.

Neben den wilden Sorten, die auch heute noch das Interesse der Botaniker auf sich ziehen, entwickelten sich seit dem 18. Jahrhundert auch durch Züchtungen von Menschenhand zahllose

Varietäten, die weitgehend alle von der *Coffea arabica* abstammen. Die Sorte, die zweifellos auch heute noch am stärksten der einst im Jemen angebauten Arabica-Sorte ähnelt, ist die sogenannte Typica-Varietät, deren Vorfahren im 18. Jahrhundert von den Niederländern aus dem Jemen nach Indonesien transferiert wurden und von dort aus später nach Süd- und Mittelamerika gelangten, wo deren Nachkommen in einigen Regionen immer noch wachsen. Auch wenn sich die von dieser Pflanze geernteten Bohnen durch eine hohe Qualität auszeichnen, ist der Ertrag aus heutiger Perspektive doch eher gering. Ebenso ist die Pflanze gegenüber spezifischen Krankheiten anfälliger. Die besondere Qualität führt aber gleichwohl dazu, daß die weltweit teuersten Kaffees heute oft aus Typica-Bohnen hergestellt werden. Zu den traditionsreichen Gewächsen zählt auch die Bourbon-Varietät, die sich von Arabica-Pflanzen ableitet, die im 18. Jahrhundert von den Franzosen auf die Insel Bourbon (Réunion) ausgeführt wurden und sich dort zu einer eigenen Varietät weiterentwickelten. Bourbon-Pflanzen erweisen sich im Vergleich zur Typica-Qualität als ertragreicher und fanden ihren Weg nach Afrika und Lateinamerika, wo sie beispielsweise in Kolumbien immer noch zu finden sind.

Die meisten der heute gängigen Varietäten sind allerdings jüngeren Datums und durch gezielte Züchtung entstanden. Einige von ihnen tragen Namen wie »Mundo Novo« (1940er/50er Jahre) oder »Java« (1980), die immerhin beim Verbraucher noch Assoziationen mit der Herkunft der Bohnen wecken. Andere sind lediglich nur noch numeriert, wie etwa die seit den 1940er Jahren in Indien gebräuchliche Varietät namens »S 795«. Zunehmend erlangte auch die Züchtung von Zwergpflanzen (z.B. »Caturra«, »Catuai«) an Bedeutung, die eine dichte Bepflanzung und damit sehr hohe Erträge ermöglichen. So sind heute allein in Brasilien etwa 50% der Anbauflächen mit der Zwergsorte »Catuai« bepflanzt. Wenn die Kaffee-Verarbeiter also heute Reklame mit der Aussage machen, nur reine Arabica-Qualitäten zu verwenden, ist damit noch längst nicht die große Breite an Varietäten angedeutet, die sich aus der Vielfalt dieser Kaffeesorte ergibt.

Durch Züchtung wird das Spektrum der Pflanze auch in Zukunft immer breiter werden. Ein besonderes Augenmerk liegt dabei schon heute nicht allein auf dem Erzielen immer höherer Erträge, sondern auch auf der Anzüchtung von Resistenzen gegen die oft verheerenden Kaffeekrankheiten wie den Kaffeerost oder den gefräßigen Kaffeebeerenbohrer. Dabei stellt die Zucht neuer Varietäten einen stets langwierigen Prozeß dar, denn junge Pflanzen tragen erst nach drei Jahren Früchte, die dann Auskunft über den Züchtungserfolg geben können. Der zeitweilige weltweite Verfall der Kaffeepreise hat in jüngerer Vergangenheit allerdings dazu geführt, daß in diesem Bereich Investitionen nicht immer in dem gebotenen Umfang getätigt werden konnten.[14]

Während heute die Monokulturen mit all ihren negativen Auswirkungen auf lokale Artenvielfalt und das Auftreten von Krankheiten weit überwiegen, existieren nach wie vor räumliche Inseln, auf denen der Kaffee in seiner großen genetischen Vielfalt gedeiht, wie etwa im äthiopischen Kaffa oder auch im mexikanischen Chiapas, wo sich in einzelnen Lagen bis zu 80 unterschiedliche Varietäten finden.[15]

Kaffee wächst auf unterschiedlichen Böden, die allerdings in großem Maße feuchtigkeitsdurchlässig sein müssen und keine zu hoch liegenden Sperrschichten aufweisen dürfen. Bevorzugt gedeiht die Pflanze daher beispielsweise auf vulkanischem Untergrund, wobei das Erdreich mindestens eine Dicke von zwei Metern aufweisen muß, um eine ausreichende Entfaltung des Wurzelwerks zu gewährleisten. Lehmhaltige Böden eignen sich entsprechend nicht, ebenso wenig Flächen, die regelmäßig überschwemmt werden. Im Laufe der Zeit verliert allerdings auch der fruchtbarste Boden an Kraft, so daß regelmäßig Nährstoffe zugefügt werden müssen.[16]

Auch an die Temperaturen stellt der Kaffee vergleichsweise hohe Anforderungen. Während dem Arabica Durchschnittswerte von tagsüber 22°C und nachts 18°C am besten bekommen, bevorzugen die Tiefland-Sorten eine Tagesdurchschnittstemperatur von bis zu 28°C, während auch die Nachttemperaturen nur wenig darunter liegen sollten. Robusta-Pflanzen sind extrem kälteempfindlich und sterben schon bei einer Temperatur von 4–5°C über dem Gefrierpunkt ab.[17]

Ebenso wie beim Tee gedeihen die besten und aromareichsten Kaffees in größeren Höhen, wo sich Pflanzenwachstum und Reife der Kirschen langsamer vollziehen und die ultraviolette Strahlung intensiver ist. Allerdings ist dem Anbau in Hinblick auf die Höhe eine natürliche Grenze gesetzt, denn alle Kaffeepflanzen sind in besonderer Weise frostempfindlich. Auch in Tropen und Subtropen können nämlich Fröste auftreten, die die empfindlichen Blüten und Blätter der Kaffeepflanzen unwiderruflich zerstören. In den Anbaugebieten handelt es sich dabei fast immer um Nachtfröste, die vor allem in größeren Höhenlagen und bei klarem Himmel auftreten, wenn keine Wolken die Abstrahlung der Erdwärme behindern. Sobald nämlich der tagsüber aufgewärmte Boden durch Absonderung langwelliger Wärmestrahlen auskühlt, reduziert sich auch die Lufttemperatur unmittelbar über dem Boden, und es entsteht direkt über der Oberfläche eine Kälteschicht, die sich wie ein unsichtbarer Schleier um die Kaffeepflanzen legt. Dieser Effekt tritt vor allem bei Windstille ein, wenn keine Luftzirkulation für einen Ausgleich zwischen unterer Kaltschicht und darüber liegender wärmerer Luft sorgt.[18]

Gemäßigte Fröste treten in subtropischen Anbaugebieten vergleichsweise häufig auf. Meist beschränken sie sich dabei auf kleinräumige Vertiefungen ohne Luftzirkulation, die sogenannten Frostmulden, während abseits davon ein Luftzug oder gar Wind für eine gleichmäßigere Verteilung der Luft sorgt. Seltener treten starke Fröste auf, die dann aber einen ungleich größeren Schaden verursachen, indem sie junge Triebspitzen sowie der

Kälte besonders ausgesetzte Zweige schädigen. Außerordentlich selten sind Starkfröste, die nur entstehen, wenn die Temperaturen auch der oberen Luftschichten die ganze Nacht hindurch um den Gefrierpunkt liegen und die unterste Luftschicht dadurch über mehrere Stunden sehr stark auskühlt. Die Auswirkungen solcher Fröste können verheerend sein, denn durch die Zerstörung auch kräftigerer Zweige kann nicht nur die bevorstehende Ernte, sondern auch diejenige der folgenden zwei oder drei Jahre fast völlig vernichtet werden.[19] Starkfröste in bedeutenden Anbauländern wie etwa in Brasilien können zu großflächigen Mißernten und zu einer drastischen Reduzierung des Kaffeeangebotes mit erheblichen weltweiten Preissteigerungen führen. Dramatische Ernteverluste verzeichneten in Lateinamerika beispielsweise die Jahre 1887, 1902, 1904, 1912, 1918, 1942, 1953, 1955, 1957, 1966, 1975, 1981, 1985 und 1994.[20] Gerade die 1950er Jahre waren besonders anfällig, was erhebliche Auswirkungen auf den Kaffeekonsum der Nachkriegszeit hatte.

Neben den geeigneten Temperaturen muß auch für eine angemessene Feuchtigkeitszufuhr gesorgt sein. Während die Arabica-Sorte im Jahresdurchschnitt 1.400 bis 2.000 mm Niederschläge benötigt, liegt der Bedarf bei den Tieflandsorten mit 2.000 bis 2.500 mm höher. Zwar gedeiht die Pflanze auch bei noch höheren Niederschlägen, es treten in größeren Plantagen dann allerdings unerwünschte Nebenerscheinungen wie vor allem die gefürchtete Bodenerosion auf.[21] Die Niederschläge dürfen im Jahreslauf auch nicht gleichmäßig fallen, wie es etwa in der unmittelbaren Äquatorregion der Fall ist, sondern die Pflanze benötigt eine mehrmonatige Trockenphase, in der sich die Blüten und Früchte ausbilden können. Ist die Trockenperiode aber zu lang, reduziert sich wiederum die Ernte, und es treten bei der Pflanze Schädigungen auf. Während die Arabica-Sorte bei geeignetem Boden immerhin zwischen vier und sechs Monate ohne Regen aushält, sind es bei den Tiefland-Gewächsen allenfalls drei oder vier.

Zudem spielen auch die Lichtverhältnisse eine große Rolle für den Ernteerfolg. Die Heimat der wilden Kaffeepflanze liegt im dichten Urwald – bei der Arabica-Sorte im höher gelegenen Bergregenwald, bei Robusta-Varietäten in den scheinbar endlosen Urwäldern der afrikanischen Tiefebenen. Im Naturzustand wächst der Kaffee im Unterholz unter dem Schutz hoher Urwaldriesen, die das ganze Jahr über für eine gleichmäßige Beschattung sorgen. Bereits zu Beginn des 18. Jahrhunderts beobachteten die frühen französischen Reisenden die Verwendung von Schattenbäumen im Jemen, die in Ermangelung des natürlichen, im Urwald gegebenen Schattens die empfindlichen Blüten vor zu hoher Sonneneinstrahlung schützten:

> »... die Kaffeebäume werden unter anderen Bäumen angepflanzt, bei denen es sich wohl um eine Art Pappel handelt. Diese schützen den Kaffee vor der außerordentlich großen Hitze der Sonne. Ohne diesen Schutz würde die Blüte des Kaffees schon bald verbrennen und niemals eine Frucht hervorbringen – wie es bei Pflanzen zu beobachten ist, die dieser nützlichen Nachbarn entbehren.«[22]

Mit dem Aufkommen von Plantagen in den europäischen Kolonien machten sich die Pflanzer in immer größerem Umfange über die Vorteile des Einsatzes von Schattenbäumen in den Monokulturen Gedanken; aber zu einer regelrechten Wissenschaft avancierte diese Frage erst während des vergangenen Jahrhunderts. So wurde seit dieser Zeit mit schattenspendenden Bananen, Kernobst oder anderen Bäumen experimentiert. Frühe Empfehlungen sprachen sich etwa für die Pflanzung von Bananenbäumen alle sieben Meter oder von anderen Bäumen nach jeweils drei Kaffeepflanzen aus, um ein möglichst natürliches Umfeld zu generieren.

Parallel zur Erforschung der Auswirkungen von Beschattung auf die Fruchtbildung gingen seit den 1940er Jahren vor allem in den jungen, nationalen Forschungsinstituten der lateinamerikanischen Staaten durch Züchtung Pflanzenvarietäten hervor, die ohnehin besser ganz ohne Schatten auskommen. Während man infolge dieser Entwicklung lange Zeit der Meinung war, auf den Schatten am besten völlig zu verzichten, um auf diese Weise höchste Produktivität zu generieren, findet gerade ein Prozeß des Umdenkens statt. Heute wird bei vergleichsweise hohen Durchschnittstemperaturen oder längeren Trockenzeiten die Beschattung empfohlen, die natürlich auch in Hinblick auf die Biodiversität und die Nachhaltigkeit des Wirtschaftens deutliche Vorteile zeitigt.[23]

Allein die Lage der Kaffeeplantage auf geeignetem Boden und im günstigen klimatischen Umfeld gab und gibt entsprechend den Ausschlag über Erfolg oder Mißerfolg des ganzen Unternehmens mit all seinen Investitionen. Als etwa die legendäre Baronin Blixen gemeinsam mit ihrem Gemahl im Jahre 1913 hoffnungsvoll weiträumiges Plantagenland in Kenia erwarb, stellte sich die Gegend schon bald als zu niederschlagsarm und zu hoch gelegen heraus; zu allem Überfluß war auch noch der Boden sauer. Letztlich scheiterte das Unternehmen.[24]

Traditionell wird Kaffee von Hand geerntet, einerseits durch selektives Pflücken, andererseits durch Abstreifen ganzer früchtetragender Zweige. Für den historischen Jemen wird auch berichtet, daß Kaffeesträucher geschüttelt wurden und das Erntegut dann von zuvor darunter ausgebreiteten Tüchern aufgelesen wurde – eine in Hinblick auf moderne Vibrations-Erntemaschinen durchaus zukunftsträchtige Methode. Bei der selektiven Pflückung wird jeder Strauch während der Erntesaison mehrmals (ein Einzelfällen bis zu zehn Mal) aufgesucht, wobei nur die je nach Varietät roten oder gelben reifen Kirschen gepflückt werden. Der Pflücker oder die Pflückerin sammelt diese in um die Taille getragenen Körben oder Taschen. Dieses Verfahren sichert ein Höchstmaß an Qualität, da unreife oder überreife Früchte kaum anfallen, ist aber entsprechend aufwendig und setzt beim Personal ein großes Maß an Erfahrung voraus. Beim

Abstreifen ganzer Zweige findet hingegen meist nur eine Runde je Erntesaison statt, wodurch der Anteil des Ausschusses allerdings höher liegt, was negative Auswirkungen auf die Qualität des Endproduktes hat. Bei diesem Verfahren fallen die Kirschen zunächst bei trockenem Wetter auf den nackten Boden, sonst auf Planen, und werden von dort anschließend aufgesammelt.[25]

Seit etwa drei Jahrzehnten stehen auch Erntemaschinen zur Verfügung, die auf dem Vibrationsprinzip beruhen. An einer Zugmaschine befestigte Schüttelvorrichtungen rütteln die Kirschen vom Strauch herunter. Dieselbe Funktion vollbringen auch selbstfahrende Erntemaschinen. Die jüngste Innovation stellen leichte Hand-Erntemaschinen dar, die von einer Person getragen und bedient werden können. Zum breiten Spektrum neuer Technologien gehören auch Geräte, die das auf den Boden hinabgerüttelte Erntegut mechanisch auflesen. Die Entscheidung, ob nur handverlesene, reife Kirschen oder alle Früchte maschinell und gleichzeitig geerntet werden, unterliegt heute in der Regel rein ökonomischen Erwägungen. Bei niedrigen Verkaufspreisen und vergleichsweise hohen Löhnen der Kaffeepflücker lohnt es sich eher, alle Früchte auf einmal abzustreifen. Werden indes nur hochwertige, reife Kirschen gepflückt, ist die Qualität höher, es muß aber auch gleichzeitig mit höheren Produktionskosten gerechnet werden.

Bevor die grünen Kaffeebohnen ihren Weg um die Welt in die Röstereien der Konsumentenländer antreten, werden die geernteten Früchte vor Ort einem Verarbeitungsprozeß unterzogen, bei dem durch das sogenannte Entpulpen das Fruchtfleisch und die darunter sitzende dünne Pergamentschicht von der Bohne entfernt werden. Hierzu stehen heute drei Produktionsverfahren zur Verfügung: die trockene sowie die nasse Methode, und ein kombiniertes Naß-Trocken-Verfahren, wobei sich die Bezeichnungen auf den Feuchtigkeitsgehalt der Bohnen während der Verarbeitung beziehen. Beim Trockenverfahren wird die ganze Kirsche zunächst getrocknet, während Hülle und Pergamentschicht anschließend maschinell von der Bohne entfernt werden. Dieses Verfahren hat sich heute weitgehend durchgesetzt und wird bei nahezu allen Robusta-Ernten sowie in Brasilien, Äthiopien und im Jemen auch bei etwa vier Fünfteln der Arabica-Ernten verwendet. Der Vorteil der Trockenverarbeitung besteht darin, daß auch unreife Kirschen geerntet und weiterverarbeitet werden können, was kostensparender ist, aber gleichzeitig negative Auswirkungen auf die Qualität des Endproduktes zeitigt.[26]

Bei der Feuchtverarbeitung wird die Fruchthülle direkt nach der Ernte ungetrocknet von Bohne und Pergamenthaut mechanisch getrennt. Anschließend werden letztere getrocknet und erst nach dem Trocknen voneinander gelöst. Dieses Verfahren findet heute vor allem bei Arabica-Varietäten von höherer Qualität statt. Das Trocken-Feuchtverfahren stellt einen Mittelweg zwischen den beiden erstgenannten Methoden dar, wobei zunächst nur ein Teil der Fruchthülle in frischem Zustand entfernt wird. Erst nach dem Trocknen werden der Rest des Fruchtfleisches und die Pergamentschicht von der Bohne gelöst.

Auch für diese Verarbeitungsschritte steht heute eine breite Palette an unterschiedlichen Maschinen zur Verfügung, die eine industrielle Behandlung des Kaffees ermöglichen. Im Mittelpunkt steht das Entfernen der Frucht von der Bohne mittels sogenannter Entpulper. Bei ihnen handelt es sich entweder um rotierende Scheiben, die das Fruchtfleisch gleichsam von der Bohne raspeln, oder um Walzen mit derselben Funktion. Heute stehen bei den Entpulpern neben einer qualitätsschonenden Behandlung vor allem ein möglichst geringer Energie- und Wasserverbrauch im Mittelpunkt der Bemühungen der Ingenieure. Ältere Maschinen mit einem sehr hohen Bedarf an Wasser befinden sich hingegen immer mehr auf dem Rückzug.

Bei der Trocken-Feuchtbehandlung verbleiben nach dem anfänglichen Entpulpen eine dünne Schicht des Fruchtfleisches und die Pergamenthaut an der Bohne, die in einem weiteren Arbeitsschritt entfernt werden. Hierzu werden die Bohnen bis zu 72 Stunden in großen Tanks aufbewahrt, bis durch eine natürliche Erwärmung eine Art Fermentation einsetzt. Auf diese Weise weichen die letzten Rückstände auf und können anschließend leicht von der Bohne abgewaschen werden. Auch dieser Prozeß ist heute in wesentlich größerer Geschwindigkeit von Spezialmaschinen durchführbar. Kinderkrankheiten und ein teils extrem hoher Elektrizitäts- und Wasserverbrauch gehören auch hier der Vergangenheit an, und der Verdacht, diese Maschinen seien der Qualität abträglich, konnte durch Blindverkostungen in den Anbauländern widerlegt werden.[27]

Nach dem Entpulpen und der Entfernung der Restschalen sowie der Pergamenthaut müssen die Bohnen getrocknet werden. Nur bei einem geringen Feuchtigkeitsgehalt von 11–12% sind ein sicherer Transport und langfristige Lagerung ohne Qualitätseinbußen gewährleistet. Nach wie vor spielt dabei die traditionelle Sonnentrocknung in speziellen Wannen eine große Rolle. Zeitsparender (und damit in vielen Fällen effizienter) ist dagegen die maschinelle Trocknung mittels großer Heizgebläse. Abschließend werden die fertig behandelten Bohnen von Rückständen wie Staub und Steinchen befreit. Jetzt gehen sie auf die große Reise in die Kaffeeröstereien der Abnehmerländer.

All die hier beschriebenen Faktoren, wie Pflanzensorte, Boden, Klima, Ernte und Verarbeitung, beeinflussen in großem Maße die Qualität des Rohkaffees. Dabei ergibt sich die Einschätzung unterschiedlicher Qualitätsstufen nicht notwendigerweise aus dem Produkt selbst, sondern ist in großem Maße auch das Ergebnis kultureller Konvention. Schon zu Beginn der direkten Kaffee-Exporte aus dem jemenitischen Mokka um das Kap der Guten Hoffnung nach Europa waren sich die Direktoren der europäischen Ostindienkompanien um die große Bedeutung der rechten Qualität der Bohnen bewußt. Gerade in der Anfangszeit, im ausgehenden 17. Jahrhundert, sandte die englische Ostindienkompanie immer wieder Instruktionen an ihre Agenten auf der Arabischen Halbinsel, auf eine möglichst hohe Qualität (die in der Regel mit konkreten Anbaugebieten gleichgesetzt wurde) und eine möglichst optimale Verstauung der Bohnen an Bord der großen Interkontinentalschiffe zu achten – für eine Rückfahrt, die in der Regel nicht weniger als ein dreiviertel Jahr dauerte.[28]

Insbesondere konnte die Qualität des Kaffees auf der Seereise durch die Annahme von Fremdgerüchen leiden. So waren die englischen Ostindienfahrer, die auf der Heimreise oft einen Umweg über die indische Westküste machten, gezwungen, eine bestimmte Quantität an Pfeffer als Ballast mitzunehmen. Wurden beide Güter tief unten im Schiffsbauch zu dicht beieinander verstaut, konnte der Kaffee den Geruch des Pfeffers annehmen, was sich bei den Londoner Auktionen in aller Regel nachteilig auf den Verkaufspreis auswirkte. So konnte die Preisminderung beispielsweise in den 1720er Jahren 8–10% des Verkaufswertes ausmachen.[29] Aber auch während des Transports durch den Mittelmeerraum konnte es zu Qualitätseinbußen durch nachträgliche Verlängerung oder Verfälschung kommen. So äußert sich etwa der französische Vizekonsul im arabischen Djidda im Jahre 1868, die Kaffeebohnen würden die Arabische Halbinsel in hoher Qualität verlassen, dann aber in Suez, Kairo oder Alexandria mit minderen Qualitäten vermischt. Selbst vor Ort in Djidda solle es vereinzelt vorkommen, daß örtliche Händler die guten jemenitischen Bohnen mit vermeintlich minderwertiger äthiopischer Ware verschnitten, was aber leicht an deren unterschiedlicher Größe zu erkennen sei. Ebenso habe der äthiopische Kaffee »weniger Aroma, und er ist insgesamt minderwertiger. Dasselbe gilt für indische Bohnen. Sie sind undurchsichtig, dunkel, unregelmäßig in ihrer Form und allgemein weniger beliebt.«[30]

Solche Verfälschungen gehören heute weitgehend der Vergangenheit an. Die Güte des Getränks bemißt sich in der Gegenwart daher umso mehr an der Größe, den sensorischen Eigenschaften sowie den chemischen bzw. analytischen Bestandteilen. Bei der

Größe kommt es aber nicht allein auf den durchschnittlichen Durchmesser der Bohnen an, sondern auch auf den Grad der im Exportprodukt immer noch vorhandenen Verunreinigungen. Auch wenn große Bohnen nicht aromareicher sind als kleine (oder umgekehrt), kommen Kaffeepartien in der Regel nach Größen ausgesiebt auf den Markt. Dabei haben sich folgende Größensortierungen mit genau festgelegten Siebdurchmessern international etabliert: sehr groß, extra-groß, groß, ausgeprägt, gut, mittel, klein. Der Anteil des Ausschusses bzw. der defekten Bohnen in den fertig sortierten Partien wird dadurch ermittelt, daß jener aus einer festgelegten, kleineren Menge manuell ausgelesen und dann prozentual auf die gesamte Partie hochgerechnet wird.

In jedem Falle von entscheidender Bedeutung sind die sensorischen Eigenschaften. Dazu zählt zunächst das Aussehen der grünen, ungerösteten Bohnen, die an sich schon dem Fachmann einen Eindruck von Frische, Feuchtigkeitsgehalt und Homogenität vermitteln. Von wesentlich größerer Wichtigkeit ist allerdings der Geschmack als *das* zentrale Qualitätsmerkmal. Hierzu werden schon in den Anbauländern kleinere Proben geröstet, gemahlen und im Rahmen von Tassenverkostungen auf ihre Eigenschaften hin untersucht – ein Verfahren, das ein großes Maß an Erfahrung und ein enormes Geschmacksgedächtnis voraussetzt. Die Internationale Kaffeeorganisation (ICO) unterscheidet dabei fünf Kategorien: Duft – Geschmack – Aroma – Körper – Säure. Dabei beschreibt der Duft den allein durch die Nase wahrgenommenen Eindruck. Bei diesem Merkmal wird der Kaffee gleich zweimal auf die Probe gestellt: wie duften die frischen, grünen Bohnen, wie duftet der geröstete, gemahlene und aufgebrühte Kaffee? Der Geschmack wird hingegen bekanntermaßen allein von der Zunge wahrgenommen, während das Aroma die Kombination von Duft und Geschmack bildet. Der Körper beschreibt den Eindruck von Tiefe und Schwere des Kaffees, wohingegen die Säure von einem leichten

Süßsauer bis zu einem Zitrusaroma reichen kann und ebenfalls als qualitätsbestimmend gilt.

Zweifellos unterliegt die sensorische Wahrnehmung in großem Maße einem sehr individuellen, subjektiven Geschmacksempfinden. Gleichwohl hat sich im Laufe der Zeit rund um den Globus ein festes Vokabular über bestimmte, mehr oder weniger objektivierbare Nuancen entwickelt, womit der Kaffee qualitätsmäßig eindeutig beurteilt werden kann. Mithilfe von bisweilen wenig schmeichelhaften Begriffen wie »rauchig«, »aschig«, »chemisch/medizinisch«, »malzig«, »floral«, »nussig«, »gummigleich« oder »hölzern« wird jede Probe kategorisiert und mit Geschmacksbegriffen bedacht, die der Laie sicherlich nicht in jedem Falle sofort nachvollziehen kann.

III. Kaffa – Die Heimat des Kaffees

Lange Zeit stellte der Jemen das weltweit bedeutendste Kaffeeanbaugebiet dar; allein schon die botanische Bezeichnung *Coffea arabica* weist auf einen vermeintlich arabischen Ursprung hin. So verwundert es nicht, daß die Jemeniten um 1700 selbst glaubten, sie seien die einzigen Produzenten dieses Genußmittels. In Wirklichkeit wurde jedoch nur wenige hundert Kilometer entfernt, jenseits des Roten Meeres und des großen afrikanischen Grabenbruchs, die ganze Zeit über eine lebendige Kaffeekultur gepflegt, die in ihrer großen Fülle auch heute noch existiert. Auch in Europa kursierten teils abwegige Vorstellungen über die Heimat des Getränks. So äußerten im 17. Jahrhundert die englischen Reisenden Henry Blount und James Howell die Vermutung, schon die alten Spartaner hätten es gekannt und geschätzt. [1] Auch wenn wohl niemand in Abrede stellte, irgendwann in einer fernen Vergangenheit sei der Kaffeestrauch auch im Hinterland des Horns von Afrika kultiviert worden, wuchs er nach dem europäischen Kenntnisstand der Frühen Neuzeit dort praktisch nicht mehr. Diese Ansicht wurde dadurch gestützt, daß katholische Geistliche, die im 16. und 17. Jahrhundert Äthiopien besuchten, den Kaffee in ihren Reisebeschreibungen nicht erwähnten. Das konnten sie auch gar nicht: Denn während die wenigen Europäer meist die Kerngebiete Äthiopiens bereisten, wurde der Kaffee außerhalb dieses Reiches, im südwestlich davon gelegenen Königreich Kaffa, angebaut.[2] Kein Europäer hatte vor der Mitte des 19. Jahrhunderts je die Heimat des schwarzen Tranks gesehen und darüber berichtet.

Dieses Unwissen bedeutete jedoch nicht, daß die Gegenden südlich Ägyptens und des heutigen Sudan den Menschen außerhalb Afrikas gleichgültig waren. Im Gegenteil, übten das abessinische Hochland und die noch weiter südlich davon liegenden Gegenden seit dem Altertum eine große Anziehungskraft auf die mediterrane Welt aus: Wo lagen die Quellen des Nil? Wo befanden sich die geheimnisvollen Mondberge und die Heimat der Pygmäen? Schon die antiken Quellen berichten von einem legendenhaften Lande Punt, das sich irgendwo an den südlichen Küsten des Roten Meeres erstreckt und sowohl das südliche Arabien als auch Teile Nordostafrikas umfaßt haben dürfte. Aus Punt stammten allerlei Handelsgüter und Kuriositäten, vor allem aber sandten die unbekannten Hochebenen im Inneren alljährlich die kostbare Nilflut, die für Landwirtschaft und überhaupt alles Leben im ägyptischen Niltal unverzichtbar war. Der Großteil des Austausches zwischen Punt und Ägypten mag – wie Jahrtausende später auch beim Kaffeehandel – auf dem Seewege über das Rote Meer stattgefunden haben. Ausgeführt wurden unter anderem Elefanten, und, als diese weitgehend ausgerottet waren, Schildkrötenpanzer – gleichsam das »Plastik des Altertums«[3]–, aus denen im Mittelmeerraum Kämme und andere Gebrauchsgegenstände hergestellt wurden.

Aus dem 2. und 1. Jahrhundert v. Chr. berichten zwei einzigartige Quellen aus griechischer Hand über den Handel am Roten Meer und auf dem Indischen Ozean: das Reisehandbuch des Agatharchides von Knidos und der berühmte, anonym verfaßte »Periplus des Erythräischen Meeres«.[4] Beide Texte informieren uns ausführlich über Häfen und Handelsrouten, aber schemenhaft auch über die im Hinterland der Küsten lebenden Menschen. Die ganze Gegend südlich Ägyptens firmiert dabei als »Barbarei« und kommt in der zeitgenössischen Wahrnehmung nicht besonders gut weg. Die »Fischesser« (Ichthyophagen) hätten weder Städte noch sonst irgendwelche staatsähnlichen Strukturen gekannt. Noch ärmer dran waren da nur die

Autäer: »Einige dieser Barbaren leben völlig nackt und haben Frauen und Kinder gemeinsam, geradeso wie eine Viehherde. Sie kennen lediglich das natürliche Gefühl für Freude und Schmerz, aber haben keine Vorstellung von Unsittlichkeit und Sittlichkeit.«[5] Hierbei dürfte es der Leser allerdings eher mit landläufigen Stereotypen als mit einem ethnographischen Befund zu tun haben.

Auch während des europäischen Mittelalters änderte sich an dieser Einschätzung nicht viel. Erst im Laufe des 16. Jahrhunderts geriet Äthiopien verstärkt in den Blick des christlichen Europa und des Osmanischen Reiches. Seit 1555 nahmen die Osmanen Gebiete an der Südwestküste des Roten Meeres im heutigen Grenzland zwischen Sudan und Äthiopien in Besitz. Bis 1578 konnten jene für kurze Zeit ihren Einfluß bis in das heutige Somalia ausdehnen und die eroberten Gebiete in der osmanischen Provinz Abessinien (Ḥabeš eyāleti) zusammenfassen. Neben den osmanisch beherrschten Küstengegenden behauptete das christlich-äthiopische Königtum, das seine Legitimation auf den alttestamentlichen König Salomo gründete, weiter seine Macht auf dem abessinischen Hochland. Militärische Auseinandersetzungen zwischen beiden Reichen wurden im ausgehenden 16. Jahrhundert mit der gegenseitigen offiziellen Anerkennung beendet.

In Europa war Äthiopien schon seit dem frühen 14. Jahrhundert als die Heimat des vermeintlichen Priesterkönigs Johannes ausgemacht worden. Mit diesem verband sich die spekulative Hoffnung, irgendwo jenseits des breiten, zwischen Westafrika und Südostasien expandierenden Gürtels des Islam eine christliche Macht zu finden, mit deren Hilfe die »Ungläubigen« wirksam bekämpft werden könnten. Um diesen Priesterkönig (den es in Wirklichkeit nie gab, zu dem aber die Realität eines christlichen Äthiopien wunderbar paßte) ausfindig zu machen, sandte der portugiesische König 1520 eine Expedition unter Francisco Alvares in die Region.[6]

Übersichtskarte Äthiopien

Südwestlich dieses ohnehin nur schemenhaft bekannten Äthiopien lag das Königreich Kaffa, die Heimat der *Coffea arabica*. Im Gegensatz zu unserer Vorstellung vom nördlichen Ostafrika als Dürre- und Krisenregion existieren hier auch heute noch große, von der Natur begünstigte Gegenden, zu denen auch Kaffa zählt. An den bis zu 3.000 m hoch aufsteigenden Bergen stauen sich saisonal große Wolkenmassen und sorgen für reichlich Niederschläge; und die vielerorts vorkommenden vulkanischen Böden sind sehr fruchtbar.[7] Entsprechend üppig ist die Vegetation in den dortigen Bergregenwäldern, was bei den späteren europäischen Besuchern einen tiefen Eindruck hinterließ, wie etwa beim deutschen Afrika-Reisenden Max Grühl: »Als die Hand des Schöpfers aller Dinge den großen zentralafrikanischen Urwald schuf, nahm sie einen Fetzen dieses Waldes und warf ihn in die Bergwelt Kaffas. So wurde Kaffa ein Waldland von düsterer Schönheit.«[8] Zu durchqueren war dieses Gebiet bis vor einigen Jahrzehnten nur auf während der Regenzeit aufgeweichten, steil auf- und abführenden Pfaden, wie Grühl in den 1920er Jahren mit gewissem Pathos berichtet: »Welch ein Weg! Oder vielmehr überhaupt kein Weg, sondern knietiefer Morast, Schlammloch an Schlammloch gereiht, steil bergauf nur Springen von Felsblock zu Felsblock. Dunkelheit und triefende Feuchtigkeit! Scheußlich die Blutegel, die aus dem Dom der himmelhohen Baumriesen herabfallen und am Körper hängenbleiben.«[9]

Das historische, vom Volk der Kafatscho bewohnte Kerngebiet Kaffas erstreckt sich zwischen den Flüssen Gojeb im Norden und Omo im Süden. Im Osten trennt ein hoher Bergzug das Land von der Seenkette des Afrikanischen Grabenbruchs, während Kaffa im Westen in das Sumpfland des östlichen Sudan übergeht und die äußerste Südspitze nicht weit vom kenianischen Turkanasee (Rudolfsee) entfernt liegt. Die Hauptstadt Bonga befindet sich in beinahe 2.000 m Höhe. Noch vor wenigen Jahrzehnten kaum mehr als ein Dorf mit etwa 1.000 Einwohnern, die in runden, strohgedeckten Lehmhütten lebten, hat die Stadt heute ihr Gesicht komplett verändert. Wellblechdächer prägen das Bild dieses mittlerweile auf 20.000 Menschen angewachsenen Ortes, und der Urwald, der vor zwei Generationen noch bis dicht an Bonga heranreichte, mußte mittlerweile landwirtschaftlicher Nutzung weichen.[10]

Auch wenn heute vom einstigen Ruhm Kaffas kaum mehr Spuren erhalten sind, stellte das Königreich doch bis ins 19. Jahrhundert hinein eine wichtige Regionalmacht dar, die über viele Jahrhunderte die Gegenden südlich des Blauen Nil politisch, kulturell und ökonomisch prägte.[11] Von hier kamen in großer Zahl Sklaven, Moschus, aber auch Kaffee. Die Gründung des unabhängigen Königreichs Kaffa geht auf das Jahr 1390 und auf einen angeblichen Gründerfürsten namens Mindjolotji zurück.[12] Im Laufe der darauffolgenden Jahrhunderte setzte ein Prozeß der territorialen Expansion ein, der gegen Ende des 17. Jahrhunderts seinen Höhepunkt erreichte. Seitdem geriet Kaffa zunehmend in das Machtfeld des großen Nachbarn Äthiopien. Am deutlichsten zeigte sich dieser Einfluß im allmählichen Einsickern des äthiopisch-orthodoxen Christentums ins Land, vermutlich seit dem 17. Jahrhundert.[13] Im Jahre 1897 mußte sich der letzte König von Kaffa den Äthiopiern schließlich vollständig ergeben; und das jahrhundertealte einheimische Königtum ging als Provinz im Gebiet des machtvollen Nachbarn auf. Historisch gesehen handelt es sich bei der Heimatregion des Kaffees also keineswegs um einen Teil Äthiopiens, sondern um einen unabhängigen Staat, der erst spät von dem mächtigen Nachbarn im Osten mit militärischer Gewalt geschluckt wurde.

Auch wenn die Namensähnlichkeit groß ist, konnte bislang nicht geklärt werden, ob sich die Bezeichnung Kaffee tatsächlich vom Namen des Königreichs Kaffa ableitet. Nach einer legendenhaften Überlieferung stamme die Bezeichnung der einstigen Monarchie vom arabischen Wort »Yekaffi« ab – was etwa bedeutet »es ist genug«. Ein muslimischer Geistlicher soll einst von der afrikanischen Ostküste weit ins äthiopische Landesinnere gezogen sein, um den Islam zu verbreiten. Als er in die Gegend um Kaffa kam, soll Allah zu ihm gesagt haben, es sei genug, er solle innehalten und nicht weiterziehen. Aus diesem Gebot leite sich letztlich der Name der Region ab – eine Darstellung, die aus heutiger Sicht kaum mehr verifiziert werden kann. Schon der deutsche Missionar Krapf (1810–1881) hielt in der Mitte des 19. Jahrhunderts diese islamische Sichtweise (vielleicht allein schon aus beruflichen Gründen) für ebenso unwahrscheinlich wie die Meinung, Kaffa habe etwas mit dem arabischen *kahwa* – also Kaffee – zu tun.[14] Gegen einen Zusammenhang mit Letzterem spricht auch die Tatsache, daß das Getränk in der lokalen amharischen Sprache ganz anders, nämlich *bunna*, heißt.

Bis um 1850 war den Europäern Kaffa kaum mehr als nur schemenhaft bekannt. Spärliche Nachrichten über Land und Leute mischten sich mit offensichtlichen Stereotypen und sehr zaghaften Informationen über die hier beheimatete Kaffeepflanze. Francisco Alvares, der Äthiopien 1520 bereiste, erfuhr nur vom Hörensagen über die Einwohner jenes Landes – die »Cafates«. Sie seien hellhäutiger als die benachbarte Bevölkerung und zeichneten sich durch eine gewisse Schläue aus. Ihm wurde berichtet, die Einwohner Kaffas schlichen sich nachts aus den Bergen, um zu rauben und zu töten. Tagsüber zögen sie sich wieder zurück, um sich im Dschungel und in den Höhen zu verstecken.[15] Über die Kaffeepflanze selbst weiß Alvares allerdings noch nichts zu berichten.

Erstmals wird jene mehr als anderthalb Jahrhunderte später vom Afrikareisenden Charles Jacques Poncet (gest. 1706) erwähnt. Über dessen Leben ist kaum mehr bekannt als daß der aus der Franche-Comté stammende Poncet eine Zeitlang als Apotheker in Kairo wirkte. Aus welchen Gründen es ihn nach Ägypten gezogen hatte, wissen wir nicht. Hier eröffnete sich ihm aber eines Tages die Chance zu einer großen Reise. So war im Jahre 1698 die Aufforderung des Herrschers von Äthiopien, Jasus des Großen, an einen jesuitischen Missionar ergangen, ihm wegen einer Erkrankung ärztliche Hilfe zuteil werden zu lassen. Die Verwirklichung dieses medizinischen Einsatzes wurde auch vom französischen Konsul in Kairo unterstützt, versprachen sich die Franzosen von dieser Reise offenbar eine politische Annäherung an Äthiopien. Ein solche Kontaktaufnahme mit fremden, exotischen Herrschern stellte durchaus nichts Ungewöhnliches dar, hatte Ludwig XIV. (reg. 1643–1715) doch im Jahre 1686 auch eine siamesische Delegation in Versailles empfangen und hielten sich gegen Ende des Jahrhunderts Franzosen sogar in der siamesischen Hauptstadt auf.[16]

Poncet nahm als Begleiter des Geistlichen an dieser Expedition in das Innere Afrikas teil. Der Jesuit starb unglücklicherweise noch auf der Hinreise, während Poncet das Unternehmen allein fortsetzte und tatsächlich den äthiopischen Hof erreichte. Ob er dem Herrscher medizinisch helfen konnte, wissen wir nicht. Auch die Rückreise verlief wenig erfolgreich. So gingen die meisten Geschenke des Herrschers von Äthiopien an seinen französischen Amtskollegen bei einem Schiffbruch verloren. Allein der eingepökelte Elefantenrüssel und die Elefantenohren fanden ihren Weg nach Versailles. Nur wenig hielt Poncet nach seiner Rückkehr in Frankreich zurück; er reiste schon bald erneut nach Kairo, um sich anschließend nach Indien zu begeben und sein Leben schließlich in Persien zu beenden.[17]

1699 legte Poncet eine Reisebeschreibung vor, die zehn Jahre später auch in englischer Übersetzung erschien.[18] Darin begegnet uns das erste Mal eine Darstellung der afrikanischen Kaffeepflanze, wobei mehr als offensichtlich ist, daß auch Poncet die Region Kaffa selbst nicht bereist hatte und das Gewächs entsprechend nur vom Hörensagen kannte:

> »Die Kaffeepflanze gleicht der Myrte. Ihre Blätter sind immergrün, aber größer und büscheliger. Ihre Frucht gleicht der Pistazie, mit einer Hülse, die zwei Bohnen umschließt, die sie ‚Coffee' nennen. ... Es ist falsch, wenn man behauptet, daß sie Kaffee mit siedendem Wasser behandeln, um ihn so keimunfähig zu machen, wie dies einzelne behaupten. Sie schälen ihn aus den Hülsen, in denen er gewachsen ist, und schicken ihn so weg, ohne irgend ein Dazutun.«[19]

Auch wenn die Nachricht noch so kursorisch bleibt und die Darstellung der Pflanze im Schemenhaften verharrt, fällt Poncet immerhin auf, daß die Kaffeekirschen geschält wurden und nur die Bohnen als Handelsgut auf die Reise gingen. Der Versuch, zum Export bestimmte Kaffeebohnen ihrer Keimfähigkeit zu berauben, ist zur selben Zeit aus dem Jemen überliefert. Möglicherweise kommt es hier also zu einer Verwechslung, indem Poncet die ihm über Arabien vorliegenden, allgemein bekannten Informationen auf Afrika überträgt. Diese Quelle stellt ein einzigartiges Dokument dar, das belegt, daß Poncets Zeitgenossen um 1700 sehr wohl von der Existenz des Kaffees in Afrika hätten wissen können. Daß die Öffentlichkeit Poncets Erkenntnisse dennoch weitgehend ignorierte, mag daran gelegen haben, daß schon kurze Zeit nach dem Erscheinen seiner Reisebeschreibung Zweifel an der Authentizität des Textes aufkamen. Eine zeitgenössische englische Gegenschrift läßt verlauten, »... daß sich die Vorstellung, wonach die Pflanze einer Myrte ähnelt, so sehr von dem Bild eines Kaffeebaumes unterscheidet, das sich unsere eigenen Leute in Arabien gemacht haben. Es muß hier folglich ein Fehler vorliegen.«[20]

Die nächsten Nachrichten über den afrikanischen Kaffee stammen vom schottischen Weinhändler und Afrikaforscher James Bruce (1730–1794), der sich 1768 auf die Suche nach den Quellen des Nil begab. Ihm waren immerhin schon die groben Umrisse Kaffas bekannt; so war er sich bewußt, daß das Land gebirgig sei, und er teilt mit, es gäbe auch große Sümpfe, an deren Rändern wilde Kaffeepflanzen wüchsen. Aber auch Bruce hatte Kaffa nicht aus eigener Anschauung kennengelernt, ebenso wenig wie in den 1830er Jahren der Missionar Johann Ludwig Krapf, dem wir gleichwohl etwas detailliertere Informationen verdanken. Der aus dem Südwesten Deutschlands stammende, lutherische Missionar fuhr 1837 im Auftrag der englischen *Church Missionary Society* nach Äthiopien, hielt sich hier aber vor allem im zentralen Hochland auf. Später gründete er im heutigen Kenia eine Missionsstation und gilt heute als Entdecker des Gebirgsmassivs des Mount Kenya. Seine Reisebeschreibungen legten den Grundstein für die weitere Erkundung der Quellen des Nil.

Auch wenn Krapf selbst nicht bis Kaffa gelangte, ließ er sich ähnlich wie Alvares oder Poncet von einheimischen Gewährsleuten über jenes unbekannte Land berichten. Er erwähnt beiläufig die Hauptstadt sowie die Existenz weiterer Residenzen des Herrschers. Die Häuser der Untertanen seien einfacher gebaut als diejenigen in Äthiopien. Und das Land läge nicht so hoch wie sein östlicher Nachbar; entsprechend sei es in den Dörfern heiß, und die Kaufleute aus dem kühleren Nordosten versuchten, so schnell wie möglich die Gegend wieder zu verlassen. Gleichwohl seien Fremde willkommen, zumindest wenn sie als Händler ins Land kämen. Die wichtigsten Exportgüter seien Baumwolltuche und Sklaven, die aber auch vor Ort als Arbeitskräfte eingesetzt werden würden. Eingeführt würden Salz, Kupfer, Pferde, Kühe und gefärbte Textilien.

Als Krapf die Informationen über Kaffa einholte, herrschte angeblich eine Königin namens Balli über das Land, die sich heute allerdings kaum mehr identifizieren läßt. Nur selten verließe sie die Hauptstadt, und wenn sie es täte, seien ihre Untertanen gehalten, Tuche auf ihren Weg zu legen. Strenge Hierarchien herrschten in den Familien; keiner Ehefrau sei es gestattet, in Gegenwart ihres Gatten zu essen oder zu trinken – bei einer Haftstrafe von bis zu drei Jahren. Krapf zeichnet uns das Bild einer archaischen, abgeschieden lebenden Gesellschaft abseits der Hauptrouten der Kommunikation und des Handels. Und er glaubt, in den Einwohnern Kaffas die Wilden aus der antiken Überlieferung wiederzuentdecken.[21]

Der erste Europäer, der Kaffa tatsächlich selbst betrat und auch darüber berichtete, war erneut ein Franzose: der Reisende Antoine Thompson D'Abbadie (1810–1897). Im Jahre 1840 nahm D'Abbadie an der Brautwerbungsfahrt des äthiopischen Regionalfürsten Abba Bakibo von Enarya teil, der seine – bis dahin zwölfte – Ehefrau aus Kaffa heimführen wollte. Ganze elf Tage hielt sich der Franzose während dieses Unternehmens in der Region auf, und er sah offenbar nur wenig vom Lande. Veröffentlichungen über seine Reise erschienen denn auch erst Jahrzehnte später und waren derart unsystematisch, daß zeitweise infrage gestellt wurde, ob D'Abbadie tatsächlich vor Ort gewesen sei.[22] Eine dauerhafte Verbindung zwischen Kaffa und Europa und die Vermittlung einer umfangreicheren Kenntnis über die Region wurden denn auch erst begründet, nachdem sich der italienische Kapuzinermönch Césaire de Castelfranco 1855 in Kaffa niedergelassen, eine Frau aus Kaffa geheiratet (was ihm später die Exkommunikation einbrachte) und eine römisch-katholische Mission begründet hatte. Auch wenn diese in der Folgezeit weitgehend von äthiopischen Geistlichen geleitet wurde, öffneten sich damit doch die Tore für eine direkte Kommunikation mit dem Rest der Welt.[23]

Im anbrechenden Zeitalter des Imperialismus, der Dampfschiffahrt und insbesondere nach der Eröffnung des Suezkanals erwiesen sich das souveräne Äthiopien wie auch Kaffa zunehmend als Tummelfeld für Abenteurer und selbsternannte Forschungsreisende aus aller Herren Länder.[24] Eine der anspruchsvolleren Darstellungen über Kaffa aus dieser Epoche ging aus der Hand des österreichischen Ethnologen und Afrikaforschers Friedrich Julius Bieber (1873–1924) hervor, der im Jahre 1905 gemeinsam mit Alphons Freiherr von Mylius eine landeskundliche Forschungsexpedition in die Region unternahm, bei der aber auch er sich dort insgesamt kaum mehr als einen Monat aufhielt.[25] Seine Beobachtungen zum Kaffeeanbau sollen uns weiter unten noch beschäftigen.

Genau zwei Jahrzehnte später unternahm der bereits erwähnte deutsche Forschungsreisende und Autor Max Grühl eine offenbar privat organisierte Reise nach Äthiopien, die er etwas großspurig als »Deutsche Nil-Rudolfsee-Kaffa-Expedition« bezeichnete, deren wissenschaftlicher Mehrwert allerdings als nicht besonders groß eingeschätzt werden dürfte. Eher von Interesse sind hingegen Grühls persönlichen Beobachtungen und Erlebnisse, deren Darstellung nicht immer ganz frei von einem spezifisch europäisch-imperialen Blickwinkel ist. Gemeinsam mit seinem vierzehnjährigen Sohn Waldemar, einem Kameramann und einigen einheimischen Begleitern machte sich Grühl auf den Weg nach Unter- und Oberägypten und schließlich über Djibouti und Addis Abeba nach Kaffa. Die Ziele dieser Reise wurden nur schemenhaft formuliert und bewegten sich vor allem im Kontext eines anthropologisch-ethnographischen Interesses. Mit List und Täuschung (wie er sich selbst rühmte) gelang es ihm immer wieder, Einheimische wenig oder nicht bekleidet vor seine Kameralinse zu locken und mittels seiner mitgebrachten Instrumente ganz im damaligen Zeitgeist Schädel- und Körpervermessungen vorzunehmen. Und auch vor den tribalen Geistlichen Kaffas kannte sein Forschungsdrang keine Schranken: »Ich habe den Priester doch noch überlistet und ihn vor den photographischen Apparat bekommen.«[26] Aus heutiger Perspektive stellt das zweifellos eine nicht unproblematische Vorgehensweise dar.

Seiner Reisebeschreibung verdanken wir gleichwohl einige lebendige Einblicke in die noch in den 1920er Jahren weit abseits der Haupthandelsrouten liegende Provinz. Den nachhaltigsten Eindruck hinterließ bei Grühl aber nicht der Kaffee, sondern die scheinbar endlosen Züge aneinandergeketteter Sklaven, die sich von Kaffa in Richtung Osten bewegten und über die auch schon Krapf berichtet hatte: »Nackte Männer und Weiber, die Blößen kaum durch Fetzen bedeckt, nackte Kinder an der Hand oder in einem Bündel auf dem Rücken, schleppten sich, mit Ketten aneinandergeschlossen, in langen Reihen durch den Dreck, getrieben von erbarmungslosen Kerlen; wie das Vieh. Noch schlimmer als das Vieh!«[27] – Noch im 20. Jahrhundert und darüber hinaus gehören Sklavenhandel und Sklaverei weltweit bei weitem nicht der Vergangenheit an.

Schon auf dem Weg von der äthiopischen Hauptstadt zum Grenzfluß Gojeb begegneten Grühl allenthalben Kaffeepflanzen: »Überall ist das Land gut angebaut und gleicht mit seinen Kaffeewäldern, seinen klaren, rieselnden Bächen, seinen freundlichen, fleißigen Menschen und ihren von Bananenhainen umgebenen sauberen Heimstätten einem Garten Gottes.«[28] Dieser geradezu paradiesische Eindruck (»Hier gestaltet sich der Mensch, wie er aus des Schöpfers Hand hervorgegangen ist.«[29]) resultierte aber zweifellos nicht aus der Kontemplation über den Kaffeebaum, sondern in erster Linie aus dem diskreten Blick hinter die Schönheit der Natur: »Plötzlich steht auf dem von Bananen und Kaffeebäumen beschatteten Pfad ein junges Weib vor mir, jugendschön, wie ich bisher keines während der ganzen Karawanenreise gesehen.«[30] Die dunklen Augen taten es ihm ebenso an, wie die »Perlenschnur um den Hals, die, zwischen den schönen Brüsten herniederhängend, mit einem Amulett endet.«[31] Unvermittelt verschwand die Schöne wieder im Dschungel (wahrscheinlich aus gutem Grund), aber nach eintägiger Suche und unterstützt durch andere Einheimische gelang es dem Reisenden, sie ebenfalls auf das Negativ zu bannen.

Auch wenn die europäischen Darstellungen über Kaffa des vergangenen Jahrhunderts von noch so unterschiedlicher Qualität und Attitüde sind, eines haben sie gemeinsam: Sie registrieren alle die große Bedeutung des Kaffees für die nunmehrige äthiopische Provinz. Der Legende nach – über die auch Krapf berichtet[32] – sollen die ersten wilden Kaffeebohnen vor unerdenklich langer Zeit von einer Zibetkatze aus den Tiefen des zentralafrikanischen Urwaldes nach Kaffa gebracht worden sein.[33] Diese Überlieferung ist zweifellos nur schwer vorstellbar, entbehrt gleichwohl nicht einer gewissen Berechtigung. Denn tatsächlich verzehrt die Zibetkatze, die auch in Kaffa beheimatet ist, Kaffeekirschen und sorgt durch ihre Ausscheidungen für eine gleichsam natürliche Verteilung der keimfähigen Bohnen. Vieles spricht heute aber dafür, daß die Kaffeepflanze nicht von anderswo (und sei es durch Katzen) hierhin eingeführt wurde, sondern daß Kaffa seit alters her ihre Heimat darstellt. Kaffee wächst noch heute in wilder Form in der Umgebung der Stadt Bonga in Höhen zwischen 1.400 und 1.800 m, wo im Jahresdurchschnitt mit etwa 2.000 mm für reichlich Niederschläge gesorgt ist.

Einer anderen, lokalen Überlieferung zufolge soll sich die Pflanze dereinst vom kleinen, ganz in der Nähe Bongas gelegenen Dorf Togola aus über Kaffa verbreitet haben. Auch Grühl sieht in der Gegend »die Urheimat des Kaffeestrauches.«[34] Ihm scheint allerdings nicht so recht bewußt geworden zu sein, daß er selbst allenthalben wilde Kaffeepflanzen im Urwald um Bonga gesehen hatte, denn er hielt jene fälschlicherweise für »verwilderten Kaffeewald«, also für aufgegebene menschliche Pflanzungen. Daß die Annahme, Kaffa sei die Urheimat der Pflanze, auch aus heutiger naturwissenschaftlicher Perspektive zutrifft, haben in jüngster Zeit Botaniker herausgefunden, die die wilden Kaffeepflanzen genetisch untersuchten. Dabei stellte sich heraus, daß infolge von Zuchtwahl – also der möglichst individuellen Anpassung an die natürlichen Standorte – in Äthiopien bis zu 5.000 Varianten mit einem räumlichen Schwerpunkt in der Gegend um Bonga vorkommen. Eine solche Diversität läßt sich weltweit allein hier finden, was aus biologischer Sicht darauf schließen läßt, daß die Heimat der wilden *Coffea arabica* tatsächlich in und um Kaffa liegt.[35]

Alle Arabica-Pflanzen, die heute rund um den Globus wachsen, müssen also von einigen wenigen, vor Jahrhunderten von hier ausgeführten Kaffeepflanzen oder -samen abstammen. Entsprechend schmal ist das genetische Reservoir des weltweiten Kaffeeanbaus außerhalb Äthiopiens. In Verkennung dieser Tatsache wurden noch zu Beginn des 20. Jahrhunderts »veredelte« Kaffeesamen aus dem Jemen in das Land gebracht, um die Qualität der regionalen Produktion an den jemenitischen Kaffee anzugleichen.[36] Erst in den 1960er Jahren verpflanzte man umgekehrt im Rahmen eines Projektes der Landwirtschaftsorganisation der Vereinten Nationen wieder äthiopische Pflanzen in andere Weltgegenden, um das genetische Spektrum der Kaffeepflanze auf anderen Kontinenten zu erweitern. Heute würde eine solche Aktion zweifellos unter die Rubrik »Biopiraterie« (Klingholz) fallen.[37]

Eigentlich ist die Bezeichnung *Coffea arabica* also nicht zutreffend, auch wenn sich der Name heute weltweit für hochwertigen Kaffee durchgesetzt hat. Vergeblich wurde schon zu Beginn des 20. Jahrhunderts der Versuch unternommen, eine neue, vermeintlich authentischere Bezeichnung einzuführen, die gleichzeitig aber wohl vor allem den persönlichen Ehrgeiz des österreichischen Ethnologen Bieber bedienen sollte: *Coffea kaffensis Bieber* – ein Name, der sich aus verständlichen Gründen nicht durchsetzte, war Bieber weder der erste Europäer der den Kaffee in Kaffa beschrieb, noch gingen aus seiner Reise in dieser Hinsicht besonders originäre Erkenntnisse hervor.

Neben dem wilden Kaffee fanden die europäischen Reisenden des 19. und beginnenden 20. Jahrhunderts auch von Menschenhand angelegte Kaffeegärten vor. Kommerziell angebauter Kaffee war vor Ort billig zu haben und wurde im Tausch gegen das im Lande knappe Salz ausgeführt. Missionar Krapf berichtet, daß für ein Stück Salz, das nicht mehr als ein Groat – eine kleine englische Silbermünze – wert war, 60 bis 70 Pfund Kaffee erworben werden konnten.[38] Erst der Krieg zwischen Kaffa und Äthiopien, der 1897 mit der Annexion Kaffas endete, führte zu einem starken Einbruch dieser regionalen Kaffeeproduktion.

Friedrich Bieber liefert uns ein recht genaues Bild von einem solchen Kaffeeanbau in der Provinz Kaffa zu Beginn des 20. Jahrhunderts. So beobachtet er, daß vor allem der Ertrag der etwas größeren Gärten auf den Markt gelange, während viele Bauern die Pflanze nur für den Eigenbedarf hielten. Dieser Kleinanbau erfolgte in Form von »ein oder zwei Dutzend Kaffeebäumen im Gemüsegarten«.[39] Angelegt wurden die Gärten in der Regel inmitten des zuvor nicht gerodeten Urwaldes, wodurch die empfindlichen Kaffeepflanzen immer durch natürlich gewachsene Schattenbäume Schutz fanden. Die jungen Pflanzen wurden sowohl aus Keimlingen als auch aus Stecklingen gezogen, wobei die Menschen vor Ort oft auf wild im Wald wachsende Schößlinge zurückgriffen, die nur mit der Wurzel und etwas Erde ausgegraben werden mußten, um sie im eigenen Garten wieder anzupflanzen. Allein diese Praxis sicherte auf Dauer die genetische Vielfalt des Kaffees und machte ihn widerstandsfähiger gegen Pflanzenkrankheiten. Größere Gärten verfügten hingegen über regelrechte Baumschulen, in denen die Pflanzen bis zu einer Höhe von etwa einem halben Meter aufgezogen wurden, ehe man sie umpflanzte. War erst eine bestimmte Größe erreicht, erwiesen sich die Pflanzen als vergleichsweise anspruchslos, sofern ausreichend Feuchtigkeit und Beschattung vorhanden waren, was in Anbetracht des dichten Urwaldes praktisch immer gegeben war. Allenfalls mußte hin und wieder Unkraut gejätet werden, um den Pflanzenwuchs nicht zu beeinträchtigen. Kaffeefrüchte konnten dann nach etwa drei Jahren erstmals geerntet werden. Bemerkenswert ist die Tatsache, daß einzelne Landesteile des ohnehin schon nicht allzu großen Kaffa dabei jeweils unterschiedliche Qualitäten hervorbrachten. Eine besonders hochwertige Sorte kam aus dem nördlich gelegenen Landesteil Čarra, die besonders im Fürstenhaus Kaffas Wertschätzung genoß und sowohl dort goutiert wurde als auch als Geschenk für besonders angesehene Gäste Verwendung fand.

Die Ernte des Kaffees, wie Bieber sie um 1900 beobachtete, war wie wahrscheinlich schon lange Zeit zuvor Gemeinschaftsarbeit und geschah in der Trockenzeit zwischen August und Dezember. Zunächst wurde der Boden gereinigt, dann kletterten Männer in die Kaffeebäume, um die reifen oder halbreifen Kirschen von den Zweigen abzustreifen. Frauen und Kinder sammelten die auf dem Boden liegenden Früchte schließlich in großen Körben ein. Nach der Ernte erfolgte das Trocknen: In einer dicken Schicht wurden die Kirschen in kleine, flache

Gruben gefüllt, und unter täglichem Wenden trockneten die Früchte auf diese Weise innerhalb eines Monats fast aus; auch die mitgeernteten halbreifen Kirschen konnten dabei nachreifen. Es folgte eine intensivere einwöchige Trocknung in einer wesentlich dünneren Schicht unter der direkten Sonne. Mithilfe eines speziellen Putzholzes wurden schließlich die Kirschen von der Hülle befreit. Im Gegensatz zum Jemen fanden die Schalen keine Verwendung.[40]

Einer lokalen Legende zufolge stammten nicht nur die Kaffeepflanze und deren kommerzieller Anbau, sondern auch das Kaffeetrinken selbst aus der Region Kaffa. Irgendwann zwischen dem 6. und dem 9. Jahrhundert n. Chr. soll die Herde eines Ziegenhirten namens Kaldi entlaufen sein. Einige Zeit später fand der Hirte seine Tiere laut meckernd und aufgeregt in einem abgelegenen Wald wieder. Hier bemerkte jener, daß seine Tiere von den Blättern und roten Kirschen einer ihm bis dahin unbekannten Pflanze aßen, von der er nun selbst zu kosten begann. Trotz des bitteren Geschmacks, der ihn schaudern machte, brachte er einige Kirschen zu seiner Familie nach Hause. Die Gemahlin schlug vor, die merkwürdigen Früchte ins nahegelegene christliche Kloster zu bringen, wo sie als angebliches Werk des Teufels aber nur im Feuer landeten. Nur wenig später muß ein betörender Duft der gerösteten Bohnen den Flammen entstiegen sein, den die Geistlichen aber für umso bedrohlicher hielten. Die beinahe verbrannten Kerne der Kirschen wurden gerettet, gemahlen und – damit der teuflische Geist nicht entfliehen konnte – mit Wasser überdeckt. Die neugierigen Mönche probierten nachts heimlich von dem Gebräu, und der Muntermacher Kaffee war entdeckt.[41] Schon früh wurde diese Legende auch auf den Jemen übertragen und im Jahre 1671 durch die Schrift »De saluberrima cahue seu café nuncupata discursus« des Orientalisten Antoine Faustus Nairon (lat. Antonius Faustus Naironus) schließlich auch in Europa bekanntgemacht.[42] Bis heute existiert von ihr eine große Zahl unterschiedlicher Varianten.

Seit wann und in welcher Form der Kaffee aber tatsächlich im nordöstlichen Afrika konsumiert wurde, ist unbekannt. Einer landläufigen Überlieferung zufolge sollen sich die Vorfahren des heutigen Stammes der Galla, die vor langer Zeit mit ihren Kriegszügen das äthiopische Hochland unsicher gemacht hatten, als erste den Kaffee angeeignet haben. Der bereits erwähnte James Bruce berichtet in seinen »Travels to Discover the Source of the Nile«:

> »Die Galla sind ein wanderndes afrikanisches Volk. Bei ihren Einfällen nach Abessinien sind sie immer wieder genötigt, riesige Wüsten zu durchqueren und fallen dort dann ohne Warnung in Städte und Dörfer ein. Auf ihren Zügen tragen sie keine Nahrung mit sich, außer die Beeren des Kaffee-Strauches. Geröstet und gemahlen vermischen sie diese mit Fett, bis sie eine Konsistenz erreichen, daß man aus ihnen Bälle in der Größe von Billardkugeln rollen kann. Diese tragen sie in Lederbeuteln zum Verzehr mit sich.«[43]

Auf ihren langen Kriegszügen litten die Galla oft Hunger, und da kamen die wilden, im Dschungel wachsenden Kaffeefrüchte gerade recht. Diese kleinen wie nahrhaften und aufputschenden Energie-Kugeln begleiteten die Kämpfer während ihrer Unternehmungen und versorgten sie mit der nötigen Energie. Nur eine Kugel soll für den ganzen Tag gereicht haben und habe sowohl körperlich als auch seelisch stimulierender auf die Kämpfer gewirkt als der Verzehr von Brot oder Fleisch. Auch wenn die Einnahme dieser Kugeln heute nicht mehr nachgeprüft werden kann, erscheint jene doch nicht ganz unwahrscheinlich, bot schließlich auch das 20. Jahrhundert mit seinen Kriegen dem Koffein in Form von Scho-ka-kola-Süßigkeiten, konzentrierter Kaffee-Paste (Kaffee HAG) oder in Tablettenform ein reiches Einsatzfeld.

Neben dieser Legende bieten frühe arabische Quellen einen allerdings auch nur lückenhaften Einblick in den Konsum des

Kaffees in Äthiopien in vormoderner Zeit, während über Kaffa selbst in dieser Hinsicht nichts zu erfahren ist. So ist zu vermuten, daß die Pflanze den Arabern im Laufe des 14. oder 15. Jahrhunderts im Zuge der islamischen Expansion ins nordöstliche Afrika begegnete. Es läßt sich aus den arabischen Quellen allerdings nicht ermitteln, in welcher Form der Kaffee in Äthiopien damals konsumiert wurde – gekaut oder getrunken als Aufguß.[44] Ein Hinweis ergibt sich allerdings aus dem Sprachgebrauch des Arabischen jener Zeit: So wird für die Kaffeepflanze oder -bohne in Anlehnung an das amharische *bunna* der Begriff *bunn* verwendet, während die Fruchtschale unter der Bezeichnung *qishr* firmiert. Hingegen wird, sobald vom Konsum die Rede ist, im Arabischen der Terminus *qahwa* verwendet. Aus dieser begrifflichen Unterscheidung vermuten die Forscher, daß es sich bei *qahwa* tatsächlich um ein Getränk und nicht um die Bestandteile der Kaffeepflanze handelte. Zudem sind einige von ihnen der Ansicht, daß das arabische *qahwa* im abessinischen Kontext nicht allein den Aufguß aus Kaffeepflanzen selbst meinte, sondern möglicherweise jedweden Aufguß, der aus den menschlichen Körper anregenden Pflanzen gewonnen wurde.[45]

Es ist nicht ganz eindeutig zu klären, in welchem Umfange sich der Kaffeekonsum in Äthiopien in der Folgezeit entwickelte. Poncet berichtet für das ausgehende 17. Jahrhundert, in dem Land werde kein Kaffee konsumiert, woraus aber auch geschlossen werden kann, daß Poncet dem Kaffeegenuß einfach nicht begegnet war.[46] Die nächsten Nachrichten aus dem 19. Jahrhundert bestätigen Poncets Eindruck aber in gewisser Weise. So beobachtet der berühmte Orientreisende Richard Francis Burton (1821–1890) während seines zehntägigen Aufenthaltes in der ostäthiopischen Stadt Harrar – zu dieser Zeit inmitten ausgedehnter Kaffeeplantagen gelegen – das dortige Konsumverhalten:

»In den weltweit besten Kaffeeanbaugebieten, Harrar und Jemen, ist die Kirsche dem Export vorbehalten. Die Südaraber nutzen deren Schalen für den Handel und die eigene Gesundheit, wohingegen die Bohne als zu erhitzend gilt. Der Aufguß aus Schalen gilt hier in Harrar hingegen als Damentrank. Die Männer halten ihn bei der dünnen Luft hier oben für zu trocken und ebenfalls erhitzend. Stattdessen bereiten sie sich einen Aufguß aus gerösteten und zerstoßenen Blättern zu. ... Das Aufkochen von Kaffeeblättern wurde auch bei uns in England probiert. Wir unterlassen es dabei aber, die Blätter vorher zu rösten.«[47]

Die Bereitung von Bohnenkaffee erwähnt Burton überhaupt nicht, für die Männer galt angeblich allein ein Aufguß aus Kaffeeblättern als gesellschaftsfähig und gesund. Bemerkenswerterweise beobachtet der englische Reisende aber auch ein geschlechtsspezifisches Konsumverhalten, indem er den aus Schalen bereiteten Aufguß markant als »Ladies' Drink« definiert.

Während über den örtlichen Konsum in Äthiopien zumindest schemenhaft berichtet wird, schweigen die Quellen zu Kaffa noch lange Zeit. Erst im beginnenden 20. Jahrhundert erfuhr die westliche Welt mehr über den traditionellen Konsum vor Ort. So besuchte der bereits vorgestellte Max Grühl in den 1920er Jahren die im Bergwald um Bonga lebende, tribale Bevölkerung, die er für die »Ur-Kaffee-Trinker« schlechthin hielt. Durch den dichten Dschungel streifend, stieß er auf deren Dörfer, die aus kaum mehr als aus einfachen Schilfhütten bestanden, während sich die Habseligkeiten allenfalls auf »einige Tonkrüge und Matten« beschränkten.[48] Deren Bewohner identifiziert Grühl als Subsistenzbauern, die vor allem von der Ernte des Kaffees und vom Bananenanbau lebten. »Als sie alle Scheu ... überwunden hatten«, wurde er zu einer schlichten Kaffee-Zeremonie eingeladen, der er eine besondere ethnographische Bedeutung beimißt:

»Da sie die ersten Kaffee-Trinker der Welt waren, ist das von ihnen bei der Herstellung des Getränkes angewandte Rezept wohl das Ur-Rezept der Kaffeebereitung. Ich lasse es hier folgen: Die frischgerösteten Kaffeebohnen werden auf einem Stein zu Pulver zerrieben, dieses mit Butter, Honig und Gewürzen zu einem Brei angerührt, der dann in flaschenartigen Tonkrügen gekocht wird.«[49]

Grühl hatte zuvor die Gewinnung von Honig in den umliegenden Wäldern beobachtet, der offenbar einen wichtigen Bestandteil der örtlichen Ökonomie ausmachte. Höchst problematisch, wenn nicht gar unwissenschaftlich, ist aber die Rückprojektion der von Grühl besuchten Menschen als »Ureinwohner« des Landes. Während sich Grühl in einem vorgeschichtlichen Freilichtmuseum wähnte, hatte er es in Wirklichkeit mit modernen Völkerschaften zu tun, die seit Jahrhunderten mit der Außenwelt in Verbindung standen. Außerdem widersprechen Grühls Beobachtungen den Erkenntnissen von Bieber, der bereits zwei Jahrzehnte zuvor die Kaffeezubereitung in Kaffa beobachten konnte. So beschreibt Bieber, daß die Bohnen im Rahmen des gesellschaftlichen Kaffeetrinkens direkt in Gegenwart der Gäste geröstet, in einem Mörser zerstoßen und dann aufgebrüht würden. Der Aufguß würde ungefiltert und ungesüßt genossen.[50] Wir mögen vermuten, daß beide Varianten – der ungesüßte Kaffee und das Süßen mit Honig – gebräuchlich waren, daß die beiden Reisenden bei ihren vergleichsweise kurzen Aufenthalten aber jeweils nur eine Variante kennenlernten.

Inwieweit läßt sich nicht nur der Konsum vor Ort, sondern auch der Handel mit Kaffee aus Kaffa rekonstruieren? Bevor der Jemen selbst zur Anbauregion aufstieg, müssen die Araber das Getränk in Afrika kennengelernt und mit dessen wachsender Beliebtheit den Export afrikanischen Kaffees auf die Arabische Halbinsel gefördert haben. Ein früher Kaffeehandel zwischen Kaffa, Äthiopien und dem Jemen folgte vermutlich uralten Handelsrouten. So waren Menschen schon seit langem aus dem südlichen Arabien über das Rote Meer oder den Golf von Aden nach Äthiopien oder an die Küsten des heutigen Somalia gesegelt. Archäologische Funde belegen einen kulturellen und kommerziellen Austausch spätestens seit der zweiten Hälfte des ersten vorchristlichen Jahrtausends. Noch im Zeitalter der islamischen Expansion existierte zudem ein lebhafter Handel zwischen dem christlich geprägten Binnenland Äthiopiens und der muslimischen Küste am Roten Meer und dem Golf von Aden.[51]

Die Überlieferung des äthiopischen Nationalepos *Kebra Nagast* berichtet von einer Königin von Saba – in diesem Text als Herrscherin Äthiopiens identifiziert –, die im 9. Jahrhundert v. Chr. König Salomo in Jerusalem besucht habe. Aus der engeren Beziehung, die sich zwischen beiden entwickelte, sei ein Sohn hervorgegangen, der als junger Mann zurück nach Äthiopien in die Heimat seiner Mutter reiste und dort als Menelik I. eine Herrscherdynastie begründete, die erst mit dem Sturz Haile Selassies im Jahre 1974 ihr Ende fand.[52] Auch wenn es sich hierbei um einen Gründungsmythos des äthiopischen Königtums handelt, sind enge Verbindungen zwischen dem nordöstlichen Afrika und dem Vorderen Orient seit ältester Zeit nicht von der Hand zu weisen.

Seit wann konkret afrikanischer Kaffee seinen Weg über das Rote Meer fand, ist nach gegenwärtigem Wissen nicht mehr zu rekonstruieren. Einer traditionellen Forschungsmeinung und den schriftlichen arabischen Quellen zufolge tauchten Kaffeebohnen als Exportgut gegen Ende des 15. Jahrhunderts im Jemen auf. Mittlerweile mußte diese Ansicht aber revidiert werden, denn in den 1990er Jahren fanden sich bei archäologischen Ausgrabungen bei Kush in den Vereinigten Arabischen Emiraten Kaffeebohnen, die in das 13. Jahrhundert datiert werden. Bislang konnte nicht rekonstruiert werden, wie jene an den Persischen Golf gelangten und ob es sich dabei um einen zufälligen Einzelfund handelt oder ob hinter dieser Beobachtung möglicherweise schon ein umfangreicherer kommerzieller Austausch stand. Einen möglichen, allerdings umstrittenen Hinweis in diese Richtung liefert der berühmte persische Arzt und Gelehrte Ibn Sina (980–1037), der in Europa unter dem Namen Avicenna Bekanntheit erlangte. In seinem »Buch der Heilkunst« (*Al-Ganum fit-Tebb*) erwähnt Avicenna eine Pflanze, die dem amharischen *bunna* verblüffend ähnlich klingt. So fragt er in seinem epochalen Werk: »Bunchum quid est?« – Was ist »Bunchum«? Und er gibt als Antwort: »Est res delatade Iamen. Quidam autem dixerunt, quod est radicibus anigailen.«[53] Offensichtlich weiß Avicenna selbst nicht so genau, worum es sich bei diesem »Bunchum« handelte, indem er schreibt, einige Leute meinten, es stamme aus den Wurzen von Anigailen. Umso bedeutsamer ist der Hinweis, daß jenes Produkt im Jemen (Iamen) zu finden sei. Letztlich ist nicht zu klären, ob es sich bei dem »Bunchum« tatsächlich um Kaffee handelte – in Verbindung mit den spärlichen archäologischen Erkenntnissen ergibt sich aber zumindest eine vage Ahnung davon, daß der Kaffee möglicherweise schon lange vor dem 15. Jahrhundert auf der Arabischen Halbinsel bekannt war.

Nördlich des Roten Meeres tauchte der Kaffee aus Afrika spätestens im ausgehenden 15. Jahrhundert auf, wie aus dem Brief eines Kaufmanns aus dem an der Südspitze des Sinai gelegenen Tûr von 1497 hervorgeht.[54] Seit der zweiten Hälfte des 16. Jahrhunderts intensivierte sich der Austausch mit dem arabischen Raum. Der afrikanische Kaffee wurde nun vor allem über den Hafen des im heutigen Somalia gelegenen Zaila Richtung Rotem Meer exportiert. Neben dem Kaffee gelangten über Zaila aber auch Waren aus Indien und anderen Regionen des Indischen Ozeans in Richtung Norden. Die Nachfrage muß schon in dieser Zeit größer als das Angebot gewesen sein, und noch vor 1600 zeigte sich Kaffa kaum mehr in der Lage, jene zu befriedigen. Das lag vermutlich nicht allein an der stetig wachsenden Beliebtheit des Getränks, sondern auch an der Tatsache, daß Äthiopien und seine benachbarten Gebiete zunehmend unter inneren

Konflikten, der gewaltsamen Expansion einzelner Stämme und unter bewaffneten Auseinandersetzungen zwischen Muslimen und Christen litten.[55] Gleichwohl konnten sich die afrikanischen Exporte auch im Zeichen einer wachsenden Konkurrenz aus dem Jemen noch im 17. Jahrhundert behaupten. So erfährt der bereits erwähnte Charles Jacques Poncet in den 1690er Jahren vom Kaffeehandel zwischen Äthiopien und dem Jemen und sieht den Warenaustausch mit dem nordöstlichen Afrika als Anregung für die Europäer:

> »Handel dorthin zu treiben wäre sehr vorteilhaft für sie, denn neben Gold, Zibet, Elfenbein etc. könnten sie von dort Aloe, Myrrhe, Cassia, Tamarinden und Kaffee einhandeln, den die Äthiopier selbst nicht sehr schätzen und den sie (wie man mir gesagt hat) nach Jemen oder Arabia Felix transportieren, von wo ihn die Kaufleute heutzutage herholen … .«[56]

In einer Zeit, als sich der europäische Warenaustausch mit dem Jemen mit großer Intensität entwickelte, erkannte Poncet das Potential, das auch der Handel mit den gegenüberliegenden Ländern auf dem afrikanischen Kontinent geboten hätte.

Nachdem die Bohnen aus Kaffa in Anbetracht des großen Erfolgs der jemenitischen Produktion und der Entwicklung weiterer Anbaugebiete in der kolonialen Welt im 18. Jahrhundert kaum mehr konkurrenzfähig waren, gelang es dem nordöstlichen Afrika im 19. Jahrhundert, erneut Anschluß an den Weltmarkt zu finden. In dieser Zeit breitete sich der Kaffeeanbau sehr allmählich über Kaffa hinaus aus. Die Provinz Shoa exportierte nun ebenso Kaffee wie die Gegenden von Enarya, Gojjam und das Ufer des Tana-Sees. Auch die Region um Harrar entwickelte sich zu einem wichtigen Anbaugebiet. Im Süden des Landes erwarben in derselben Zeit zunehmend auch Europäer große Ländereien und gründeten dort Kaffeeplantagen. Begünstigt wurde der Außenhandel durch die Fertigstellung der Eisenbahn, die Äthiopien bis heute mit dem Hafen von Djibouti (Französisch-Somaliland) verbindet, im Jahre 1910.[57] Kaffee wurde aber auch über die Häfen von Massawa und Berbera exportiert; nicht selten gelangten dafür im Gegenzug europäische Waffen ins Land. Kleinere Mengen an Bohnen erreichten auch das arabische Djidda, wo sich traditionell intra-asiatischer Handel mit muslimischem Pilgerverkehr verbanden. In Äthiopien selbst blieb der Kaffeekonsum auch im 19. Jahrhundert gering, da die vor allem im Norden lebenden koptischen Christen das Getränk aus religiösen Gründen ablehnten.[58] Erst im letzten Jahrzehnt des 19. Jahrhunderts begann sich im Lande selbst ein größerer Absatz zu entwickeln, nachdem die Christen allmählich ihre traditionelle Zurückhaltung gegenüber dem Getränk aufgegeben hatten.

Lange Zeit schien es, daß das weltweite Wachstum des Kaffeemarktes vor allem den plantagenmäßig erzeugten Kaffee in Äthiopien begünstigte. Kaffa, die Heimat der Kaffeepflanze, geriet mit ihrer dezentralen Gartenproduktion und der Wildpflückung hingegen immer stärker ins Hintertreffen. Die im bäuerlichen Kleinanbau produzierten Bohnen galten längst nicht mehr als wettbewerbsfähig und konnten auch qualitativ nicht mit dem Plantagenprodukt mithalten. Noch 1960 urteilt ein Kaffee-Handbuch:

> »Auf kleinen Eingeborenen-Pflanzungen wird der Boden für den Kaffee-Anbau mit ganz primitiven Methoden bearbeitet. ... [Die Einheimischen, MK] beschränken sich meist auf das Einsammeln der abgefallenen Kirschen. Die Kaffees werden ohne Sorgfalt in der Sonne getrocknet, nicht sortiert und meist noch feucht eingesackt. Die Qualitäten schwanken von Jahr zu Jahr mit der Witterung.«[59]

Auch wenn das Land geeignet sei, herausragende Kaffeespezialitäten hervorzubringen und Böden wie Klima sich als ideal erwiesen hätten, ständen mangelndes Know-how bei der Weiterverarbeitung und die schlechten Transportwege der Integration in den globalen Markt im Wege. Der umweltgerechte Anbau inmitten des Urwaldes führte ebenso dazu, daß die Pflanzendichte mit 500 bis 800 Sträuchern je Hektar nur dünn war und die Hektarerträge zwischen geringen 300 und 500 kg schwankten.[60] In der Tat war der Urwald-Kaffee aus Kaffa zu dieser Zeit kaum mehr konkurrenzfähig.

Glücklicherweise hat sich diese eher pessimistische Einschätzung bis heute gründlich gewandelt. Ökologische Vielfalt und kleinräumiger Anbau werden mehr denn je als Chance denn als Hindernis gesehen. Seit den 1990er Jahren erlebt der Kaffee aus der Provinz Kaffa nach langer Zeit des Niedergangs eine Renaissance und hat seinen Weg auch zu uns in die Kaffeegeschäfte und in den Versandhandel gefunden. Hinter dieser Entwicklung steht die Erkenntnis, daß noch heute in der Gegend um Bonga eine einzigartige genetische Vielfalt der *Coffea arabica* existiert, die sich unmöglich in Saatgutbanken bewahren läßt. Darüber hinaus hat sich hier einer der letzten größeren Bergregenwälder des im vergangenen Jahrhundert weitgehend entwaldeten Äthiopien erhalten. Seit 1999 verbinden sich unter dem Dach des Projektes »Geo schützt den Regenwald e.V.« Waldschutz mit dem Versuch, die Vielfalt der Kaffeepflanze zu bewahren. Im Rahmen des sogenannten »partizivativen Waldmanagements« wird dabei der lokalen Bevölkerung die nachhaltige Nutzung der Ressource Wald in Subsistenzwirtschaft ermöglicht, als Gegenleistung verpflichtet sich jene, auswärtige Siedler und Holzdiebe abzuwehren. Hinter dem Projekt steht der Gedanke, den Bauern für den Kaffee einen so attraktiven Preis zu bieten, daß sich ein Bewußtsein auch um den ökonomischen Wert des Waldes bildet.

Die Ernte hier im Urwald ist deutlich aufwendiger als in symmetrisch angelegten Plantagen, gleichwohl birgt der wilde Kaffee aus dem südwestlichen Äthiopien ein einzigartiges Aroma, das den daraus resultierenden höheren Preis rechtfertigt. Zum Vertrieb der dezentral eingefahrenen Ernte entstand als Vermarktungsgesellschaft im Jahre 2005 die »Kafa Coffee Farmers

Union«, die sich um den Export des Gutes nach Übersee kümmert. Auf genossenschaftlicher Basis sind dabei ebenso das Qualitätsmanagement wie ein regelmäßiges und ausreichendes Einkommen der Kaffeebauern gewährleistet. Heute gelangen auf diese Weise jährlich etwa 180 Tonnen Wildkaffee nach Europa, der unter dem Fairtrade-Zertifikat vertrieben wird.

Kaffee ist in der Provinz Kaffa aber nicht allein wieder zu einem erfolgreichen Exportprodukt aufgestiegen, sondern steht nach wie vor für eine vielfältige Alltagskultur vor Ort. *Bunna* wird in vielerlei Weise genossen: mit oder ohne Milch, gezuckert oder ungesüßt und manchmal auch mit Tee vermischt. In Gesellschaft verbindet sich der Genuß des Getränks mit einem aufwendigen Kaffeeritual, das bei größeren Festlichkeiten durchaus mehrere Stunden dauern kann. Dabei wird der Kaffee wie seit jeher ganz frisch aus grünen Bohnen zubereitet. Diese werden zunächst in Anwesenheit der Gäste auf kleinen Pfannen über dem offenen Feuer geröstet, bis sie die uns bekannte schwarzbraune Färbung annehmen. Mit dem Mörser werden die Bohnen zerrieben. Das Pulver wird schließlich in eine langhalsige Kaffeekanne geschüttet und das ganze mit kochendem Wasser übergossen.[61] Hier begegnet uns eine lebendige Tradition, die vor einem halben Jahrtausend nicht viel anders gelebt worden sein mag als heute und die in kaum abgewandelter Form dereinst auch von der arabischen Welt übernommen wurde.

IV. Arabia Felix

Der erste Kaffee, der auf der Arabischen Halbinsel getrunken wurde, stammte aus Afrika. Wie lange die Araber auf Importe aus dem Schwarzen Kontinent angewiesen waren und wann entdeckt wurde, daß sich die Gebirge des Jemen selbst hervorragend zum Kaffeeanbau eigneten, wissen wir nicht. Vieles deutet jedoch darauf hin, daß sich im 15. Jahrhundert der Schwerpunkt des Konsums aus Kaffa auf die Arabische Halbinsel verlagerte. Denn seit dieser Zeit belegen die arabischen Quellen, daß der schwarze Trank in zunehmendem Maße in die islamisch-vorderorientalische Alltagswelt integriert wurde. In den zeitgenössischen Traktaten wurde fortan nicht allein über vermeintlichen gesundheitlichen Nutzen oder Schaden, sondern auch über den Einfluß des Kaffees auf die öffentliche Moral debattiert. Vor allem ging es aber um die Frage, ob dessen Konsum mit den muslimischen Glaubensvorstellungen vereinbar sei. Bis zur Mitte des 18. Jahrhunderts erlebte der Kaffee aus dem Jemen schließlich einen unvergleichlichen Siegeszug zum international begehrten Welthandelsgut.

Ähnlich wie das nordöstliche Afrika war der Jemen in Europa seit der Antike allenfalls schemenhaft bekannt, und erst die europäischen Kaffeehändler und schließlich die Forschungsreisenden machten seit dem ausgehenden 17. Jahrhundert ein breiteres Publikum mit diesem Land vertraut. Vor jener Zeit existierte der an der Südspitze der Arabischen Halbinsel gelegene Jemen vor allem in der Vorstellungswelt der Europäer. Im Gegensatz zum »Arabia Deserta«, dem Wüstenarabien, galt er als das »Arabia Felix«, das Glückliche Arabien – ein Begriff, der schon im Altertum geprägt worden war. Auf den griechischen Geographen und Geschichtsschreiber Strabon geht die Überlieferung zurück, daß die dortigen Einwohner große Reichtümer aus aller Herren Länder anhäuften – Alabaster, Gewürze, kostbare Duftstoffe, Schildpatt, wertvolle Hölzer, Perlen und Seidentuche. Auch wenn solche Darstellungen zumindest teilweise in das Reich der sagenhaften Überlieferung gehören, bleibt immer noch die Tatsache, daß das südliche Arabien seit dem Altertum Weihrauch und Myrrhe exportierte, über den Zugang zu asiatischen Gewürzen verfügte und jene Güter in Form des Handels mit dem Norden zu Geld zu machen verstand.

Ein umfangreicher Warenaustausch mit den weiter nördlich gelegenen Regionen ließ die frühen Staaten im südlichen Arabien auch als sogenannte »Karawanenreiche« in die Geschichtsbücher eingehen.[1] Der Handel wurde durch eine einzigartig günstige geographische Lage befördert, denn das Land verfügte mit dem Golf von Aden und der Arabischen See über den Zugang zu praktisch allen Regionen am Indischen Ozean, von denen sich die indische Westküste als besonders wichtiger Handelspartner herauskristallisierte. Auf der anderen Seite bestanden Verbindungen bis weit in den Norden des Roten Meeres hinein, wo der jemenitische Handel Anschluß an die Ökonomie der mediterranen Welt fand. Schnittstelle wie gleichermaßen Nadelöhr waren seit alters her die Handelsplätze nördlich und südlich des Bab-el-Mandeb, der schmalen Meeresstraße, die Indischen Ozean mit Rotem Meer verbindet.

Ebenso wie in Äthiopien bildete auch im Jemen die Aneignung der Legende von einer sagenhaft schönen, aber auch dämonischen Königin von Saba, als Gegenüber des biblischen Königs Salomo, den Beginn einer landesherrlichen Traditionsbildung. Dabei konnte sowohl auf das Alte und Neue Testament als auch später auf den Koran als Legitimationsgrundlage zurückgegriffen werden.[2] Das Reich von Saba war aber nicht allein Legende, sondern es existierte tatsächlich ein Gemeinwesen mit einem solchen Namen; und mit dessen Entstehung bildete sich im 8. Jahrhundert v. Chr. der Jemen überhaupt erst als historische Einheit heraus. Saba stellte offenbar schon früh eine expansive Großmacht dar, die ihren Einfluß im Laufe der Zeit bis ins Hochland von Äthiopien ausdehnte. Daneben übte es zeitweise aber auch die Kontrolle über einen Gürtel mehrerer Vasallenstaaten auf der Arabischen Halbinsel selbst aus. Konkurrenz um die Macht im südlichen Arabien erwuchs Saba schließlich mit dem Aufstieg der ebenfalls im Hochland gelegenen Königreiche von Awsān und Qataban, die ihren Einfluß bis hinunter in die am Golf von Aden gelegene Küstenebene behaupten konnten. Weiter östlich lag Hadramaut mit seinem Zugang zum Weihrauchland Dhofār. Und nördlich von Saba entstand mit dem Reich von Ma`īn ein Territorium, das den Zugang zu der nach Norden durch die arabischen Wüsten führenden Weihrauchstraße kontrollierte.[3]

In den nachchristlichen Jahrhunderten geriet der Jemen zunehmend unter den Einfluß christlicher und jüdischer Kultur. Es folgte die Expansion der persischen Sassaniden, und in den 590er Jahren wurde das alte »Arabia Felix« schließlich ganz zu einer persischen Provinz degradiert.[4] An dieser Stelle deutet sich ein fortan immer wiederkehrendes Muster jemenitischer Geschichte an, die aus einer langen Folge von Fremdherrschaft vor allem im Süden des Landes bestand – eine Tradition, die sich bis weit in die Zeit des Kalten Krieges erstrecken sollte.

Seit dem 7. Jahrhundert n. Chr. breitete sich von den heiligen Stätten Mekka und Medina der Islam auch im südlichen Arabien aus. Es sollte jedoch noch einige Jahrhunderte dauern, ehe die neue Religion und die arabische Sprache auch im Bergland des Jemen – dem künftigen Kaffeeland – dauerhaft Fuß fassen konnten. Die Phase der allmählichen Islamisierung ist auch die Zeit, in der die Stammesstrukturen nach dem Zerfall der persischen Staatlichkeit zunehmend an Bedeutung gewannen. Während sich im Norden des Landes schließlich mit der Dynastie der Zayditen eine dauerhafte einheimische Herrschaft etablierte (die letztlich bis 1962 Bestand hatte), wechselten im Süden seit dem 11. Jahrhundert fremde Herrscher einander ab: auf die ägyptischen Fatimiden folgten die Ayyubiden und schließlich die türkisch-mamlukische Dynastie der Rasuliden.

Es schloß sich eine Zeit der osmanischen Herrschaft im Lande an. Eine erste osmanische Expedition im Namen Sultan Süleyman des Prächtigen, die sich eigentlich (allerdings erfolglos) gegen die Portugiesen in Indien richtete, brachte die Osmanen 1538 unter anderem in den Besitz Adens.[5] Eine darauf anschließende großflächige Eroberung des Jemen durch die Osmanen blieb aber von nur vergleichsweise kurzer Dauer, und schon Ende der 1560er Jahre hatte sich deren Herrschaft wieder auf die Küstenregionen reduziert. Nach einem etwa fünfundzwanzigjährigen Guerillakrieg sahen sich die Osmanen schließlich im Jahre 1635 gezwungen, den Jemen endgültig wieder zu verlassen.[6] Die eher schwache osmanische Macht hatte schon seit dem beginnenden 17. Jahrhundert das allmähliche Eindringen europäischer Kaufleute in die Region nicht verhindern können. Seine große Zeit als weltweit einzige Kaffee-Macht stand dem Jemen dann aber gerade erst bevor – in einer Periode, als die bereits erwähnten Zayditen ihr Territorium vom Norden des Landes auch in die Küstenebene und das Bergland des Südens ausdehnen konnten.[7] Mit jenen, in der Hauptstadt Sanaa residierenden Herrschern hatten es also die Europäer zu tun, die im 17. und 18. Jahrhundert in Mokka und anderenorts Kaffee erwarben.

Wie auch im nordöstlichen Afrika überlagern sich im Jemen bei der Frage nach den Anfängen des Kaffeekonsums Legende und historische Realität. In der landläufigen Überlieferung werden die Anfänge des Getränks meist dem Wirken legendenhafter Herrscher oder frommer Männer zugeschrieben. So kursierte etwa in der ersten Hälfte des 17. Jahrhunderts die Überlieferung, der afrikanische Kaffee sei durch keinen geringeren als durch den uns bereits bekannten König Salomo bekanntgemacht wor-

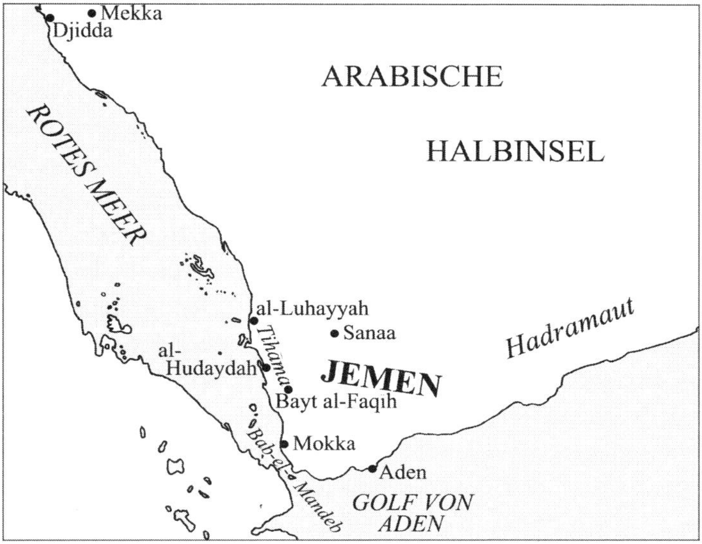

Übersichtskarte Südliches Arabien

den. Der Gelehrte Abū al-Tayyib al-Ghazzī schrieb in dieser Zeit die Legende nieder, daß jener Herrscher dereinst auf seinen Reisen irgendwo im Orient in eine Stadt gekommen sei, in der viele Menschen durch eine ihm unbekannte Krankheit gezeichnet gewesen seien. Als Salomo das Elend sah, röstete er einige Kaffeebohnen, die er bei sich hatte, bereitete daraus ein Getränk und gab es den Menschen, die sogleich von ihrer Krankheit genasen. Al-Ghazzī führt weiter aus, daß der Kaffee anschließend wieder in Vergessenheit geraten und erst im 16. Jahrhundert von den Menschen im Jemen erneut entdeckt worden sei.[8] Auch wenn diese Überlieferung kaum der Wirklichkeit entsprochen haben dürfte, findet sich hier einmal mehr eine direkte Verbindung zu der alttestamentlichen Überlieferung über die Kontakte König Salomos in den Jemen.

Für die muslimischen Gelehrten war aber vor allem die inhaltliche Verbindung mit dem Islam von zentraler Bedeutung.

Dabei spielte der Sufismus – eine islamisch-mystische Strömung (vgl. Kapitel V.) – eine große Rolle, in dessen Zusammenhang der Kaffee schon bald für die Ausübung der Religiosität große Bedeutung erlangen sollte. So soll es sich nach einer anderen Überlieferung bei der Einführung des Kaffees um kaum mehr als eine Notlösung für die religiöse Praxis gehandelt haben. Traditionell verwendeten die Anhänger des Sufismus für ihre nächtlichen spirituellen Exerzitien nämlich die im Jemen selbst angebauten Blätter der Qat-Pflanze als Wachmacher. In der zweiten Hälfte des 15. Jahrhunderts habe jedoch einmal in Aden Mangel an solchen Blättern geherrscht, so daß ein gewisser al-Dhabānī auf die Idee gekommen sei, stattdessen die bis dahin unbekannten koffeinhaltigen Bohnen aus dem benachbarten Abessinien zu verwenden. Seinen Getreuen gebot er: »Kaffeebohnen unterstützen das Wachsein – also versucht es mit dem aus ihnen bereiteten qahwa.«[9]

Es mag kein Zufall gewesen sein, daß es gerade der um 1470 gestorbene Gelehrte al-Dhabhāni war, der dieses Getränk im Jemen bekannt gemacht haben soll. So war er nämlich zuvor beauftragt worden, in Aden fathwas – also geistliche Urteile – kritisch zu sichten und zu revidieren und sei in diesem Zusammenhang veranlaßt gewesen, auch eine Reise nach Äthiopien zu unternehmen. Dort traf er angeblich auf Menschen, die ein Getränk zu sich genommen hätten, das ihm zuvor völlig unbekannt gewesen sei. Offenbar muß al-Dhabhāni einige Kaffeefrüchte oder -pflanzen mit zurückgenommen haben. Denn als er nach seiner Rückkehr in Aden erkrankte, habe er sich der Überlieferung nach selbst ein solches Getränk, wie er es in Afrika kennengelernt hatte, bereitet und sei rasch wieder genesen.

In den frühen arabischen Legenden zur Einführung des Kaffees begegnet uns das Getränk zunächst also als Medikament, das nach al-Dhabhāni Schwermut und Müdigkeit beseitige und zur Belebung von Körper und Geist führe. Unter seinesgleichen machte der Kaffee in dieser Funktion demnach zunächst als

Wachmacher bei den langen religiösen Übungen des Sufismus Karriere; schon bald aber muß er sich aber auch unter der breiten jemenitischen Bevölkerung großer Beliebtheit erfreut haben.

Auch anhand kaufmännischer Quellen läßt sich rekonstruieren, daß sich afrikanischer Kaffee tatsächlich spätestens in der zweiten Hälfte des 15. Jahrhunderts im südlichen Arabien verbreitete. Wahrscheinlich von den Küstenstädten aus gelangte jenes Handelsgut in das Landesinnere, aber auch in den Norden des Roten Meeres. Bereits um 1475 war das Getränk in den heiligen Stätten des Islam, in Mekka und Medina, bekannt, und gegen Ende des Jahrhunderts tauchte es, wie bereits erwähnt, in Ägypten auf.[10]

Zwischen dem erstmaligen Auftreten des Kaffees als Importgut aus Afrika und dem Beginn des Anbaus im Jemen selbst lag mindestens ein dreiviertel Jahrhundert. Einer jemenitischen Chronik zufolge soll der Kaffeeanbau dort um 1543/44 eingeführt worden sein. Vieles spricht jedoch für die Annahme, daß ein weiträumiger, kommerzieller Anbau erst mit der Festigung der osmanischen Herrschaft in der Region einsetzte. Möglicherweise wurde jener unter dem osmanischen Statthalter Özdemir Pascha seit Beginn der 1570er Jahre vorangetrieben. Denn in dieser Zeit waren die Osmanen in ihrem Kampf gegen die Portugiesen auf dem Indischen Ozean mit den christlichen Herrschern Äthiopiens verbündet, und es wird vermutet, daß Özdemir Pascha und sein Gefolge durch diese Allianz auch mit dem Kaffee Bekanntschaft gemacht haben könnten. Für das ausgehende 16. und fast das ganze 17. Jahrhundert schweigen allerdings bis auf ganz wenige Ausnahmen die europäischen Quellen. Allein der Engländer John Jourdain berichtet im Jahre 1609 etwas ausführlicher über die Anbauregion:

»Dieses Gebirge, in dem aller cohoo wächst, heißt Nasmarde. Es entspringen dort zahlreiche Flüsse, die viele Gegenden in Arabien bewässern; und es ist rundum fruchtbar. ... Auf seinem Gipfel hat es zwei kleine Kastelle,

»... und nahe dabei ist ein kleines Dorf, in dem cohoo und Früchte verkauft werden. Die Samen dieses cohoo sind ein wertvolles Handelsgut, denn sie werden nach Kairo und allen anderen wichtigen Orten des türkischen Reiches geliefert und bis Indien gehandelt. Und man sagt, daß diese Früchte an keinem anderen Ort gedeihen als rund um diesen Berg, der zu den höchsten in Arabien gehört.«[11]

Jourdain war der erste Engländer, wenn nicht gar Europäer, der auf dem Weg zu dem damals noch regierenden osmanischen Statthalter in Sanaa die Kaffeeregion passierte und mit eigenen Augen sah. Erst seit dem ausgehenden 17. Jahrhundert gelangten häufiger Nachrichten aus den entlegenen Anbaugebieten in den Bergen hoch über den Küstenstädten des Jemen nach Europa.[12]

So liegen uns aus den Jahren zwischen etwa 1690 und 1720 ausführlichere Berichte aus englischer und französischer Hand vor.[13] Zu den etwas späteren Augenzeugen zählt der norddeutsche Orientreisende Carsten Niebuhr (1733–1815), der uns im folgenden als Gewährsmann bei unserer Reise in die Kaffeeanbaugebiete begleiten soll. Niebuhr stammte aus dem im heutigen Niedersachsen, an der Elbmündung gelegenen Land Hadeln. Eigentlich hatte er in seiner Heimat Landvermesser werden wollen und studierte entsprechend an der Universität Göttingen Mathematik. Die 1733 gegründete Hochschule stellte zur damaligen Zeit eines der großen Zentren der Aufklärung im Heiligen Römischen Reich dar. Hier wurden nicht nur nach modernsten Methoden Mathematik und Naturwissenschaften gelehrt, sondern auch orientalische Sprachen und Bibelwissenschaften. Als sich Niebuhr an der Universität einschrieb, hatte die Hochschule bereits durch einige Forschungsreisen Berühmtheit erlangt. Allein eine kurz zuvor geplante Expedition nach Nordamerika war an der Unfähigkeit ihres Leiters gescheitert. Das nächste Reiseziel lautete Ägypten und Arabien. Schon längst hatte die Theologie einen modernen philologisch-naturwissenschaftlichen Zugang zur Bibel gefunden, und die Bibelforscher und Altertumswissenschaftler interessierten sich für die tatsächliche Lebenswelt der im Alten Testament beschriebenen Menschen, Herrscher, aber auch Pflanzen und Tiere. Mit einem wahrhaft enzyklopädischen und aufklärerischen Fragenkatalog sollte eine Gruppe von Forschern auf die Reise in den Orient gesandt werden, um wichtige, noch ungeklärte alttestamentliche Forschungsprobleme direkt vor Ort zu untersuchen. Damit würde es sich um eine der ersten Expeditionen in den Mittleren Osten handeln, die nicht im kommerziellen Interesse neue Handelsmärkte erschließen, sondern die allein die Gelehrsamkeit voranbringen sollte.

Neben dem dänischen Philologen Friedrich Christian von Haven (1727–1763) gehörte der schwedische Botaniker Petrus Forskål (1732–1763) – ein Schüler des berühmten Carl von Linné – ebenso zu der Reisegruppe wie der Zeichner Baurenfeind (1728–1763), der Arzt Christian C. Cramer (1732–1763) und ein Bedienter namens Berggren. Carsten Niebuhr wurde als Kartograph und Vermesser eingestellt, und es wurde ihm vertrauensvoll die Reisekasse übertragen. Was zu Beginn wohl niemand ahnte, war die Tatsache, daß die Expedition nicht nur Erkenntnisse über das Alte Testament mit heimbrachte, sondern daß ihr wie noch kaum jemandem zuvor auch Einblicke in den Kaffeeanbau gewährt werden würden.

Ebenso wie heute mußte für eine solch aufwendige, auf mehrere Jahre geplante Expedition ein wohlhabender Sponsor gefunden werden, der schon bald in dem dänischen König Friedrich V. entdeckt wurde. Die Förderung von Forschungsreisen hatte unter den oldenburgischen Herrschern im Norden schon Tradition. Bereits in den 1630er Jahren hatte der Herzog von Schleswig-Holstein-Gottorf, ein Verwandter des dänischen Königs, eine Handelsexpedition nach Persien ausgesandt, durch die der spätere Gottorfer Hofmathematicus Adam Olearius Berühmtheit erlangen sollte (vgl. Kapitel V.)

1737 ging es unter dem Kommando von Frederik Ludvig Norden (1708–1742) und auf Befehl König Christians VI. nach Ägypten. Das Ziel der Reise hatte in dem zweifellos recht abenteuerlich anmutenden Plan bestanden, Handelsbeziehungen zwischen Dänemark und Äthiopien zu etablieren. Eingedenk der politischen Annäherungsversuche Ludwigs XIV. von Frankreich gegenüber Äthiopien erschien ein solches Projekt aber durchaus zeitgemäß. Norden war es immerhin gelungen, den Nil bis zum zweiten Katarakt kartographisch sehr genau darzustellen.

Mäzenatentum und die Förderung der Wissenschaften am Kopenhagener Hof waren also allseits bekannt und gerühmt. So war es kein Zufall, daß der Göttinger Professor der Theologie, Johann David Michaelis (1717–1791), die damals führenden dänischen Staatsmänner, Johann Hartwig Ernst von Bernstorff und Adam Gottlob von Moltke, anregte, eine weitere Expedition in die Region zu finanzieren. Eines Tages begab sich schließlich Michaelis' Amtskollege, der Mathematikprofessor Kästner, zum jungen Studenten Carsten Niebuhr, wie uns dessen berühmter Sohn Barthold Georg Niebuhr später berichtet:

> »›Hätten sie wohl Lust, nach Arabien zu reisen?‹, ›Warum nicht, wenn jemand die Kosten bezahlt!‹ erwiderte mein Vater, den nichts an die Heimat fesselte und ein unbeschränkter Trieb nach Kenntnissen in die Weite zog. ›Die Kosten‹, antwortete Kästner, ›soll Ihnen der König von Dänemark bezahlen‹. Er erklärte sich über den Gegenstand und seine Veranlassung. Niebuhr war augenblicklich entschlossen, soweit es seine Neigung betraf.«[14]

Obwohl der in Aussicht gestellte Göttinger Fragenkatalog noch nicht fertiggestellt war, begab sich die kleine Gruppe im Jahre 1761 von Kopenhagen aus auf dem Seeweg über Marseille nach Konstantinopel. Von dort zog es die Forscher nach Alexandria und Kairo, wo sich die Reisegesellschaft ein dreiviertel Jahr lang aufhielt. Weiter ging es über Djidda in Richtung »Arabia Felix«. Nach einem Aufenthalt im südlichen Arabien führte die Reise über das Meer an die indische Westküste und von dort nach Persien, Mesopotamien und wieder zurück nach Europa. Schon im Mai 1763 starben allerdings der von den übrigen Teilnehmern nur wenig geliebte von Haven und einen Monat später der Botaniker Forskål an einem Fieber. Auf der Überfahrt nach Indien segneten Baurenfeind und Berggren das Zeitliche, und in Bombay starb schließlich auch der Arzt Cramer, so daß Niebuhr die lange Rückreise über Persien allein antreten mußte. In Dänemark änderten sich in der Folgezeit die politischen Verhältnisse gründlich. Bernstorff wurde gestürzt und machte den Weg frei für den Radikalreformer und Geliebten der Königin, Johann Friedrich Struensee (1737–1772). Die von Niebuhr an der Universität Kopenhagen erhoffte Karriere blieb aus, und jener beendete sein Leben als Amtsschreiber im schleswig-holsteinischen Meldorf. Im Selbstverlag gab er 1772 seine landeskundliche »Beschreibung von Arabien« sowie 1774 und 1778 die beiden ersten Bände seiner Reisebeschreibung heraus – der dritte Band folgte erst lange nach seinem Tod, im Jahre 1837.

Einen breiten Raum nimmt der Jemen in seiner Reisebeschreibung ein, und auch als Quelle zum Kaffeeanbau im 18. Jahrhundert ist Niebuhr von herausragender Bedeutung. Schon bald nach seiner Ankunft fiel ihm jedoch zunächst auf, wie sicher und unbehelligt ein europäischer Reisender sich doch im Lande aufhalten könne – in Zeiten der Reisewarnungen des Auswärtigen Amtes und entführter Touristengruppen eine kaum vorstellbare Tatsache: »Ich wußte nunmehr schon aus der Erfahrung, daß man in Jemen ebenso ungehindert und mit ebenso großer Sicherheit reisen kann als in irgendeinem Lande in Europa ...«.[15] Auch bemerkte Niebuhr, daß anders als im muslimisch-orthodoxen Herzen der Arabischen Halbinsel um Djidda ein freierer Zugang zu den Menschen möglich war. Denn in den Dörfern der Kaffeegebirge stellte ein Europäer eine große

Seltenheit und Attraktion dar, und anders als in der Ebene sei auch eher Kontakt zu den Araberinnen möglich:

> »Wir blieben die Nacht über in Bulgose. Wir hatten Besuch von verschiedenen Arabern aus diesem Dorfe, und als diese weggegangen waren, kam unsere Wirtin und einige junge Weiber und Mädgen, welche alle begierig waren, Europäer zu sehen. Sie schienen nicht so eingeschränkt gehalten zu werden, wie die Mohammedanerinnen in den Städten, denn sie hatten ihr Gesicht gar nicht bedeckt und redeten auch ganz frei mit uns. Herr Baurenfeind zeichnete hier die Kleidung eines Bauernmädgens, das Wasser holte. Ihr Hemd und ihre Beinkleider waren von blau und weiß gestreifter Leinwand. Ersteres hatte um den Hals und vor den Knien und letztere unten um die Beine einige mit verschiedenen Farben ausgenähete Zieraten nach der allgemeinen Mode in diesem Lande. Weil das Klima auf den Bergen nicht so heiß ist ..., so ist das Frauenzimmer daselbst auch viel weißer als das an der Seeseite.«[16]

Der unverschleierte Ausblick auf eine junge, jemenitische Frau dürfte auf Niebuhr und seine Gefährten nach der langen Reise durch das orthodox-muslimische Kerngebiet Arabiens eine wohltuende Abwechslung geboten haben.

Vor allem aber zog der Kaffee das Interesse des norddeutschen Reisenden auf sich. Schon der englische Geistliche John Ovington, der Ende des 17. Jahrhunderts Mokka besucht hatte, hielt den Kaffee für eine Gabe des Himmels (»Bounty of Heaven«).[17] Niebuhr bestätigt Ovingtons Ansicht, indem er die besondere Qualität des jemenitischen Kaffees unterstreicht, die diesen über alle mittlerweile auch anderenorts produzierten Kaffees heraushebe. Er führt diesen Vorzug auf die besondere geographische Lage des Jemen, die große Höhe der dortigen Anbauregionen und die regelmäßigen Niederschläge zurück: »Indessen behält der Caffe aus Jemen noch immer den Vorzug, vermuthlich deswegen, weil die Europäer den ihrigen nicht unter gleicher Polhöhe, und auf eben so hohen Bergen bauen, wo eine so regelmäßige

Witterung herrscht als in Jemen.«[18] Damit spielt Niebuhr auf die Plantagen an, die sich in der ersten Hälfte des 18. Jahrhunderts in der europäischen kolonialen Welt entwickelt hatten. Zudem bot das Kaffeeland in den Bergen aber auch etwas für das Auge, zeichnete sich durch grüne Gipfelzüge und lebendige Dörfer aus und war dem europäischen Reisenden eine willkommene Abwechslung von der heißen, staubigen Küstenebene, der sogenannten Tihāma.

Der Kaffee wurde im östlich der Küstenebene liegenden, steil aufsteigenden Gebirge angebaut. Dieser abgelegene Landstrich zeichnet sich durch ein beeindruckendes Nebeneinander tiefer, schluchtartiger Täler, steiler Berghänge und kleiner Weiler aus. Der Platz in den Bergen für landwirtschaftliche Nutzflächen war rar, was die Menschen bereits seit der Bronzezeit zum Terrassenfeldbau zwang. Die kleinen Terrassen, auf denen der Kaffee und andere Früchte wuchsen, waren durch senkrechte Mauern voneinander getrennt, wie Niebuhr schreibt, »um sie horizontal machen zu können. Über dieser Mauer ist gewöhnlich ein Damm von Erde, um das Wasser aufzuhalten.«[19]

Der Terrassenfeldbau setzt mithin nicht allein die Schaffung ebener Flächen an den Berghängen, sondern auch die optimale Nutzung des kostbaren Wassers voraus. Die schon von Niebuhr beobachtete Umwallung bewirkt, daß Starkregen nicht einfach ungehindert ins Tal strömt, sondern daß das Wasser auf den Feldern gebunden wird, um in den Boden einzusickern. Zudem kann durch die Anlage von Abflüssen in der Dammung überschüssiges Niederschlagswasser gezielt auf die darunter liegenden Terrassen geleitet werden, die vielleicht weniger Regen abbekommen haben. Auf diese Weise ist eine optimale, auf die Bedürfnisse der jeweiligen Pflanze abgestimmte und effiziente Nutzung der knappen Ressource möglich.[20] Besonders begünstigt sind dabei Nutzflächen, die von ständig Wasser führenden Gebirgsbächen und -flüssen bewässert werden können.[21]

Aus diesem Anbausystem resultiert in der traditionellen Stammesgesellschaft ein komplexes Netz an sozialen Verpflichtungen und Zuständigkeiten. Denn nur wenn der einzelne Bauer die eigene Terrasse ständig unterhält, funktioniert das System. Anderenfalls sind Schäden an den niedriger gelegenen Terrassen unvermeidlich. Insgesamt bedeutet das System denn auch die größtmögliche Anpassung der Landwirtschaft an die natürlichen Gegebenheiten des westlichen Berglandes.[22]

Im Jemen sind die Niederschläge sehr ungleich verteilt – sowohl in Hinblick auf die räumliche Verteilung als auch auf die Saisonalität. Selbst heute ist allein auf 3% der landwirtschaftlichen Nutzfläche des Landes Regenfeldbau möglich. Die Regenzeit ist zweigeteilt und zeichnet sich durch Frühjahrsregen zwischen März und April sowie sommerliche Regenfälle im Juli und August aus. Allerdings handelt es sich dabei längst nicht um eine Gesetzmäßigkeit; denn bisweilen verschieben sich die Regenzeiten im Jahreslauf, bisweilen kommt es gar zum Ausfall einer oder gleich beider Regenphasen. Ein besonderes Merkmal der Niederschläge ist zudem ihre stark ausgeprägte Regionalität. Punktuell kommt es zu heftigen, gewitterartigen Niederschlägen, während es nur wenig entfernt trocken bleiben kann. Da die feuchte Luft im Zyklus der monsunalen Winde aus Südwesten oder Südosten heranströmt, verzeichnet das am weitesten südlich gelegene Bergland um die Stadt Tai'zz mit jährlich 600–1.000 mm die höchsten Niederschläge des Landes (was im Vergleich zum afrikanischen Kaffa aber immer noch wenig ist). Es spenden aber nicht allein Regen und Gebirgsbäche Feuchtigkeit, sondern auch die aus der Tihāma aufsteigende feuchte Luft, die zwischen dem Nachmittag und der Nacht in die Höhe zieht und im Bergland zu Nebel kondensiert.[23]

Das niedrig gelegene Küstenhinterland der Tihāma erweist sich dagegen als deutlich trockener. Hier fallen vielerorts kaum mehr als 100 mm Niederschlag im Jahr, was den Anbau von Nutzpflanzen deutlich begrenzt. Und in anderer Richtung, östlich der Kaffeeberge, beginnt das ausgedörrte, wüstenähnliche Land ohne nennenswerte Niederschläge, das Niebuhr auf seiner Reise nach Sanaa durchmaß. Hier verzehrten gefräßige Insekten die karge Ernte des Bodens, um schließlich selbst Opfer zu werden: »Die Heuschrecken waren in dieser Jahreszeit auf allen Märkten in Jemen sehr wohlfeil.«[24]

Neben den günstigen natürlichen Voraussetzungen war es die vergleichsweise große Bevölkerungsdichte, die in den Bergen ein Arbeitskräftereservoir darstellte und damit den Kaffeeanbau in der Region begünstigte. Der größte Teil der Anbauflächen befand sich in der Hand von Kleinbauern, die durchschnittlich 0,7–2,0 Tonnen jährlich produzierten. Nur einige wenige Angehörige der Führungselite des Landes – auch Familienangehörige des Iman – verfügten über größeren Landbesitz. Ebenso besaßen geistliche Wohlfahrtsorganisationen größere Ländereien.[25] Die wachsende Nachfrage nach Kaffee führte dazu, daß es um 1700 zu einer kräftigen Ausweitung der Anbauflächen im Lande kam.[26]

Die Kaffeesträucher fanden sich auf den Terrassen symmetrisch in Linien angepflanzt, was die frühen französischen Reisenden schon einmal an die Apfelbäume in der Normandie erinnern konnte. Schattenbäume wurden zum Schutz vor der Sonne in den niedrigeren, heißen Lagen, kaum jedoch mehr in den kühleren Höhen der Berghänge verwendet. Damit das knappe Wasser in den Kaffeegärten tatsächlich auch möglichst umfassend im Boden versickerte, grub man kleine, etwa 1 m breite und 1,5 m tiefe Gräben um mehrere Pflanzen herum, in denen sich das Wasser sammeln konnte, um besser zu versickern. Bei zunehmender Reife der Früchte wurde die Feuchtigkeitszufuhr wiederum reduziert.[27] In besonders fruchtbaren Gebieten fanden sich auf den Terrassen neben den Kaffeepflanzen auch Weizen, Melonen, Gurken und immer wieder Obstbäume. Der Kaffee wurde im Jemen des 18. Jahrhunderts also oft in einer vielfältigen Mischkultur angebaut, ähnlich wie im afrikanischen Kaffa und ungleich dem kolonialen Plantagenanbau.

Jedes kleine Anbaugebiet, das von den anderen durch zerklüftete Berge und tiefe Schluchten getrennt war, brachte seine eigene Qualität hervor; und die europäischen Kaufleute in Mokka waren stets darum bemüht, Kaffeebohnen nach Möglichkeit aus den Regionen mit der besten Reputation zu bekommen. Schon zu Beginn des 18. Jahrhunderts glaubten die Europäer, der hochwertigste Kaffee stamme aus den Bergdörfern, die dem großen Handelsplatz Bayt al-Faqīh am nächsten lagen – eine Ansicht, die Niebuhr ein halbes Jahrhundert später bestätigt. Dort seien auf einigen Flächen mithilfe zusätzlicher Zisternen sogar zwei Ernten im Jahr möglich, was allerdings der Qualität der zweiten Lese nicht unbedingt zuträglich sei und in Anbetracht der langen Reifezeit der Kirschen ohnehin eine Ausnahme dargestellt haben dürfte:

> »Andere Gärten haben in ihrem obersten Teil große Birkets (Wasserbehältnisse), in welche Quellwasser geleitet und nach und nach auf alle Bänke, worauf die Bäume gemeiniglich so dicht aneinander stehen, daß die Sonne kaum durchscheinen kann, verteilt wird. Man sagt, daß die Bäume, welche durch die Kunst gewässert werden, jährlich zweimal Früchte tragen, aber die Kaffeebohnen sollen alsdann das eine Mal nicht völlig zur Reife kommen und deswegen nicht so gut sein als die von der Haupternte.«

Diese Haupternte fand zwischen Oktober – dem Ende der Regenzeit – und Februar statt. Dazu wurden große Tücher unter die Sträucher gelegt, die anschließend geschüttelt wurden. Die reifen Kirschen fielen auf diese Weise hinab, und die Tücher mußten lediglich noch zusammengelegt und die Kirschen in Säcke gefüllt werden. Anschließend wurden jene auf Matten gehäuft, um sie in der Sonne zu trocknen. Mit Hilfe von Steinen oder schweren hölzernen Rollen brach man die getrockneten Kirschen anschließend auf, um an die Bohnen zu gelangen. Dabei wurden die Schalen nicht entsorgt, sondern auch sie fanden als Grundlage für ein Kaffeegetränk (*kisher*) Eingang in den regionalen Kaffeemarkt. Dann erfuhren die Kaffeebohnen eine nochmalige Trocknung, »denn der Kaffee, der nicht ausreichend getrocknet ist, läuft Gefahr auf See zu verderben.«[28] Schließlich wurden die Bohnen geworfelt, um sie von Rückständen zu befreien, da allein trockener, gereinigter Kaffee auf dem Markt einen guten Preis erzielte.[29]

Der Höhepunkt der jemenitischen Kaffeeproduktion war in den ersten Jahrzehnten des 18. Jahrhunderts mit einem jährlichen Ertrag von etwa 12–15.000 Tonnen erreicht – eine Menge, die das restliche 18. Jahrhundert hindurch mehr oder weniger konstant blieb. Da aber in immer größerem Umfange in den europäischen Kolonien Kaffee angebaut wurde, fiel der Anteil jemenitischen Kaffees an der Weltproduktion von einer de facto Monopolstellung bis auf einen Anteil von 2–3% um die Mitte des 19. Jahrhunderts zurück. Seit etwa 1800 ging infolge innerer Unruhen im Lande nicht nur der relative, sondern auch der absolute Umfang der Produktion deutlich zurück, was uns noch in Kapitel IX. beschäftigen wird.

Wie gelangte der Kaffee aus den abgelegenen Bergdörfern hinunter in die Tihāma und von dort in die am Roten Meer gelegenen Hafenstädte? Im Laufe der Zeit hatte sich zur Bewältigung des Transports eine komplexe Vermarktungskette herausgebildet, an deren Anfang der Kaffeebauer und am Ende der auswärtige Großkaufmann in den Häfen standen. Zunächst brachte der Kaffeebauer das Erntegut auf den örtlichen Wochenmarkt, der noch inmitten der Berge lag. Die Wege dorthin waren dabei zum größten Teil steil und steinig und konnten nur zu Fuß bewältigt werden: »Man muß es sich gefallen lassen, den steilen Berg zu Fuß hinaufzuklettern, und der Weg ist sehr schlecht, weil er nur selten ausgebessert wird.«[30] Trotz der Abgeschiedenheit und aller Widrigkeiten beim Transport waren die Bauern dennoch fest in die überregionalen Marktstrukturen integriert und bestrebt, von Preisschwankungen in den großen Umschlagplätzen und Häfen zu profitieren. Das taten sie, indem sie bei niedrigen Preisen ihren Kaffee zurückhielten und diesen erst bei einem knapperen Angebot und höheren Preisen zum Verkauf brachten.[31]

Die jemenitischen Wochenmärkte stellen auch heute noch eine traditionsreiche Institution dar. Im Hochland handelt es sich dabei nach wie vor um meist abseits der Dörfer gelegene Feldmärkte, die durch eine sektorale Arbeitsteilung gekennzeichnet sind: So finden sich hier neben den Kaffeehändlern Quartiere für den Viehmarkt, für landwirtschaftliche Produkte und Arbeitsgerät, für Haushaltswaren, Kleider, Schuhe oder Gewürze. Zudem gibt es allenthalben Garküchen, Kaffee- und Teekocher oder Süßigkeitenhändler, bei denen der Bauer Stärkung findet. Ein wichtiges Merkmal des Marktlebens ist die dort herrschende Friedenspflicht, was die Märkte im von zahlreichen, miteinander konkurrierenden Stämmen geprägten Jemen zu wichtigen Kommunikationszentren macht.[32] Auf dem Wochenmarkt wurde der Kaffee verkauft, verzollt, in Ballen verpackt und weiter hinab in die Ebene auf den Weg gebracht.[33] Im Tausch konnten die Bauern dafür Tuche, Salz oder andere Güter erwerben.

Lokale Zwischenhändler brachten den Kaffee von den Wochenmärkten schließlich hinab in die Tihāma. Diese von Gesteins- und Sandablagerungen sowie Dünen gekennzeichnete Ebene erstreckt sich in bis zu 60 Kilometern Breite zwischen Rotem Meer und dem westlichen Küstengebirge und bildete von Beginn an den Transitraum des Kaffees auf seinem Weg zwischen den Anbaugebieten und den Häfen.[34] Die Ebene wird von mehreren sie durchquerenden Trockentälern, den sogenannten Wadis, gegliedert. Aufgelockert wird die Gegend zudem durch an einigen Stellen unvermittelt aus dem Boden herausragende Bergkuppen, die sogenannten Salzdome, an denen Kochsalz gewonnen wird. Das charakteristische Merkmal der Tihāma sind ganzjährig hohe Temperaturen mit geringen Tag- und

Nachtschwankungen und eine hohe Luftfeuchtigkeit, die die Reisenden in vergangenen Jahrhunderten meist dazu veranlaßte, nachts unterwegs zu sein. Je mehr sich der Reisende dem westlichen Gebirge nähert, um so regenreicher, feuchter und baumbestandener zeigt sich die Tihāma.[35]

Der zweifellos bedeutendste der hier gelegenen Umschlagplätze für Kaffee war das etwa 25 km vom Meer landeinwärts gelegene Bayt al-Faqīh – von den Briten im 18. Jahrhundert verballhornt als »Beetlefuckee« bezeichnet. Bayt al-Faqīh hatte in den Augen der Europäer im 18. Jahrhundert offenbar nicht viel mehr zu bieten als Kaffee, auch wenn die Stadt größer war als der berühmte Handelsplatz Mokka an der Küste. Auch auf Niebuhr wirkte jene nach mehrtägiger Reise durch die Tihāma unwirtlich und nur wenig einladend:

> »Man findet hier ein kleines Kastell, welches man in diesem Lande, wo die Armeen keine Kanonen bei sich führen, stark nennet, das aber sonst von keiner großen Bedeutung ist. Die Stadt ist offen und sehr weitläufig gebaut. Viele Häuser sind zwar von Steinen, und man bemüht sich immer mehr dauerhaft zu bauen, aber die meisten sind ... nur lange Hütten mit runden Dächern und mit Gras bedeckt.«[36]

Von der Vergänglichkeit der menschlichen Behausungen in der Stadt erhielt Niebuhr einen nachhaltigen Eindruck, als er im April 1763 Zeuge einer Feuersbrunst wurde, der zahlreiche Strohhütten zum Opfer fielen. Als Europäer fiel ihm vor allem der vermeintliche Fatalismus auf, mit dem gerade die armen Menschen dem Unglück begegneten:

> »Dasjenige, was ein Araber bei einer solchen Gelegenheit verliert, ist zwar nicht von so großem Werte, als es bei den Europäern sein würde. Er nimmt sein weniges Hausgerät auf den Rücken und geht damit zu einem anderen Quartier der Stadt ... . Er verliert also gemeiniglich nur seine Hütte, die er mit wenig Mühe und Kosten wieder aufbauen kann.«[37]

Zahlreicher als die Menschen in ihren Hütten waren in Bayt al-Faqīh offenbar nur die Ameisen, die auch unseren Gewährsmann Niebuhr plagten: »Sie fressen Früchte, Kleider, kurz alles, was ihnen in den Weg kommt; man kann sich also nicht darüber wundern, daß die Araber nicht gerne mit ihnen in einem Hause wohnen wollen.«[38] Um der Hitze und Unwirtlichkeit der Stadt zu entfliehen, bot sich für den europäischen Kaufmann und Reisenden allein ein Ausflug in die Berge an, etwa in den in über 1.000 m Höhe gelegenen Ort Al Haddīyah mit moderaten Temperaturen und klarem, gesundem Quellwasser.[39]

Die Unscheinbarkeit und Unwirtlichkeit von Bayt al-Faqīh täuschte jedoch auch während eines nur kurzen, oberflächlichen Besuchs nicht darüber hinweg, daß sich hier der wichtigste Umschlagplatz für den Kaffee weit und breit befand: »Die Stadt hat eine vortreffliche Lage zur Handlung. ... Hier ist auch der größte Kaffeehandel in ganz Jemen, ja vielleicht in der ganzen Welt.«[40] Carsten Niebuhr traf hier während seines kurzen Aufenthaltes auf Kaufleute aus dem Hedschas, Ägypten, Syrien, Konstantinopel und aus dem nordwestlichen Afrika – der »Barbarei«. Aber auch von Süden, über den Indischen Ozean, zog es Händler von weit her in die Stadt: aus Persien sowie aus Indien; und um das Kap der Guten Hoffnung herum kamen vereinzelt die europäischen Kaufleute angereist.[41] Ebenso verfügte die Stadt über eine hier dauerhaft ansässige Ausländerkolonie, die vor allem aus Indern bestand. Ähnlich wie bei den südasiatischen Wanderarbeitern in Arabien heute, dürfte es sich dabei aber um eine eher männliche Migrantengemeinde gehandelt haben: »... man erlaubt ihnen auch nicht, ihre Weiber mit nach Jemen zu bringen, sie gehen daher gerne wieder nach ihrem Vaterlande zurück, wenn sie sich einiges Vermögen erworben haben.«[42] Ein wahres kosmopolitisches Zentrum des Kaffeeumschlags hatte sich also im Laufe der Zeit inmitten der unwirtlichen Küstenebene zwischen den Kaffeebergen und den Hafenstädten etabliert.

Umrahmt von weißen Minaretten – eines der wenigen Merkmale, das den europäischen Reisenden beeindruckte – befand sich der Basar, der aus mehreren, von überdachten Galerien umgebenen Höfen bestand. Täglich außer freitags gelangten hier die für den Export bestimmten Kaffeebohnen zum Verkauf. Träger dieses Geschäfts waren Großkaufleute, oft auch indische Banyans, die sich nicht allein für den Weitertransport der begehrten Bohnen an die Küste verantwortlich zeichneten, sondern darüber hinaus auch den Kreditmarkt der Region beherrschten und in erheblichem Maße das für den Kaffeeanbau notwendige Kapital bereitstellten. Entsprechend besaßen diese Unternehmer großen Einfluß auf die Gestaltung der Preise. So hatten jene schon bald die Notwendigkeit der Europäer erkannt, für ihre voluminösen Handelsschiffe innerhalb kurzer Zeiträume außerordentlich große Partien der begehrten Bohnen zu erwerben. Entgegen sonstiger Marktgepflogenheiten verlangten die Kaufleute für den Kauf größerer Mengen Kaffees daher oftmals höhere Preise als beim Erwerb kleinerer Quantitäten – eine Tendenz, die eindeutig die asiatischen Händler mit ihren kleineren Schiffen bevorzugte.[43] Auch wenn vor allem die Briten aus diesem Grunde immer wieder überlegten, ob es nicht möglich sei, den einheimischen Kaffeehandel aus den Bergen direkt nach Mokka umzulenken, bewahrte Bayt al-Faqīh seine Stellung als herausragender Umschlagplatz. Denn der Kaffee wurde gewöhnlich in nur kleineren Mengen von den Zwischenhändlern die Berge hinunter in die Tihāma gebracht. Für diese dürfte es wenig attraktiv gewesen sein, die Stadt zu umgehen, um den Kaffee (womöglich noch zu einem geringeren Preis) den Europäern in Mokka zu liefern.[44]

Von Bayt al-Faqih aus war es nicht mehr weit zu den Häfen des Landes, aber auch die im Nordosten gelegene Hauptstadt Sanaa war gewöhnlich in einer nur sechstägigen Reise zu erreichen.[45] So transportierten arabische Kaufleute oder indische Banyans den Kaffee weiter in die Hafenorte von al-Luhayyah, al-Hudaydah, vor allem aber nach Mokka. Kein anderer am Roten Meer gelegener Hafen wird allein schon aufgrund seines Namens mehr mit dem Kaffee identifiziert als die Stadt Mokka. Die große Bedeutung der Stadt ergab sich aus der Tatsache, daß es der jemenitischen Küsten an natürlichen Häfen mangelt und daß Mokka die erste Stelle war, an der die aus dem Süden vom Indischen Ozean in das Rote Meer hineinsegelnden Schiffe ankern und Ladung aufnehmen konnten. Von hier aus waren die Kaffeemärkte gut zu erreichen, und ein Kamel benötigte von Mokka bis Bayt al-Faqīh meist nicht mehr als vier Tage.[46]

Die Legende weiß zu berichten, daß die Stadt förmlich auf dem Kaffee gegründet wurde. Als Carsten Niebuhr Mokka besuchte, wurde ihm die Geschichte über die vermeintlichen Anfänge berichtet, wie sie von Shaikh 'Abd al-Kadir al-Djazīrir im Jahre 1587 niedergeschrieben worden sein soll: Eines Tages habe ein aus Indien kommendes und in Richtung Djidda segelndes Schiff an der Stelle, wo sich später Mokka befinden sollte, Anker geworfen. Während sich der mitreisende indische Kaufmann krank fühlte und zunächst an Bord blieb, ging die Besatzung an Land und entdeckte in der Einsamkeit eine kleine Hütte. Ihr Bewohner, ein muslimischer Stammesführer (Sheikh) namens al-Shādilī, empfing die Fremden herzlich

> »... und bewirtete sie mit Kaffee, einem Getränk, welches er sehr liebte und dem er viele vortreffliche Tugenden zueignete. Die Indianer, denen der Kaffee noch gänzlich unbekannt war, hielten dieses warme Getränk für eine Arznei. Sie glaubten, daß der Kaufmann auf ihrem Schiffe, der eben krank war, vielleicht dadurch geheilt werden könnte, und der Schech Schedeli versicherte, daß der Kranke durch die Hilfe seines Gebets und durch den Gebrauch dieses Getränks nicht nur wieder gesund werden, sondern daß er ihm auch einen großen Gewinn verschaffen würde, wenn er seine Waren an Land bringen wollte.«[47]

Mit seiner Einladung verband der geschäftstüchtige Sheikh gleichzeitig die Prophezeiung, daß an jenem Ort dereinst eine große Handelsstadt entstehen würde, die Waren aus aller Herren Länder anziehe. Der kranke indische Kaufmann wurde neugierig und ging nun selbst an Land, um den bemerkenswerten Mann kennenzulernen und dort den ersten Kaffee seines Lebens zu probieren, »und befand sich besser«.[48] In der Zwischenzeit hatten sich im Hause des Sheikh auch einheimische Händler eingefunden, die die gesamte Ladung des aus Indien kommenden Schiffes erwarben – zum großen Vergnügen des so plötzlich gesundeten Inders: »Der Kaufmann kehrte also ganz vergnügt nach Indien zurück, und die große Heiligkeit des Schechs ward unter seinen Landsleuten immer weiter bekannt.«[49] Es verwundert nicht, daß dieses in jederlei Hinsicht gewinnbringende Geschäft auch andere Händler anzog, und der Legende nach entstanden innerhalb kurzer Zeit um das Haus des Sheikh weitere Gebäude: Der Grundstein für den Aufstieg Mokkas war gelegt. Den Quellen zufolge soll besagter Sheikh 1418 oder 1424 gestorben sein, so daß die Gründung Mokkas zumindest jener Legende nach in das ausgehende 14. oder beginnende 15. Jahrhundert datiert werden kann.

Noch zu Niebuhrs Zeiten erhob sich eine Moschee über dem Grab des berühmten Stadtgründers, und der norddeutsche Reisende beobachtet: »Der gemeine Mann schwört täglich bei seinem Namen: Kurz, der Name Schedeli wird nicht vergessen werden, solange Mokka steht.«[50] Um den Sheikh rankte sich also zu jener Zeit immer noch eine sakrale Aura; und der auf seinen Namen geleistete Schwur verlieh diesem einen besonderen Nachdruck, ja mache ein Versprechen im sonst vermeintlich so lügenhaften Mokka überhaupt erst glaubwürdig, wie ein Engländer Niebuhr versicherte.[51] Bei einer solch engen Verbindung zwischen dem Sheikh und der Stadt Mokka als wichtigem Kaffeeumschlagplatz ergab es sich praktisch von selbst, daß jener auch als Schutzpatron der sunnitischen Kaffeehausbesitzer im ganzen Lande galt:

> »Schedeli ist nicht bloß der Patron der Stadt Mochha, er ist auch der Patron aller mohammedanischen Kaffeewirte, die sich zu der Sekte Sunni bekennen, und man sagt, daß diese seiner alle Morgen in ihrem Fatha (Gebet) erwähnen. Sie rufen ihn freilich nicht an, sondern danken Gott, daß er das menschliche Geschlecht durch den Schech Schedeli den Gebrauch des Kaffee gelehrt habe, und bitten ihn, daß er Schedeli und seinen Nachkommen gnädig sein möge.«[52]

Diese Quelle zeigt uns deutlich die Tatsache auf, daß die Gründungslegende Mokkas in der lokalen öffentlichen Wahrnehmung aufs engste mit dem Kaffeehandel und -konsum verbunden war.

Entsprechend groß war auch das Interesse der Europäer an der Stadt, wobei die meisten Besuche oberflächlicher Natur waren, dem Erwerb von Kaffee galten und nur wenige Reisende oder Kaufleute darüber hinaus über Mokka und seine Bewohner berichteten. Im Jahre 1689 unternahm beispielsweise der bereits erwähnte John Ovington eine Reise nach Ostindien und besuchte dabei auch die Stadt. Von seiner Fahrt liefert er uns einen acht Jahre später in London publizierten Bericht, in dem er über die Hinreise von Europa nach Asien ebenso schreibt wie über die Hafenstädte Bombay und Surat, über das im heutigen Oman gelegene Muscat und Teile des festländischen Südostasien. Etwa dreißig der mehr als sechshundert Seiten seines Buches widmet Ovington schließlich einer Beschreibung der südarabischen Kaffeemetropole und anderer, in der Nähe gelegener Orte. Dabei widmet sich der Verfasser bezeichnenderweise in erster Linie den Handelsbedingungen für den Kaffee und andere Güter, während die Stadt und ihre Bewohner selbst in eigenartiger Weise im Schemenhaften verharren.

Von der Seeseite her bot Mokka den europäischen Seeleuten in Ovingtons Augen nach wochen- oder monatelanger Reise den Anblick einer orientalischen Stadt, die deutlich schöner scheine als das karge Umland, das kaum mehr als einige von der Bordkante aus zu sichtende Dattelhaine zu bieten habe.[53] Der Eindruck von orientalischer Pracht verflog dann aber nach Betreten der Stadt offenbar rasch. Die eher kleine Innenstadt Mokkas war von einer Stadtmauer umgeben, die etwa 85–100 Häuserblocks umfaßte. Nur der arabischen Bevölkerung und den Europäern war es gestattet, dort selbst zu wohnen. So besaßen die europäischen Handelskompanien im Zentrum ihre Faktoreigebäude, die sich architektonisch in nichts von den Gebäuden der arabischen Kaufleute unterschieden. Außerhalb lebten in eigenen Stadtvierteln Juden, Armenier, Inder und spätestens seit dem 19. Jahrhundert auch Somali. Hier waren die Häuser im Gegensatz zu den aufwendigen Gebäuden in der Innenstadt von wesentlich einfacherer Natur. Bemerkenswerterweise berichten weder Ovington noch Niebuhr über besondere Details oder Attraktionen Mokkas, was bei uns den Eindruck hinterläßt, die Architektur der Stadt habe auf den europäischen Besucher eher langweilig gewirkt und jeglicher Sehenswürdigkeiten entbehrt. Auch die Lebensumstände waren offenbar alles andere als bequem. Es war unerträglich schwül, und selbst das Brunnenwasser war zum Trinken zu gefährlich; sauberes Trinkwasser mußte aus großer Entfernung von Kamelkarawanen herbeigebracht werden und war entsprechend teuer.[54]

Um so aufmerksamer registrierten die Reisenden die kommerziellen Aktivitäten in der am Roten Meer gelegenen Kaffeemetropole. In erster Linie verlieh der Stadt nämlich ein großes Maß an Internationalität, verbunden mit hervorragenden Kommunikationsmöglichkeiten und einem großen Kreditmarkt, auf dem man sich kurzfristig mit Darlehen versorgen konnte, ihre Attraktivität. Mokka stellte zudem nicht nur einen bedeutenden Ausfuhrhafen für den Kaffee in Richtung Indischem Ozean und Europa dar, sondern war darüber hinaus ein wichtiger Umschlagplatz auch für andere Handelsgüter im Warenverkehr zwischen Rotem Meer und anderen Regionen Asiens. Als von besonderer Bedeutung erwiesen sich dabei die Handelskontakte mit Indien. Ovington berichtet, daß die aus dem Norden, etwa aus Ägypten, kommenden Kaufleute in Mokka im Tausch gegen Silber Handelsgüter vom indischen Subkontinent erwarben.[55] Und waren jene schon einmal vor Ort, nahmen sie natürlich auch eine Partie Kaffee mit in ihre Heimat. Auch die zahlenmäßig große Gruppe indischer Kaufleute stellt einen wichtigen Indikator für die engen Handelsbeziehungen zwischen Mokka und Südasien dar, wie der bereits erwähnte John Jourdain schon im Jahre 1609 schrieb. Dieser habe hier nicht nur Araber gesehen, sondern auch Händler aus Gujarat, Daibul, Diu, Chaul, Bassein oder Daman.[56]

Gegenüber den asiatischen Kaufleuten genossen die in Mokka handelnden Europäer erhebliche Privilegien. Nicht nur lagen die ihnen auferlegten Ein- und Ausfuhrzölle deutlich niedriger, sie durften zudem die von ihnen eingeführten Waren direkt vom Schiff aus in ihre Faktoreien bringen. Damit entfiel die oft mit Schikanen und Bestechungsgeldern verbundene Inspektion der Güter im örtlichen Zollhaus.[57] Auch wenn der Herrscher in Sanaa den europäischen Handel auf diese Weise offiziell begünstigte und damit einen Teil der für die Europäer oft höheren Kaffeepreise wieder wettmachte, bedeutete das noch lange nicht, daß der lokale Gouverneur von Mokka diese Politik auch praktisch umsetzte. Willkürliche Maßnahmen des Gouverneurs führten denn auch immer wieder zu Konflikten und Kompetenzstreitigkeiten.[58] So konnten die durch die niedrigeren Zollsätze erwirtschafteten Gewinne leicht von Bestechungsgeldern und »Geschenken« an lokale Amtsträger wieder aufgezehrt werden.

In den 1720er Jahren verfügte beispielsweise der Gouverneur von Mokka, Kasim Turbatty, offenbar über hervorragende Kontakte zum Hof in Sanaa. Beschwerdebriefe der Europäer konnten auf diese Weise am Hofe gezielt abgefangen werden, ohne jemals den Herrscher selbst zu erreichen. Gerade die Briten verloren zusehends die Geduld. Das führte so weit, daß der britische Resident in Mokka, Robert Cowan, 1725 gar einen Militärschlag der englischen Ostindienkompanie gegen die schlecht verteidigte Stadt vorschlug, der dann aber – auch wenn ein solcher möglicherweise gelungen wäre – doch nicht realisiert wurde. Im darauffolgenden Jahrzehnt wurden die jemenitisch-britischen Beziehungen erneut auf eine harte Probe gestellt. So gelang es dem Herrscher El Mansur in dieser Zeit, seine bis dahin umstrittene Macht in Sanaa zu konsolidieren und sich einer gefährlichen inneren Opposition zu entledigen, was allerdings nur unter großem finanziellem Aufwand bewerkstelligt werden konnte. Zur Aufbesserung seiner Finanzen ließ er die Zölle für Im- und Exporte auch für die Europäer deutlich heraufsetzen. 1737 waren es dann aber nicht die Engländer, sondern die ebenfalls von dieser Entwicklung betroffenen Franzosen, die zuschlugen und Mokka vom Wasser aus bombardierten.[59]

Auch Carsten Niebuhr sollte zweieinhalb Jahrzehnte später nicht die besten Erinnerungen aus Mokka mit heimnehmen. Das fing schon bei der Einreise durch das Stadttor auf dem Weg von Bayt al-Faqīh im April 1763 an:

»Des Morgens um 9 Uhr kamen auch unsere Reisegefährten mit den Bedienten und der Bagage zu Mochha an. Diese ward nach Landesgewohnheit gleich nach dem Zollhause gebracht … . Wir verlangten, daß die Sachen, welche wir zu Lande mitgebracht hatten, zuerst visitiert werden möchten, damit wir unser Küchengerät und unsre Betten erhielten; allein die Visitierer wollten zuerst die Kasten und Naturalien durchsuchen, welche von Loheia zur See nach Mochha gekommen und noch auf dem Zollhause aufbewahrt wurden. Es fand sich darunter ein kleines Fäßgen mit Fischen aus dem arabischen Meerbusen, und Herr Forskål, der sie gesammelt hatte, bat, daß man es uneröffnet passieren lassen möchte, weil es mit Branntwein angefüllt war und die Fische keinen angenehmen Geruch verursachen würden. Allein der Visitierer öffnete es, nahm Fische heraus, rührte alles mit einem Eisen durch, als wenn er glaubte, daß kostbare Waren darin verborgen wären, und alles unsers Bitten ungeachtet, daß man das Fäßgen an die Seite setzen möchte, warf er es noch zuletzt um und erfüllte das ganze Haus mit Gestank von verdorbenen Fischen und Branntwein.«[60]

Das Ergebnis dieser unangenehmen Begegnung bestand darin, daß das gesamte Reisegepäck für längere Zeit auf dem Zollhaus festgehalten wurde, was Niebuhr und seinen Gefährten nicht unerhebliche Probleme verursachte. Immerhin wurden nach fünf Tagen die Betten freigegeben, »und zwar so genau durchsucht, daß man sie sogar aufgeschnitten hatte.«[61]

Auch gesundheitlich bekam den Reisenden der Aufenthalt im feuchtheißen Mokka nicht. Niebuhr selbst klagte über Durchfall, und der Sprachgelehrte von Haven erkrankte an einem Fieber, wodurch er in zunehmender geistiger Verwirrung »anfing, von allerhand Sachen bald im Arabischen, bald im Französischen, Italienischen, Deutschen oder Dänischen durcheinander zu reden.«[62] Er starb schließlich am 24. Mai 1763 spät abends. Ein Sarg fand sich nicht, und in aller Eile ließ Niebuhr in der Stadt »einen Kasten zusammenschlagen«.[63] Die englischen Kaufleute sandten immerhin sechs indische Katholiken, die die Holzkiste zwei Tage später, abends zum christlichen Begräbnisplatz außerhalb der Stadt brachten.

Vielleicht waren die Auswüchse der lokalen Bürokratie, Vetternwirtschaft und Korruption zur Zeit Niebuhrs auch nur Ausdruck eines allmählich einsetzenden Niedergangs der auf dem Kaffee errichteten Retortenstadt. Denn mit dem Ausbau der kolonialen Plantagenwirtschaft in Niederländisch-Indien, Westindien und anderenorts begann schon in der zweiten Hälfte des 18. Jahrhunderts der Reichtum allmählich zu versiegen. Der einst traditionsreiche Hafen blieb zunehmend links liegen, indem die aus Indien kommenden Schiffe in immer größerer

Zahl direkt bis Djidda segelten, um dort ihre Ladungen an Baumwolle zu löschen. Auf der Rückreise umfuhren sie den Jemen in großer Distanz, indem sie im sudanesischen Suakin Salz für ihre Heimreise nach Indien aufnahmen.[64] Heute ist Mokka, dessen alte Hafeneinfahrt in den vergangenen beiden Jahrhunderten zunehmend versandete, nur noch ein Schatten seines einstigen Erfolgs. Die historische Altstadt gleicht in weiten Teilen einem Ruinenfeld, während im Süden des alten Mokka in jüngerer Zeit immerhin ein moderner Hafen und ein Kraftwerk entstanden.[65]

V. Kaffeelust im Orient

Vom Jemen aus verbreitete sich die Kenntnis über den Kaffee rasch im gesamten Vorderen Orient. Anfangs im Kontext religiöser Zeremonien genossen, entwickelte sich jener im Laufe der Zeit zu einem Alltagsgetränk, das mit dem Kaffeehaus gleichzeitig einen Rahmen für gesellschaftliche und politische Debatten bot. Entsprechend stand die kleine Bohne auch schon früh im Kreuzfeuer religiöser und weltlich-obrigkeitlicher Reglementierungsversuche. Ähnlich wie beim chinesischen oder japanischen Tee bedurfte es aber zunächst der Existenz heimischer Märkte als Ausgangspunkte für einen sehr allmählichen Transfer des Produkts und des Wissens um seine Zubereitung nach Europa. So war Europa auch beim Kaffeegenuß im Vergleich zu Asien letztlich ein Nachzügler. Als die ersten Europäer im 16. Jahrhundert den Orient besuchten, trafen sie dort bereits auf ein fest institutionalisiertes Netzwerk des Handels und Konsums. Aber die Reisenden und Kaufleute wurden nicht nur Zeugen eines weit ausgreifenden Austausches mit den Bohnen auf den Märkten und Basaren zwischen Indien und Nordafrika, sondern sie erlebten den beliebten Kaffeekonsum auch persönlich hautnah während der Rast selbst in noch so kleinen Dörfern.

Wie bereits im vorigen Kapitel angedeutet, wurde der Kaffee im islamischen Raum anfänglich im Rahmen spiritueller Exerzitien des mystischen Sufismus konsumiert. Ein wichtiges Ziel des islamischen Sufismus stellte dabei eine Art Polieren des Herzens dar, welches im übertragenen Sinne die Klarheit eines Metallspiegels erlangen sollte, um auf diese Weise den Glanz Gottes widerzuspiegeln. Dazu diente das rituelle Gottgedenken, der *dhikr*. Durch das zahllose Wiederholen des Wortes Allāh sollte dabei der Allmächtige unter Zuhilfenahme bestimmter Atemtechniken Körper und Geist des Gläubigen durchdringen. Die Zahl der Wiederholungen des Anrufens wurde mithilfe einer Gebetsschnur dokumentiert, und die rituellen Übungen fanden gewöhnlich des Nachts statt.[1]

Bei diesen nächtlichen religiösen Exerzitien hielt die Gläubigen seit dem 15. Jahrhundert der Kaffee wach und förderte die Konzentration. Entsprechend stellte das Getränk in dieser Frühzeit keinen bloßen Muntermacher dar, sondern seine anregende Wirkung dürfte von den Gläubigen als göttliche Gabe begriffen worden sein, die einen leichteren Zugang zu den religiösen Übungen vermittelte. Ibn ʻAbd al-Ghaffār berichtet beispielsweise von jemenitischen Sufis, die im Rahmen spiritueller Übungen jeweils montags und freitags Kaffee miteinander tränken. Der Meister schenke jenen mit einer kleinen Kelle in fest vorgegebener Reihenfolge aus, wobei religiöse Formeln gesprochen würden.[2]

Hatte sich der Kaffee schon im rituellen Umfeld des Sufismus als soziales Getränk erwiesen, so verwundert es nicht, daß er diese Eigenschaft von Beginn an auch im neuen, weltlichen Kontext beibehielt. Wahrscheinlich zu Beginn des 16. Jahrhunderts begann der Kaffeegenuß nämlich erstmals den engen Kreis der Sufi-Gläubigen zu verlassen und verbreitete sich zunächst im Jemen unter breiteren gesellschaftlichen Gruppen. Ralph S. Hattox vermutet in seiner Studie zu den Kaffeehäusern im Mittleren Osten, daß es die Sufis selbst waren, die in dieser Hinsicht für einen Transfer des Wissens sorgten. So stammten die Anhänger des Sufismus aus unterschiedlichen gesellschaftlichen Schichten und mußten als Laien zum Teil einem weltlichen Broterwerb nachgehen. Auf diese Weise standen sie in engem Kontakt mit der übrigen Gesellschaft und vermittelten vermutlich dabei die Kenntnis um das schwarze Getränk.[3] Dieser Transfer begründete eine bemerkenswerte Säkularisierung des Kaffees. Im 18. Jahrhundert von den Europäern gefragt, weshalb die Jemeniten so viel Kaffee tränken, gaben diese oftmals zur Antwort, jener sei vor allem nahrhaft. Darüber hinaus bereite er Genuß und Entspannung (»a sweet Amusement, and an agreeable Custom«).[4] Von der einstigen Bedeutung für spirituelle, sufische Übungen war nicht mehr die Rede.

Spätestens im zweiten Jahrzehnt des 16. Jahrhunderts hatte sich die Kunde vom neuen Getränk als weltlicher Muntermacher auch in die Metropolen des arabisch-islamischen Raumes verbreitet, wie etwa nach Mekka und Kairo.[5] Als Katalysator für die wachsende und nachhaltige Akzeptanz weit über den Jemen hinaus dürfte dann aber vor allem die scheinbar unaufhaltsame Expansion des Osmanischen Reiches gedient haben. Aus einem kleinen Fürstentum im Nordwesten Anatoliens war schon im Mittelalter unter dem Gründerfürsten Osman I. (reg. ca. 1281–1326) das Osmanische Emirat und später das Osmanische Reich hervorgegangen. Schon Osman schuf ein großes Söldnerheer, mit dem er sich raubzugartig gegen das dahinsiechende Byzantinische Reich wandte. Aber erst seinen Nachfolgern sollte 1453 mit dem Fall Konstantinopels der Todesstoß gegen das alte Byzanz gelingen. Von mindestens ebenso großer Bedeutung für den wachsenden Kaffeekonsum im islamischen Raum dürften dann aber die osmanische Eroberung Ägyptens und die Expansion auf der Arabischen Halbinsel gewesen sein, die mit der zeitweisen Einnahme des Jemen endete.[6]

Vor allem in Ägypten lernten die osmanischen Eliten den Kaffeegenuß kennen und schätzen. Und gerade in Kairo muß das Getränk schon früh allgegenwärtig gewesen sein, wie noch im 17. Jahrhundert der Franzose Balthasar de Monconys über die Bewohner der Stadt schreibt:

> »... ihre Unterhaltung ist ‚cave' trinken; dies ist ein Getränk, das schwärzer und bitterer ist als aufgerührter Ruß; dennoch gibt es unter Männern und

> Frauen kaum jemand, der nicht zweimal am Tag davon trinkt, und es gibt keine Straße, an der es nicht zumindest ein großes Kaffeehaus hat …«[7]

Von Kairo aus muß sich der Kaffee im Zuge der osmanischen Expansion schon bald weiter nordostwärts bewegt haben. Im Jahre 1534 fand sich das Getränk in Damaskus und nochmals zwei Jahrzehnte später in Istanbul. Hier sah sich Sultan Süleyman der Prächtige nämlich im Jahre 1554 veranlaßt, eine Luxussteuer zu erheben, um dem offenbar rasch um sich greifenden Kaffeegenuß Einhalt zu gebieten.[8] Findige Kaufleute, denen es in dieser Anfangszeit gelang, als erste Kaffee an einem neuen Ort bekanntzumachen und dort anzubieten, konnten daran bisweilen ein Vermögen verdienen. Das galt etwa für die beiden Syrer Hakm und Shams, die in der Mitte des 16. Jahrhunderts in Istanbul Handel trieben.

In den 1580er Jahren gehörte der Kaffee in der Hauptstadt des Osmanischen Reiches schon zum kulturellen Gemeingut und hatte alle gesellschaftlichen Schichten durchdrungen, wie der italienische Gesandte Gianfrancesco Morosini (1537–1596) nicht ohne ein gewisses indigniertes Nasenrümpfen bemerkt:

> »All diese Leute sind sehr vulgär, schlecht gekleidet und überhaupt nicht geschäftstüchtig, und sie verbringen die meiste Zeit in größtem Müßiggang. Sie sitzen fast immer nur herum, und zur Unterhaltung trinken sie – nicht etwa nur die untersten Schichten, sondern auch die Leute gehobeneren Standes – in aller Öffentlichkeit, in Schenken so gut wie auf offener Straße, ein schwarzes Wasser, das sie so siedend heiß wie möglich zu sich nehmen und das seinen Namen von einem Samen hat, den sie ‚Cavée' nennen und von dem sie sagen, daß er die Eigenschaft habe, die Menschen wach zu halten.«[9]

Hier bedient der Venezianer am Beispiel des Kaffees europäische Stereotype über die angebliche Dekadenz und Geschäftsuntüchtigkeit des Orientalen, die sich als außerordentlich hartnäckig erwiesen und viele Jahrhunderte später noch das Werk des berühmten Soziologen Max Weber beeinflußten.

Der Kaffeeausschank muß im Osmanischen Reich in der zweiten Hälfte des 16. Jahrhunderts allenthalben verbreitet gewesen sein. Rauwolf beobachtete etwa auf dem Basar in Aleppo sowohl eine große Zahl an Kaffeebohnen-Verkäufern als auch an Kaffeeausschenkern. Der ausgreifende Handel führte aber schon früh zu einer gewissen Anonymisierung des Produkts. Wie heutzutage in der Regel auch, wußte schon im 16. Jahrhundert der Konsument im Herzen des Osmanischen Reiches offenbar gar nicht mehr, woher die Bohnen eigentlich stammten. So glaubte man nach Rauwolfs Beobachtung in Aleppo, daß die Bohnen »ihrem alten berichten nach auß India gebracht werden.«[10]

Von Beginn an war der Kaffee im Orient ein soziales Getränk, wie beispielsweise Pietro della Valle im Jahre 1615 berichtet: »Man sieht wenig Zusammenkünfte von Freunden, wo man es nicht trinkt.«[11] Dabei erwies sich der schwarze Trank schon früh nicht allein als ein der Männerwelt vorbehaltenes Gut. So bereitete der Orient auch im Hinblick auf den Konsum durch die Frauen die später in Europa gebräuchlichen Verhaltensmuster vor. Auch wenn Frauen im islamischen Raum wohl kaum je ein Kaffeehaus frequentiert haben dürften (außer vielleicht als Prostituierte und Servierpersonal), scheint der Genuß des Getränks in den eigenen vier Wänden durchaus üblich gewesen zu sein. In Kairo kam es etwa vor, in Eheverträge eine Passage aufzunehmen, die den Gatten verpflichtete, die Gemahlin regelmäßig mit einer ausreichenden Menge an Kaffee zu versorgen. Sollte er das versäumen oder dazu nicht in der Lage sein, stellte das (zumindest der Theorie nach) durchaus einen Scheidungsgrund dar.[12]

Mit dem Kaffeegenuß verbreitete sich eine spezifische materielle Kultur. Die schlanken, sich nach oben hin verjüngenden und eher kleinen Kaffeekannen bestanden oft aus Kupfer und waren innen und außen mit einer dünnen Zinnschicht versehen. Die

Tassen waren entweder aus Keramik oder, vor allem in wohlhabenderen Haushalten, aus Porzellan.[13] Im Jahre 1675 berichtet Jean de la Roque:

»Der café wird auf flachen Tabletts serviert, meist aus bemaltem und lackiertem Holz, manchmal auch aus Silber, auf denen 15–20 Tassen Platz haben, die meist aus Porzellan sind und bei reichen oder auf Spezielles ausgerichteten Leuten von kleinen, halbhohen Silbergefäßen gehalten werden. Man nennt diese Tassen ‚Fingians'; sie sind nur halb so groß wie unsere Tassen, und man füllt sie nie bis zum Rand, nicht nur um so keinen Kaffee zu verschütten, sondern ebensosehr um so den siedendheißen Kaffee halten zu können, ohne sich dabei zu verbrennen: den Daumen unten und die beiden ersten Finger am Tassenrand.«[14]

Die hier beschriebenen Gegenstände dürften allerdings vor allem den Eliten des Landes und kaum den einfachen Konsumenten zuzuschreiben sein. Gleichwohl erscheint diese Quelle bemerkenswert, deutet sie doch darauf hin, daß sich die Europäer bei der Entwicklung ihrer Kaffeeutensilien von Beginn an beim orientalischen Repertoire an Tabletts und Tassen in all ihrer Eleganz und Funktionalität bedienten und diese nur sehr begrenzt weiterentwickelten (etwa durch das Anfügen von Henkeln an die Tassen).

Wie wurde der Kaffee im arabisch-türkischen Raum zubereitet? Französische Reisende berichten aus der Zeit um 1700:

»Die Art der Zubereitung ist dieselbe wie auch überall in der Levante und wie wir sie täglich auch bei uns in Frankreich imitieren. Der Unterschied besteht allein darin, daß die Araber den siedenden Kaffee sofort und ganz ohne Zucker in kleine Tassen gießen, ohne daß er sich zuvor in der Kanne setzen kann. Bisweilen wird die Kanne in dem Moment, in dem sie vom Feuer geholt wird, von einem feuchten Tuch umhüllt. Auf diese Weise setzt sich das Kaffeepulver sofort am Boden ab, und der Kaffee klärt sich. Dabei bildet sich an der Oberfläche eine samtene Cremeschicht. Wenn dieser Kaf-

> fee dann in die Tasse gefüllt wird, dampft es ein gehöriges Stück mehr, und ein aromatischer Hauch verteilt sich in der Luft, der zusätzlich zum Genuß beiträgt.«[15]

Als besondere Spezialität für »Menschen von Geschmack« galt der kisher, ein Aufguß aus getrockneten Kaffeekirschen, vermischt mit der dünnen Haut der Bohnen, wie dieselbe Quelle berichtet:

> »Man nimmt die Schale oder Rinde der Früchte, wenn sie vollständig ausgereift sind, mahlt sie und gibt sie in eine irdene Pfanne. Dann wird die Mischung ebenso wie die Bohnen über einem Feuer unter ständigem Rühren geröstet, aber nur so lange, bis sich das ganze leicht verfärbt. In der Zwischenzeit wird in einer Kaffeekanne Wasser zum Sieden gebracht. Dann schüttet man die Mischung mit einem zusätzlichen Viertel der äußeren Schale hinein und läßt das ganze ebenso wie gewöhnlichen Kaffee kochen. Das fertige Getränk besitzt in etwa die Farbe englischen Bieres. Die Schalen werden an einem trockenen Platz aufbewahrt, da Feuchtigkeit ihnen einen schlechten Beigeschmack zufügt.«[16]

Dieser kisher war weniger bitter als der reguläre Kaffee und galt beispielsweise im jemenitischen Saana durchaus als hoffähiger Trank. Seine Verwendung als Hofgetränk führte dazu, daß jener bisweilen als »Coffee of the Soltâna« (Kaffee des Sultans) bezeichnet wurde. Das Konsumverhalten hinsichtlich des kisher veränderte sich aber im Laufe der Zeit, und das Getränk verlor im 18. Jahrhundert an Reputation.

Der Kaffee erwies sich mit seiner wachsenden Beliebtheit im vorderorientalischen Raum jahrhundertelang als Motor eines umfassenden kommerziellen Austausches, in dessen räumlichem Mittelpunkt die Küsten des Jemen standen. Die wichtigsten Ausfuhrhäfen des Landes waren, wie bereits kennengelernt, al-Luhayyah im Norden, al-Hudaydah in der Mitte und Mokka im Süden der jemenitischen Rotmeerküste, die alle von dem zentral gelegenen Bayt al-Faqīh beliefert wurden. Die beiden nördlichen Häfen lagen im Hinblick auf den wichtigen Handel mit Ägypten zwar günstiger, waren allerdings nur unter Schwierigkeiten anzusteuern, was auch Carsten Niebuhr auffällt: »Der Hafen zu Hodeida ist etwas besser als der zu Loheia, doch kommen auch hier keine großen Schiffe.«[17] Hingegen stellte Mokka das Einfallstor für den Warenaustausch mit dem Indischen Ozean dar. Von diesen drei Orten aus wurde zu Lande und zu Wasser ein überregionaler Kaffeemarkt innerhalb der islamischen Welt versorgt, der von Marokko im Nordwesten Afrikas über den Balkan, Anatolien und die Arabische Halbinsel bis nach Indien reichte.

Beim Transport in Richtung Norden behauptete der Sharif von Mekka gemeinsam mit dem Pascha von Djidda in osmanischer Zeit das Stapelrecht im Hafen von Djidda. Sämtliche Ladungen, die längs des Roten Meeres in süd-nördlicher oder in umgekehrter Richtung transportiert wurden, mußten hier angelandet und umgeladen werden. Dieses Recht sicherte den beiden Regionalfürsten nicht nur beträchtliche Zolleinkünfte, sondern garantierte auch die stete Versorgung der heiligen Stätten der Arabischen Halbinsel mit Getreide und anderen Konsumgütern. An dieser Stelle zeigt sich wieder einmal sehr deutlich die enge Verzahnung zwischen Pilgerwesen und Handel im Bereich des Roten Meeres.[18]

Weiter im Norden spielte das ägyptische Kairo eine noch bedeutendere Rolle. Dorthin gelangten die Bohnen zumeist auf dem Wasser bis Suez und dann mit Karawanen über Land. Um 1700 erwarben die Agenten der Kairoer Kaffeehändler in Djidda oder seltener in Mokka bzw. al-Hudaydah jährlich die beachtliche Menge von etwa 4.500 Tonnen Kaffee, was der Hälfte der jemenitischen Gesamtexporte dieses Gutes entsprach. Von der ägyptischen Metropole aus wurde wiederum etwa die Hälfte weiter innerhalb des Osmanischen Reiches gehandelt, während in dieser Zeit bereits die andere Hälfte nach Europa ging. Dabei war der Kaffee Handelsgut, nicht minder aber auch Spekulationsobjekt, denn in Abhängigkeit vom Einlaufen der Schiffe im benachbarten Suez unterlag der Preis starken Schwankungen – eine Tatsache, die von findigen Kaufleuten zum Erwirtschaften zusätzlicher Gewinne ausgenutzt wurde.[19]

Kairo bildete den Mittelpunkt eines Kaffeehandels-Netzwerkes, das sich bis nach Damaskus, Smyrna, Istanbul, Saloniki, Tunis und Marseille erstreckte. Hier waren 60 der 360 Karawansereien allein mit dem Umschlag der Bohnen beschäftigt. Entsprechend bildete das Geschäft die Grundlage für einen beträchtlichen Reichtum. Die Kaffeehändler zählten weit über die Stadt hinaus zu den wohlhabendsten Kaufleuten, wie zeitgenössische Nachlaßinventare auch heute noch belegen. Beredtes Zeugnis bilden immer noch deren palastartige Residenzen im mamlukischen Stil.[20]

Im 17. und 18. Jahrhundert konnten die Gewinne aus dem stetig wachsenden Kaffeegeschäft noch die Verluste wettmachen, die den örtlichen Kaufleuten durch die wachsende Konkurrenz der Kaproute für den Europahandel allgemein entstanden waren; denn die traditionellen Wege des Kaffeehandels über Ägypten und die Levante erwiesen in dieser Zeit eine erstaunliche Beharrungskraft.[21] Noch lange Zeit stellte das französische Marseille den europäischen Endpunkt dieses islamisch-levantinischen Netzwerkes dar. Von hier aus gelangte im 17. Jahrhundert der meiste Kaffee in das übrige Europa.[22]

Der Handel mit jemenitischem Kaffee zeitigte nachhaltige ökonomische Auswirkungen: So gelangte vor allem seit den 1570er Jahren in immer größerem Umfange Silber aus der Neuen Welt in den Mittelmeerraum und von dort aus im Tausch gegen die Bohnen in das westliche Asien, wo es zu einem wichtigen Motor im kommerziellen Austausch mit dem Indischen Ozean avancierte. Diese Entwicklung führte auf lange Sicht zu einer Monetarisierung gerade des Jemen und stützte – in Form von Steuern und Zöllen – die Herausbildung regionaler und überregionaler staatlicher Strukturen.[23]

Vom Jemen aus verbreitete sich der Kaffee aber nicht allein das Rote Meer entlang nordwärts nach Ägypten und in das Osmanische Reich, sondern auch in östlicher Richtung längs der Küsten des Hadramaut und über den Persischen Golf bis nach Persien. Dieses Land entwickelte sich im 16. Jahrhundert ebenso wie das Osmanische Reich zu einem einheitlichen Staatswesen. Im Jahre 1501 begründete der aus dem westlichen Persien stammende Ismail (reg. 1501–1524) nach einem Sieg über die turkstämmigen Lokalfürsten von Tabriz die Dynastie der Safawiden und nahm den Titel Shah an. In der Folgezeit eroberte Ismail den Rest des Landes sowie das östliche Anatolien, was immer wieder Auseinandersetzungen mit den benachbarten Osmanen zur Folge hatte. Das Konfliktpotential wurde durch einen konfessionellen Gegensatz noch verschärft, da die Safawiden schiitische, die Osmanen hingegen sunnitische Muslime waren. Eine kulturelle und politische Blüte erfuhr die Safawiden-Herrschaft unter Shah Abbas (reg. 1587–1629), der die Hauptstadt seines Reiches von Tabriz nach Isfahan verlegte und diese Stadt mit großem Aufwand architektonisch zu einer repräsentativen Residenz und einem kulturellen Mittelpunkt ausbaute.

In den 1630er Jahren besuchte die bereits erwähnte Gesandtschaft aus dem schleswig-holsteinischen Herzogtum Gottorf Persien und den persischen Hof in Isfahan. Voller Elan hatte Herzog Friedrich III. von Gottorf (reg. 1618–1659) eine Gruppe norddeutscher Kaufleute, Künstler und Gelehrter ausgeschickt, die zwischen dem Golf und der Schlei einen Handel mit Seide begründen sollten. Über Schleswig und das nur kurze Zeit zuvor in der Nähe der Westküste gegründete Friedrichstadt sollte die durch die Weiten Rußlands heranzuschaffende Seide dann weiter in Richtung Westeuropa exportiert werden. Unter der Reisegesellschaft befand sich als Gesandtschaftssekretär der Universalgelehrte und Mathematiker Adam Olearius (1599–1671), der später am Gottorfer Hof noch Karriere machen sollte. Auch wenn sich die hehren Pläne in Anbetracht der klammen

Finanzen des Herzogs und der großen zu überwindenden Distanzen rasch zerschlugen und das kleine Herzogtum zudem in den Dreißigjährigen Krieg hineingezogen wurde, liegt doch als beeindruckender Ertrag dieser Fahrt immerhin ein ausführlicher Reisebericht von Olearius vor.

Voller Interesse am Fremden und vielleicht auch mit Bewunderung berichtet uns dieser von dem Kaffeekonsum der Perser in Isfahan:

> »Kahweh chane ist ein Krug / in welchem sich die Tabackschmäucher und Kaweh Wassertrincker finden lassen. In solchen ... Krügen finden sich auch Poeten und Historici / welche ich mitten im Gemache auff hohen Stülen sitzen gesehen / und allerhand Historien / Fabeln und erdichtete Dinge erzehlen hören.«[24]

Eine besondere Rolle spielte in seinen Augen offenbar das Kaffeehaus. Vor allem fällt Olearius das dortige intellektuelle Klima auf, das sich doch wohltuend von der Atmosphäre der gewöhnlichen persischen Weinschänken unterschied, wo er Tänzer sah, »welches Knaben seynd / und mit geilen Geberden und verstellungen vor sich tantzen.«[25]

Spätestens in der zweiten Hälfte des 17. Jahrhunderts hatte sich auf den Handelsrouten über die Arabische See und den Golf von Bengalen der Kaffeegenuß bis nach Indien ausgebreitet. Der englische Reisende Thomas Bowrey, der sich höchst lobend über die muslimische Gemeinschaft und deren Rechts- und Wertesystem im indischen Fürstentum von Golkonda ausläßt, schreibt etwa über wohlhabende Muslime in der Hafenstadt Masulipatnam:

> »Selten oder eigentlich niemals machen sie einen Spaziergang, einfach um sich zu erholen, wie wir Europäer es tun. Auch wenn sie an einer Konversation teilhaben, so geschieht das immer im Sitzen, aber nicht auf Stühlen, Hockern oder Bänken. Im Gegenteil, lassen sie sich auf Teppichen oder

Matten nieder, die sich auf dem Boden ausgebreitet finden. Hier sitzen sie die Beine überkreuzt in großer Bequemlichkeit, oftmals rauchend, Kaffee trinkend oder Betel kauend.«[26]

Bowrey beobachtet sehr genau und zutreffend, daß der Kaffee schon im 17. Jahrhundert zum festen Repertoire indisch-muslimischer Geselligkeit und Kommunikationspraktiken selbst an der indischen Ostküste gehörte.

Der damit einhergehende Handel wurde zum großen Teil auf indischen Schiffen durchgeführt. Gewöhnlich verließen die Fahrzeuge im März Indien, um von dem Nordost-Monsun sicher und berechenbar zum Bab-el-Mandeb und nach Mokka getragen zu werden, wo sie im April oder spätestens bis Mitte Mai ankamen. Verpaßte ein Schiff den richtigen Wind, konnte es aber erst im darauffolgenden Jahr seine Reise antreten. Ende August drehen die Winde in der Arabischen See, und der Südwest-Monsun setzt ein, mit dem die nach Indien zurückkehrenden Schiffe den Golf von Aden wieder verließen.

Aber nicht nur die Kenntnis der Monsunwinde stellte für die Seefahrer eine stete Herausforderung dar. So berichtet etwa Ovington darüber hinaus von gefährlichen Strömungen längs der Südwestküste der Arabischen Halbinsel, weshalb die von Indien kommenden Fahrzeuge bevorzugt eine südliche Route einschlugen, die sie in Richtung der Insel Socotra führte, um von dort am zum heutigen Somalia gehörenden Kap Guardafui in den Golf von Aden hineinzusegeln. Die ersten arabischen Handelsplätze, die von hier aus angesteuert werden konnten, waren Dhofar und Casseem. Die größte Schönheit unter all den Städten jenseits des Bab-el-Mandeb stellte in Ovingtons Augen gleichwohl Aden dar, das ihn nicht nur durch die mächtigen Stadtmauern beeindruckte, sondern auch durch die malerische Lage der von Bergen umgebenen Silhouette.[27] Von hier aus war es nicht mehr weit in die Kaffeegebiete des Jemen.

Jedes vom Indischen Ozean aus nach Mokka segelnde Schiff mußte den Bab-el-Mandeb passieren – die das Rote Meer mit der Arabischen See verbindende Meerenge. Schon Ovington gab im ausgehenden 17. Jahrhundert eine genaue Beschreibung der nautisch nicht ganz unproblematischen Durchfahrt mit all ihren geographischen Orientierungspunkten.[28] Carsten Niebuhr durchquerte diese Meerenge im 18. Jahrhundert in umgekehrter Richtung, von Mokka aus auf dem Wege in Richtung Indien:

»Bab el mandeb scheint da, wo es am schmalsten ist, ohngefähr 5 deutsche Meilen breit zu sein. In demselben liegt eine Meile vor der arabischen Küste eine eineinviertel Meile lange Insel mit Namen Perim, die einen guten Hafen, aber gar kein frisches Wasser hat, und weiter südlich sahen wir an der afrikanischen Küste noch verschiedene andere kleine Inseln. Die Berge auf der afrikanischen Küste sind viel höher als die Vorgebirge auf der arabischen. Die Schiffe gehen gemeiniglich durch den Kanal zwischen Perim und der arabischen Küste; weil aber in diesem engen Fahrwasser ein starker Strom ist und der Wind uns entgegen war, so gingen wir durch den breitern Kanal zwischen der Insel und der afrikanischen Küste. Hier hatten wir mehr Platz zu lavieren, und unser Schiffer befürchtete auch nicht, daß er zu wenig Wasser finden würde.«[29]

Die von Niebuhrs Schiff gewählte äußere Route stellte offenbar den für größere Segler üblichen Weg dar; denn auch Ovington beschreibt den breiteren und tieferen Kanal zwischen der Insel Perim und der afrikanischen Küste als besser für große Fahrzeuge mit mehr Tiefgang geeignet. Auch die Erwähnung teils bedrohlich starker Strömungen in der Meerenge, die selbst einem größeren Schiff zu schaffen machen konnten, findet sich allenthalben bei den europäischen Reisenden. Ebenso wie heute stellten die Gewässer um das Horn von Afrika auch schon um 1700 eine gefährliche Gegend dar. Seeräuber, die nicht selten vom nordindischen Großmogul oder vom Herrscher Gujarats unterstützt wurden, operierten nicht nur im indischen Golf von Cambay, sondern mit Vorliebe auch um die Insel Socotra. So sahen sich die Europäer schon früh gezwungen, zwischen Mokka und Surat einen regelrechten Konvoidienst einzurichten, von dem auch einheimische Kaufleute profitierten.[30]

Von der herausragenden Bedeutung des Kaffees im orientalischen Raum zeugt in erster Linie die große Zahl der Kaffeehäuser zwischen Afrika und dem indischen Subkontinent. Schon bald, nachdem sich der Genuß des Getränks im Jemen, im Hedschas und schließlich auch in Ägypten verbreitet hatte, müssen dort auch die ersten dieser Einrichtungen entstanden sein. Von Beginn an wurde der Kaffee im Orient, wie bereits beobachtet, nämlich in Gesellschaft und in der Öffentlichkeit eingenommen. Dagegen fanden es die Chronisten, wie beispielsweise Ibn 'Abd al-Ghaffār, schon eher bemerkens- und erwähnenswert, wenn der schwarze Trank stattdessen unter Männern daheim genossen wurde, wie es ungewöhnlicherweise gelegentlich in Medina zu beobachten gewesen sein soll. Auch europäischen Reisenden fiel seit dem 17. Jahrhundert auf, daß der Kaffee im islamischen Raum unter den Männern fast nur im Kaffeehaus goutiert wurde.[31] Schon im Jahre 1570 sollen allein in Istanbul angeblich mehr als 600 Kaffeehäuser unterschiedlichster Größe und Ausstattung existiert haben. Von hier aus breitete sich diese Institution in alle türkischen Städte aus. Daneben etablierten sich entlang der Verkehrswege aber auch außerhalb der größeren Orte Kaffeeschenken, in denen sich die Reisenden erfrischen konnten.[32]

Insgesamt bildeten sich dabei drei unterschiedliche Typen heraus: Kaffeebuden, -schenken und Kaffeehäuser. Ebenso wie heute noch vielerorts in Asien, insbesondere in Indien, anzutreffen, handelte es sich bei ersteren in der Regel um kleine Buden mit einer Serviertheke, vor denen der Kaffee stehend und im Freien oder unter einem Vordach eingenommen wurde. Oft wurden (und werden) Laufburschen aus den Geschäften der

Umgebung dorthin ausgeschickt, um Kaffee für ihre Herrschaften zu kaufen und das heiße Getränk rasch hinüberzubringen.

In geringem Umfang Sitzmöglichkeiten boten dann schon die auch noch recht einfach ausgestatteten Kaffeeschenken, in denen der Kaffee meist auf groben Sitzmöbeln eingenommen wurde. Die meisten dieser Schenken zeichneten sich gerade in ländlichen, abgelegenen Regionen durch eine besondere Schlichtheit aus und ließen den Gast sich allein auf das wesentliche konzentrieren: den Genuß des Kaffees als belebendes Pausengetränk auf der Reise. In lebendigen Farben schildert Niebuhr ein solches Etablissement, wie er es auf der Durchreise in kleinen jemenitischen Dörfern erlebte:

> »Das Wort Kaffeehütte oder, wie die Araber sagen, Mokeija, wird auf dieser Reise sehr oft vorkommen. Damit diejenigen, welche niemals in Jemen gewesen sind, nicht glauben, daß man in einem arabischen Kaffeehause ebenso gut bewirtet werde als in einem europäischen, so muß ich gleich anfangs bemerken, daß ein solches arabisches Wirtshaus nicht besser gebauet ist und daß man in demselben nicht mehr Hausgerät findet als in den schlechtesten Häusern zu Loheia. Man trifft in denselben bisweilen nicht einmal ein Serir (langer Stuhl) an. Man erhält in diesen Kaffeehäusern nur Kahhwe oder eigentlich Kischer, das Getränk von Kaffeeschalen, in groben Tassen von Töpfererde. Angesehene Araber, die nicht gewohnt sind, aus solchen Tassen zu trinken, nehmen ihre eigenen schlechten chinesischen Tassen mit auf die Reise. Frisches Wasser kann man in diesen Hütten gemeiniglich umsonst bekommen. Andere Erfrischungen findet man in ihnen nicht.«[33]

Gerade hier dürfte der Kaffee aber dennoch besonders willkommen gewesen sein, denn sowohl in den Küstenregionen des Jemen als auch in den Bergen reiste man der Hitze wegen vor allem nachts; und der Kaffee mag daher in besonderem Maße dem müden Reisenden als ein nächtliches Mittel der Belebung gedient haben. In solchen Häusern genoß man eine kurze Erholung, selten länger als eine halbe Stunde, währenddessen wenig Bemerkenswertes geschah. Nur einmal, unterwegs nach Bayt al-Faqīh, sah Niebuhr in einem solchen Hause »einen jungen Menschen, der an jeder Hand 6 Finger und auf jedem Fuß 6 Zehen hatte.«[34]

Neben den Kaffeeschänken wurde das Getränk unterwegs auch in einfachen Herbergen angeboten, von Niebuhr als »Mansale« bezeichnet, »ein Haus, wo Reisende gewisse Tage umsonst unterhalten werden«.[35] Genächtigt wurde in einer Gemeinschaftshütte; und verpflegt wurde der Gast mit warmem Brot aus Hirse, Butter, Kamelmilch, und natürlich der Kaffee oder kisher durfte nicht fehlen. Insgesamt war eine solche Ernährung für den europäischen Reisenden nicht unproblematisch, wie Niebuhr weiter schreibt:

> »Wir hatten schon seit langer Zeit weder Wein noch Branntwein erhalten können, sondern uns mit Wasser, Kaffee und Kischer begnügen müssen. Das Wasser ist an den meisten Stellen in Tehama nur schlecht, vor dem Getränk von den Kaffeebohnen warnete man uns, weil es das Geblüt erhitzt, und Kischer ist für einen Europäer auch kein angenehmes Getränk, obgleich die Araber es für gesund halten. Man warnete uns vornehmlich vor Fleischspeisen.«[36]

Der Genuß von kisher sollte also offenbar zu einer gesünderen Ernährung beitragen und vermutlich vor der Verwendung unreinen Trinkwassers schützen, wie es in der jemenitischen Tiefebene häufig anzutreffen war.

Das Kaffeehaus stand, was Ausstattung und Service betraf, an der Spitze der Pyramide. Es lag in der Regel in den besseren Gegenden der Städte und verfügte nicht nur über einen geschlossenen Schankraum, sondern mit Sängern, Tänzern und Musikern oftmals auch über ein Unterhaltungsangebot. Brunnen sorgten für eine kühlere, angenehme Atmosphäre.[37] Letzteres avancierte ebenso wie später in Europa nicht nur zu einem

Ort der Kommunikation, sondern auch des kommerziellen Austausches. Hier wurden Geschäfte gemacht, aber auch so manche berufliche Karriere begann dort.[38]

Um 1600 gehörten die Kaffeehäuser im westlichen Asien wie auch in Ägypten zum Stadtbild, wie Johann Wild im Jahre 1613 von seiner siebenjährigen Gefangenschaft im Osmanischen Reich berichtet:

> »Darnach werden auch Bossenspiel gehalten in den Tabernen / da man das heisse Getranck Cafe ausschencket / … da jederman eingeht / die Türcken / Moren / Araber / Christen und Juden / wer darin kommet / und diss Tranck begert / dem gibt mans / solcher Tabernen sind zu Alcairo ettlich hundert / wie auch in der gantzen Türckey / wenn ein Türck / Mor / oder Araber einen Tag keins trincken solte / so könnte er denselben Tag nicht recht lustig oder gesund seyn / unnd wenn sie über Land reysen / so haben sie das Getränck bey ihnen / kochens und trinckens siedheiss / … . In gemelte Tabernen kommen auch solche Bossenreisser und Spilleut / die den Leuten das Gelt auss dem Beutel schwatzen / und die solche Tabernen haben / pflegen auch Spilleut zu halten … / die spielen den gantzen Tag auff / und vertreiben den Leuten die Zeit.«[39]

Zunächst fällt Johann Wild die soziale Egalität in dieser Institution auf: Jeder, gleich welchen gesellschaftlichen Standes, werde bedient. Dann weiß er über die in seinen Augen sehr große Zahl der Häuser zu berichten, die sich allenthalben in den Städten des Osmanischen Reiches befänden. Schließlich zeichnet er ein Porträt der dort anzutreffenden Menschen und Attraktionen, das uns ein wenig an eine niederländische Genremalerei aus dem 17. Jahrhundert erinnert: Musiker, Gaukler und Spieler, die dem Gast das Geld aus der Tasche zu ziehen wüßten. Andere Quellen berichten von Geschichtenerzählern, die, bisweilen musikalisch umrahmt, ihre Erzählungen zum besten gaben. Auch von Puppenspielern, die bevorzugt während des Ramadan anzutreffen gewesen seien, ist bisweilen die Rede. Für den

Kaffeehausbetreiber waren solche Attraktionen meist günstig oder ganz umsonst. Denn in aller Regel lebten die Künstler von den milden Gaben der Besucher. Nicht nur Wild begegneten aber auch junge Knaben, die offenbar zum Standardprogramm gehört haben müssen:

»Danach wird offt Kurtzweil gehalten mit schönen jungen Knaben / welche genennet Cuban / die seyn schön angelegt mit herrlichen köstlichen Kleidern / unnd mit einer Gürtel einer Hand breit / von lauter Gold und Silber / diese Jungen müssen in den Tabernen ihr Kunst und Kurtzweil auch sehen lassen / da wird ihnen auffgespielet mit Baucken unnd Pfeiffen.«[40]

Es liegt auf der Hand, daß diese Jungen nicht selten auch sexuelle Dienstleistungen zu vollbringen hatten, was andeutungsweise aus verschiedenen europäischen, kaum jedoch aus arabischen Quellen hervorgeht.[41]

Etwas gediegener und unverfänglicher war da schon der Genuß von Tabak im Kaffeehaus, wie Niebuhr berichtet:

»Ein großer Zeitvertreib der Ägypter, Syrer und Araber ist, des Abends in den Kaffeehäusern zu sitzen, eine Pfeife Tabak zu rauchen und ihre Historienerzähler, Musikanten und Sänger zu hören, welche diese Örter besuchen, um hier eine Kleinigkeit zu verdienen. Hieran finden die Morgenländer, welche oft ganze Stunden in Gesellschaft sitzen, ohne ein Wort mit ihrem Nachbarn zu sprechen, ein sehr großes Vergnügen. In Ägypten raucht man gemeiniglich aus langen Pfeifen, deren hölzerne Röhren bisweilen mit Seidenzeug oder feinen Laken bekleidet sind.«[42]

Der Bericht des norddeutschen Reisenden führt uns also einmal mehr vor Augen, daß das Kaffeehaus nicht allein eine Stätte des Getränkekonsums, sondern einen ganz eigenen, komplexen sozialen Kosmos darstellte.

Mit der Entwicklung des Kaffees zum Alltagsgetränk im Nahen und Mittleren Osten avancierte jener auch zu einem Gegenstand von Reglementierungen, Verboten, vor allem aber einer intensiven gesellschaftlichen Debatte. Namhafte Gelehrte schrieben über die Vorzüge und Nachteile des Kaffeegenusses; und nicht selten versuchte auch der eine oder andere subalterne Staatsdiener, sich durch beherztes Eingreifen in das lokale Konsumverhalten zu profilieren und die eigene Karriere zu befördern.[43] Damit entwickelte sich die Kaffee-Debatte seit dem 16. Jahrhundert zu einem wahrhaften Spiegel vorderorientalischer Gesellschaft und Öffentlichkeit.

Bei der Frage, ob der Kaffee dem islamischen Glauben gemäß sei oder nicht, bildeten sich im wesentlichen zwei Schulen heraus: Die erste ging von der Annahme aus, daß alles, was auf Erden existiere, von Allah geschaffen und entsprechend gut sei. Die andere sah im Kaffee wie in bestimmten anderen Konsumgütern eine süchtig machende Gefahr, vor der der einzelne Gläubige geschützt werden müsse. Ein Argument, welches die Gegner auch vorbrachten, war, daß die Kaffeebohnen geröstet würden und damit der Kohle ähnlich seien; und alles Verkohlte sei von Mohammed persönlich für den menschlichen Verzehr verboten worden.

Seit dem 16. Jahrhundert kam es zwischen den Befürwortern und Gegnern immer wieder zu Debatten, die 1523 in Kairo sogar in handfesten Tumulten mündeten, nachdem sich ein hoher Geistlicher in der Moschee höchstoffiziell gegen das Getränk ausgesprochen hatte. Um die streitenden Parteien vorgeblich an einen Tisch zu bringen, lud der weltliche Herrscher der Stadt deren führende Vertreter zu einer Disputation in seine Residenz ein. Ohne sich dann allerdings auf eine Diskussion einzulassen, sprach er gleichsam ein symbolisches Machtwort, indem er allen Teilnehmern das umstrittene schwarze Getränk servieren ließ und als erster einen Zug aus der Tasse nahm. Die anderen konnten aus Respekt nicht anders, als es ihm gleichzutun, und das Thema war vorerst vom Tisch.[44]

Auch in Mekka sprach der mamlukische Pascha, Khā'ir Beg, im Jahre 1523, nur kurze Zeit nach seiner Ernennung, unter Einfluß frommer Muslim-Kreise ein Verbot des Kaffeekonsums aus. Jener begriff den Kaffee und das Kaffeehaus als große Gefahr für die Gesundheit und die gesellschaftliche Ordnung. Was von den Orthodoxen gutgeheißen wurde, avancierte unter den liberaleren Kaffeetrinkern allerdings rasch zu einem Gegenstand von Spott und Kritik. Zur Untermauerung seines Verbotes veranstaltete Khā'ir Beg daraufhin eine gelehrte Debatte, bei der sich der Mufti von Aden für den Kaffee aussprach, zwei persische Ärzte sowie angeblich vom Getränk bereits vergiftete Konsumenten sich dagegen wandten und sich in dieser Sache letztlich durchsetzten. Der Pascha schickte anschließend nicht nur den Text der Verbotsanordnung an seine Vorgesetzten in Kairo, sondern sprach darüber hinaus auch ein Verbot sämtlichen Kaffeehandels in seiner Stadt aus. Alle Kaffeehäuser vor Ort wurden geschlossen; bei Durchsuchungen entdeckte Kaffeebohnen sollten verbrannt werden. All diese Maßnahmen konnten allerdings nicht verhindern, daß der Kaffee in Mekka weiterhin zu den beliebtesten Getränken zählte und trotz des Bannes weiter genossen wurde.

Der Sultan in Kairo sah die Lage der Dinge denn auch offenbar anders und ordnete – womöglich selbst dem schwarzen Trank verfallen – an, das Verbot sofort wieder zu lockern. In Kairo stellte der Kaffee in dieser Zeit nämlich nicht mehr ein alleiniges Genußmitel dar, sondern er war – wie bereits untersucht – gleichzeitig auch ein wichtiges Handelsgut, das zu einer positiven Handelsbilanz beitrug. Und es ist zu vermuten, daß es sich der Herrscher nicht mit den machtvollen Kaufmannseliten in der Stadt verderben wollte. Khā'ir Beg sollte sein Vorstoß schon bald die politische Karriere kosten, denn nach nur einem Jahr im Amt wurden er wieder abgelöst und das Kaffeeverbot in der heiligen Stadt aufgehoben.

Erneut brach die Debatte um ein Verbot des Kaffees in den 1570er Jahren los, dieses Mal mit einem Schwerpunkt in Istanbul. Weniger ging es dabei dieses Mal um rein theologische Argumente, sondern vielmehr um den ganz praktischen Vorwurf der Geistlichkeit, daß mittlerweile die Moscheen leer blieben, da die Gläubigen statt des Gebets doch lieber das Kaffeehaus frequentierten. Aber auch das in diesem Zusammenhang ausgesprochene Verbot erwies sich als nur wenig nachhaltig.[45]

Bisweilen war das religiöse Argument, welches den Verboten zugrunde gelegt wurde, aber auch nur vorgeschoben; und es gebot stattdessen die blanke Angst vor politischem Aufruhr die Durchführung einer solchen Maßnahme. Sultan Murad III. (reg. 1574–1595) hatte beispielsweise um 1580 seine ganze Familie ermorden lassen, um seinen umstrittenen Anspruch auf den osmanischen Thron zu sichern. Schon bald regten sich jedoch darüber in den Kaffeehäusern politische Debatten, und aus dieser Institution heraus drohte sich schließlich eine Opposition gegenüber dem Sultan herauszukristallisieren. Das religiöse Argument diente Murad denn auch nur als Vorwand, als er nur wenig später die Kaffeehäuser verbot, mit dem Resultat, daß sich der Konsum eine Zeitlang in die private Sphäre verlagerte.

Um 1630 fielen die Kaffeehäuser ein weiteres Mal der politischen Reaktion zum Opfer. Während Sultan Murad IV. (reg. 1623–1640) dem Kaffeegenuß anfänglich durchaus aufgeschlossen gegenüberstand und den Handel mit den Bohnen aus fiskalischen Gründen gar begrüßte, geriet er im Laufe der Zeit unter den Einfluß seines Großwesirs, der die Kaffeehäuser als vermeintliche oder reale Orte der Rebellion und des politischen Widerstands ausmachte. Ein einfaches Verbot der Häuser fruchtete zu diesem Zeitpunkt aber bei weitem nicht mehr, so daß sich Murad schließlich 1633 genötigt sah, nicht nur den Kaffee insgesamt, sondern auch Tabak und Wein im Osmanischen Reich zu verbieten. Als abschreckende Maßnahme wurden Menschen, die weiterhin des Konsums oder des Besitzes dieser Güter für schuldig befunden wurden, in Säcke genäht und bei lebendigem Leibe ins Wasser geworfen. In Persien war es in jener Zeit hingegen üblich, die Kaffeehäuser mit Spionen zu unterwandern, um rasch über oppositionelle Umtriebe informiert zu sein.[46] All diese Maßnahmen belegen klar, welch große Bedeutung der Kaffee im Alltag des Vorderen Orients in dieser Zeit besaß.

VI. Der Kaffee erreicht Europa

Seit dem Altertum waren Asien und Europa auf vielfältige Weise miteinander verbunden. Das Handelsnetz der Seidenstraße reichte vom mediterranen Raum bis nach China. Und als Alexander der Große im 4. Jahrhundert v. Chr. große Teile des westlichen Asien eroberte, hatte er nicht nur Waffen im Gepäck, sondern auch griechisch-hellenistische Kultur, die sich auf dem Gebiet des heutigen Afghanistan zu der buddhistisch inspirierten Gandhara-Schule weiterentwickelte. Auch während des Mittelalters setzten sich die kulturellen und ökonomischen Kontakte zwischen Ost und West fort. Lange Zeit wurde der sich seit dem 7. Jahrhundert n. Chr. ausbreitende Islam von den Historikern als Sperriegel begriffen, der die christliche Welt von Indien oder China schied. Heute wissen wir, daß die muslimischen Herrschaftsgebiete von jeher in höchstem Maße durchlässig waren, deren Machthaber sogar den Handel forcierten und davon profitierten. Das galt auch für das Osmanische Reich, zu dem die Europäer immer in einem recht ambivalenten Verhältnis standen. Auf der einen Seite ein gern gesehener Bündnispartner (vor allem für die Franzosen), entwickelte sich die Hohe Pforte andererseits aber auch zum Feindbild schlechthin. Das lag vor allem an der stetig wachsenden Bedrohung der habsburgischen Lande und des Heiligen Römischen Reiches, wo der »blutdürstige Türke« im 16. und 17. Jahrhundert zum Standardrepertoire publizistischer Gemeinplätze gehörte. Im Zeitalter des portugiesischen »Estado da India« und der nordwesteuropäischen Handelskompanien beschleunigte sich der Austausch zwischen Ost und West in bislang ungekanntem Ausmaße. Gewürze, Textilien, Tee oder Porzellan wurden in immer größerem Umfange nach Europa exportiert; hinzu kamen allerlei orientalische Kuriositäten und Altertümer. In entgegengesetzte Richtung floß ein scheinbar endloser Strom an Silber. Mit dem Handel verband sich auch ein Transfer europäischer Kunst und Kultur, vor allem aber europäischer Staatlichkeit in Form der kolonialen Expansion. Bei der großen Dichte an Kontakten und materiellem wie immateriellem Austausch wäre es ungewöhnlich gewesen, hätte diese interkontinentale Interaktion den Kaffee ausgenommen.

Erste Bekanntschaft machte Europa mit den koffeinhaltigen Bohnen gegen Ende des 16. Jahrhunderts, also etwa ein Jahrhundert, nachdem Vasco da Gama mit seiner epochalen Fahrt den Seeweg zwischen Asien und Europa um das Kap der Guten Hoffnung entdeckt hatte. Diese Route scheint allerdings für den anfänglichen Kaffeehandel kaum eine Rolle gespielt zu haben, da jenes Gut vor allem über den östlichen Mittelmeerraum und Italien oder Frankreich auf den Kontinent gelangte. Lange, bevor der Kaffee als alltägliches Genußmittel in Europa wirtschaftliche und kulturelle Bedeutung erlangte, war er Gegenstand der Forscher. Frühe Reisende brachten nämlich seit dem ausgehenden 16. Jahrhundert immer wieder kleinere Partien von Kaffeebohnen heim nach Europa, die auch in die Studierstuben der Gelehrten gelangten. Nur in ganz wenigen Ausnahmefällen erhielten die Forscher selbst die Möglichkeit, die Kaffeepflanze in ihrem natürlichen Kontext persönlich in Augenschein zu nehmen.

Es war mit großer Wahrscheinlichkeit der oberdeutsche Botaniker Leonard Rauwolf (1535–1596), der in den 1580er Jahren den Kaffee erstmals einem gelehrten europäischen Publikum bekannt machte. Rauwolf entstammte dem kaufmännischen Milieu Augsburgs, studierte zunächst vermutlich in Basel, später dann in Italien und Frankreich, wo er 1562 in Valence den Doktortitel erwarb. Es folgten ein Studium in Montpellier und Feldforschungen im südfranzösischen Mittelmeerraum. Diesen Aufenthalt nutzte Rauwolf zur Anlage eines Herbariums, mit dem er an die 600 Pflanzen der Region dokumentierte. Hinzu kamen weitere Studien in Italien, wo er ebenso wie auf der Rückreise durch die Schweiz wiederum Pflanzen sammelte. Unterwegs pflegte Rauwolf zudem Kontakt mit anderen herausragenden Botanikern seiner Zeit, etwa mit Carolus Clusius (1526–1609), der uns weiter unten noch begegnen wird. Nach seiner Rückkehr nach Augsburg und der Heirat wirkte der Gelehrte zunächst eine Zeitlang als Arzt im süddeutschen Raum.

Zu eigentlichem Ruhm gelangte Rauwolf dann aber mit seiner großen Orientreise, zu der er 1573 aufbrach. Dabei galt sein Interesse in erster Linie der Identifizierung neuer Handelsgüter aus dem Osten, die sich daheim gewinnbringend absetzen lassen würden. Die Reise wurde nämlich von seinem Schwager Melchior Manlich, einem wohlhabenden Augsburger Kaufmann, finanziert, bei dem selbst das spanische Herrscherhaus in der Kreide stand. Manlichs Unternehmen war im Handel mit dem östlichen Mittelmeerraum engagiert und befand sich stets auf der Suche nach neuen, profitversprechenden Handelsgütern.[1] Über Marseille ging die Reise zunächst auf dem Wasserwege nach Tripolis, und von dort aus in Richtung Bagdad und Aleppo. Weitere Besuchsorte stellten Istanbul und Jerusalem dar, ehe Rauwolf erneut über Tripolis nach beinahe dreijähriger Abwesenheit wieder seine Heimatstadt erreichte. Allenthalben widmete sich Rauwolf neben dem eigentlichen, kommerziellen Ziel der Reise dem Sammeln von Pflanzen; ebenso erwies er sich aber auch als aufmerksamer Beobachter der einheimischen Kultur und Lebensgewohnheiten. In Augsburg hielt es ihn nach seiner Rückkehr nur einige Zeit, ehe er zwischen die Fronten der konfessionellen Auseinandersetzung geriet und die Stadt wieder verließ. Seine letzten Lebensjahre verbrachte er im österreichischen Linz, ehe die Dysenterie seinem Leben während der Türkenkriege in Ungarn, wo er als Arzt eingesetzt war, ein Ende machte. Rauwolfs Herbarium gelangte indes auf Umwegen in den Besitz des Bayrischen Landesherrn, dann nach Schweden und schließlich an die Universität Leiden in den Niederlanden.

Rauwolfs große wissenschaftliche Leistung bestand darin, daß er erstmals zahlreiche im westlichen Asien vorkommende Gewächse im Druck beschrieb, darunter auch Nutzpflanzen wie die Banane, Dattelpalme, Zuckerrohr – und eben den Kaffee. Ebenso informierte er seine Leser über Krankheiten und Heilmittel im Vorderen Orient. Über den wissenschaftlichen Ertrag seiner Reise berichtet Rauwolf in der 1582 bemerkenswerterweise in deutscher Sprache erschienenen Reisebeschreibung mit dem umständlichen Titel »Aigentliche beschreibung der Raisz, so er vor dieser zeit gegen Auffgang inn die Morgenländer, fürnemlich Syriam, Judaeam, Arabiam, Mesopotamiam, Babyloniam, Assyriam, Armeniam u.s.w. nicht ohne geringe mühe unnd grosse Gefahr selbst vollbracht« sowie in seinem schon sechs Jahre zuvor erschienenen »Viertes Kreutterbuch – darein vil schoene und frembde Kreutter durch Leonhart Rauwolffen ... eingelegt unnd aufgemacht worden«.[2]

Da Rauwolf nicht den Anbau von Kaffee, sondern nur dessen Konsum kennengelernt hatte, galt seine Aufmerksamkeit in erster Linie der Verwendung der Kaffeebohnen in ihrem sozialen Kontext:

»... hat einer ferner lust / darzu ettwas zuessen / oder eine anders getranck zu trincken / so habens gemainklich darbey auch weitte offne Läden / darinnen sie sich zusammen auff die Erden / oder das Pfletz setzen / und miteinander zechen. Under andern habens ein gut getränck / weliches sie hoch halten / Chaube von inen genennet / das ist gar nahe wie Dinten so schwartz / unnd in gebresten / sonderlich des Magens / gar dienstlich. Dises pflegens am Morgen frü / auch an offenen orten / von jedermeniglich one alles abscheuhen zu trincken / aus jrdinen unnd Porcellanischen tieffen Schälein / so warm alss sies könden erleiden / setzend offt an / thond aber kleine trincklein / und lassens gleich weitter / wie sie neben einander im krayss sitzen / herumb gehen.«[3]

So fällt Rauwolf in erster Linie der soziale Aspekt des Kaffeetrinkens im Orient auf. Er beobachtet, daß das Getränk vor allem in Kaffeehäusern eingenommen werde, wie sie später noch in Europa große Berühmtheit erlangen sollten. Ebenso beschreibt er die mit dem Genuß einhergehende materielle Kultur. Von Bedeutung ist ihm aber auch der beinahe schon zeremonielle Charakter des Kaffeetrinkens, der sich etwa im Herumreichen der Schalen und dem Sitzen im Kreis äußerte.

Auch wenn Rauwolf die Anbaugebiete im Jemen nicht besucht und den Anbau der Kaffeepflanze nicht in seinem natürlichen Kontext kennengelernt hatte, zeigte er sich zumindest ansatzweise über ihre Gestalt informiert:

»Zu dem wasser nemmen sie frücht Bunnu von jhnnwohnern genennet / die aussen in jrer grösse und farb / schier wie die Lorbeer / mit zway dünnen schölflein umgeben / anzusehen / unnd ferner jhrem alten berichten nach / auss India gebracht werden.«[4]

Weiter berichtet er von den beiden sich in der Frucht befindenden Kaffeebohnen, wie er auch auf die angeblich gesundheitsfördernde Wirkung des Getränks eingeht. In Rauwolfs Äußerungen sind ganz eindeutig schon die wesentlichen Inhalte angelegt, die die europäische Debatte um den Kaffee in den darauffolgenden beiden Jahrhunderten maßgeblich prägen sollten: die Diskussion um die Kaffeehäuser, um gesundheitlichen Nutzen und Schaden sowie um die wirtschaftliche Bedeutung des Kaffees.

Eine weitere wissenschaftliche Abhandlung legte im Jahre 1592 Prosper Alpinus, ein Mediziner aus Padua, vor. Nach seinem Dienst in der mailändischen Armee hatte Alpinus seit 1574 in Padua Medizin studiert. Schon während seines Studiums zeichnete er sich durch ein besonderes Interesse an der Botanik aus. Als Doktor der Medizin und Philosophie ließ er sich schließlich als Arzt in der Nähe seiner Heimatstadt nieder – wobei seine Leidenschaft auch hier der Botanik galt. Das Interesse auch an exotischen Pflanzen noch intensiver zu pflegen, bot sich Gelegenheit, als Alpinus im Jahre 1580 als Leibarzt des venezianischen Botschafters in Kairo, Georgia Emo, nach Ägypten ging. Dort gewann er grundlegende Erkenntnisse, die die Botanik weit über seine Lebenszeit hinaus prägen sollten. Auch sah er in Kairos Gärten lebendige Kaffeesträucher, und er lernte ebenso wie Rauwolf den Genuß der Bohnen durch die örtliche Bevölkerung kennen. Zurück in Italien, avancierte Alpinus zum Leibarzt des genuesischen Kriegshelden und Politikers Andrea Doria. Im Jahre 1590 zog es ihn nach Venedig, wo zwei Jahre später seine epochale Studie zur ägyptischen Pflanzenwelt, »De plantis Aegypti«, erschien. Diese etablierte sich auf dem gelehrten Buchmarkt und erlebte im 17. Jahrhundert noch mehrere Auflagen. Bereits 1591 erhielt jener den Ruf auf die neugeschaffene Professur für Botanik wiederum in Padua.

Während Alpinus ebenso wie Rauwolf kaum Aussagen zum Anbau der Pflanze machen kann, äußert er sich ähnlich jenem zumindest vage über deren Gestalt und die Verwendung der Bohnen:

> »Im Garten des Türken Halybei habe ich einen Baum gesehen ... . Von diesem Baum stammen jene Körner, die man dort unten gut kennt, die man *bon* oder *ban* nennt und mit denen alle, sowohl Ägypter wie Araber, ein sehr verbreitetes Getränk herstellen, das sie anstelle von Wein trinken. Dieses Getränk wird in den Tavernen verkauft, genau so wie bei uns der Wein; sie nennen es caova. Diese Körner werden von Arabien hergebracht. ... Alle Ägypter wissen sehr gut, wie man aus diesen Körnern das Getränk zubereitet. ... Sie verbrauchen es zur Stärkung des Magens, als Hilfe für die Verdauung und gegen Verstopfung.«[5]

Der Gelehrte beschreibt uns den Kaffee noch aus einer vollständig vorderorientalischen Perspektive. Das betrifft sowohl die Begrifflichkeit – indem er zwischen »bon/bunna« und »caova« unterscheidet – als auch den kulturellen Kontext, wobei er in der Tradition muslimischer Diskurse den Kaffee als Ersatzstoff für den Alkohol nennt. Ebenso geht er auf den sozialen Aspekt des Genusses ein und stellt das orientalische Kaffeehaus als Ort des Konsums vor.

Nahezu gleichzeitig zu Rauwolfs und Alpinus' Schriften gelangten auch die ersten Kaffeebohnen in die Gelehrtenstuben Europas. So ist überliefert, daß solche in den 1590er Jahren Italien erreichten und das Interesse des italienischen Botanikers Onorio Belli (lat. Bellus) (1550–1604) auf sich zogen. 1596 sandte Belli dem französisch-niederländischen Arzt und Botaniker Charles de l'Écluse (lat. Carolus Clusius) (1526–1609) einen Teil seiner kostbaren Kaffeebohnen zur weiteren Untersuchung. Dabei teilte er dem Empfänger in einem beigefügten Schreiben mit, es handele sich dabei um Samen, »die von den Ägyptern verwendet werden, um eine cave genannte Flüssigkeit herzustellen.«[6] Belli instruierte den Briefpartner, die mitgeschickten Bohnen auf einem Feuer zu rösten und sie dann in einem hölzernen Mörser zu zerstoßen. Offenbar wußte jener zu dieser frühen Zeit schon recht genau über die Zubereitung des Getränks im Orient Bescheid. Clusius schrieb seinerseits einige Jahre später in seinem Werk »Aromatum et simplicium aliquot medica – mentorum apud Indos nascientum historia« über diese Pflanze. Er regte damit weitere Gelehrte an, sich mit der Natur der Kaffeepflanze oder der Bedeutung des Kaffeegenusses für die menschliche Gesundheit zu beschäftigten, wie etwa Philip-Sylvestre Dufour, Nicolas de Blegny oder John Ray.[7]

Während die Gelehrten in der Regel für Ihresgleichen schrieben, wurde das Wissen um den Kaffee von Kaufleuten und Geistlichen auch einer breiteren Rezipientenschicht daheim vermittelt. Ebenso wie Rauwolf oder Alpinus hatten diese den schwarzen Trank meist im Orient selbst kennengelernt und waren in besonderem Maße mit den Zubereitungsmethoden, wenn nicht gar mit der Pflanze selbst, vertraut. Als Vermittler spielten hier vor allem die Engländer eine herausragende Rolle. Im Jahre 1600 beschrieb etwa der Geistliche William Biddulph den unbekannten, schwarzen Aufguß, den er in Aleppo kennengelernt hatte, einem breiteren Publikum. Neben der Schwärze fiel jenem vor allem auf, daß das Getränk aus einer Art von Erbsen hergestellt werde, die man mahle und in Wasser aufkoche. Die örtliche Bevölkerung trinke es so heiß als nur irgend möglich – eine Beobachtung, die bereits Rauwolf gemacht hatte.[8] Die frühen europäischen Reisenden fanden den Kaffee meist unangenehm und bitter. Wenn er aus ihrer Sicht als Genußmittel daher nur wenig taugte, so stellten sie umso mehr dessen medizinische Wirkung in den Vordergrund. Während der Reisende George Manwaring ihn von schlechtem Aroma aber pauschal für »sehr gesund« befand, meinte sein Zeitgenosse William Finch schon etwas präziser, der Kaffee sei gut für das Wohlbefinden von Kopf und Magen. Andere Autoren waren wiederum der Ansicht, er vertreibe die Melancholie.[9] Deren Schriften stimulierten eine breite Kaffee-Debatte vor allem in England.

Allmählich erschienen auch eigenständige Werke, die sich ausschließlich dem Kaffee und anderen exotischen Genußmitteln wie dem Tee oder der Schokolade widmeten, darunter auch Übersetzungen in deutscher Sprache. Im Jahre 1686 kamen die bereits in Kapitel II. zitierten »Drey Neue Curieuse Tractätgen von dem Trancke Cafe, Sinesischen The, und der Chocolata« von Jacob Spon (1647–1685) auf Deutsch auf den Markt. Schon 1671 war eine erste Ausgabe des Werkes in französischer Sprache erschienen; insgesamt erblickten bis 1705 mindestens zwölf Ausgaben in vier verschiedenen Sprachen das Licht der Welt, was die große Popularität des Werkes an der Wende zum 18. Jahrhundert in Europa unterstreicht.[10] In der zweiten Hälfte des 18. Jahrhunderts unterrichten dann neben anderen Autoren John Coackley Lettsom und John Ellis ganz im Sinne der Aufklärung den Leser in der 1776 erschienenen deutschsprachigen Übersetzung »Geschichte des Thees und Koffees« wesentlich präziser auch über aktuelle Forschungsreisen und die neuen kolonialen Anbaugebiete.[11]

Einen wertvollen Dienst für die wachsende Bekanntheit des Kaffees leistete schon früh eine letztlich völlig unerwartete Seite, nämlich die Philosophie. In einzigartiger Weise drückt Francis Bacons (1561–1626) 1638 posthum erschienenes utopisches Werk »Nova Atlantis« den damaligen wissenschaftlichen Anspruch aus, mittels empirischer Weltbetrachtung das menschliche Wissen zu erweitern. »Nova Atlantis« ist ein Reisebericht in Romanform, der den Leser auf die fiktive Insel Bensalem entführt. Ganz in der Tradition Thomas Mores war es die Absicht des Autors, mit diesem Traktat den Entwurf einer bestmöglichen Staatsverfassung vorzulegen. Allerdings blieb es nur bei einem Fragment, das im wesentlichen die Geschichte eines »Hauses Salomon« darlegt, der Elite jener fiktiven Insel, die Verantwortung für das Wohlergehen der ganzen Gesellschaft trage. Als deren wichtige Aufgabe definiert Bacon das Streben nach einer möglichst optimalen materiellen Basis des gesellschaftlichen Zusammenlebens, in dessen Dienst auch die Botanik gestellt wird:

> »Wir haben auch Baumschulen und verschiedenartige große Gärten, in denen uns nicht so sehr die Schönheit der Spazierwege und ähnlicher Einrichtungen als vielmehr die Verschiedenartigkeit der Erde und des Bodens, wie sie den einzelnen Bäumen und Pflanzen entspricht, am Herzen liegt. Einige von ihnen sind mit Bäumen und Beerensträuchern bepflanzt, deren Früchte zur Herstellung verschiedener Arten von Getränken bestimmt sind – mit Ausnahme von Reben. In diesen Gärten machen wir auch Versuche mit Pfropfungen und Inokulationen sowohl von Wald- als auch von Obstbäumen, die volle und große Erträge bringen. Auch bringen wir es in diesen Obst- und Baumgärten durch künstliche Mittel zuwege, daß Früchte und Blüten früher oder auch später kommen, als es ihre Zeit ist, ebenso daß sie

in rascherer Folge ausschlagen, sprossen und Früchte tragen, als sie es ihrer Natur nach zu tun pflegen.«[12]

Bacon stellt in seinem Traktat die Züchtung und Optimierung von Pflanzen als wichtige Grundlage zur Sicherung der Ernährungsbasis dar, wobei bei der Lektüre der stillschweigende Verzicht auf den Wein auffällt (als Andeutung auf die Ablehnung des Alkoholkonsums). Stattdessen verständen sich die Einwohner von Bensalem auf Experimente mit anderen Pflanzen, aus denen sich Getränke gewinnen ließen.[13] Die Vermutung, daß Bacon indirekt auch den Kaffee in seine Gedanken mit einbezog, dürfte uns nicht ganz abwegig erscheinen. Jener identifizierte nämlich das Getränk an anderer Stelle als Opiat. Kaffee wie Opium führten seiner Ansicht nach zu einer »Kondensierung des Geistes«, die eine Verlängerung des Lebens bewirke; und sie sollten entsprechend von Erwachsenen mindestens einmal im Jahr zu sich genommen werden.[14] Der Gedanke, die Botanik als Wissenschaft in den Dienst des Gemeinwesens zu stellen, war damals neu und sollte sich erst im Zuge des Merkantilismus im 18. Jahrhundert zur Blüte entwickeln.

Die Gleichsetzung von Kaffee und Opiaten wurde spätestens um die Mitte des 17. Jahrhunderts infrage gestellt, als der Kaffeegenuß tatsächlich in größerem Umfange in England Einzug gehalten hatte. Der in Oxford niedergelassene Arzt Thomas Willis (1621–1675) stellte in dieser Zeit bei seinen kaffeetrinkenden Patienten keineswegs eine berauschende Wirkung fest, sondern stattdessen trotz der Unkenntnis des Koffeins in besonderem Maße Wachsamkeit und Konzentrationsfähigkeit. Vor allem fiel ihm auf, daß sich der Kaffee hervorragend dazu eignete, beim Menschen die Müdigkeit zu vertreiben. Euphorisch empfahl Willis, er würde seine Patienten eher in das Kaffeehaus als in die Apotheke schicken.[15]

Gleichwohl inspirierten Bacons Worte eine ganze Generation englischer Gelehrter, sich näher mit dem Kaffee zu beschäftigen.

Im Jahre 1640 analysierte der englische Botaniker John Parkinson (1567–1650) in seinem »Theatrum Botanicum« unter der Rubrik »merkwürdige und seltene Pflanzen« den Kaffee auf der Grundlage der Beschreibungen von Rauwolf, Alpinus und anderen. Auch Parkinson schreibt dabei dem Kaffee eine positive medizinische Wirkung zu: Er stärke einen schwachen Magen, unterstütze die Verdauung und sei gut gegen Tumore und andere Beschwerden von Leber und Milz.[16]

Da der Kaffee in der Anfangszeit vor allem auf Grund der ihm zugesprochenen medizinischen Eigenschaften hohe Reputation genoß, machten sich die Gelehrten auch über die Art der Einnahme Gedanken. Der Aufguß mit kochendem Wasser, wie wir ihn heute kennen, stellte dabei nur eine Möglichkeit unter anderen dar. So schlug etwa der walisische Richter und Universalgelehrte Walter Rumsay (1584–1660) in seiner Schrift »Organon Salutis« von 1657 vor, den gemahlenen Kaffee mit Honig zu einer Paste zu verarbeiten. Diese sollte (was wir uns gut vorstellen mögen) das Erbrechen fördern, um »dadurch die Körpersäfte auf das anschließende Essen und Trinken vorzubereiten«. Rumsay sah den Kaffee also in der Reihe der damals gängigen Brechmittel. Sein »Organon Salutis« wurde viel gelesen und erwies sich geradezu als Verkaufsschlager, so daß es innerhalb eines Jahrzehnts zwei weitere Auflagen erlebte.[17]

Aber nicht nur von medizinischer, sondern auch von philologisch-kulturwissenschaftlicher Seite wurde dem Kaffee im 17. Jahrhundert wiederum vor allem in England ein großes Interesse entgegengebracht. Als erster nach Oxford berufener Professor für Arabisch publizierte Edward Pococke (1604–1691) 1659 die Übersetzung eines arabischen Traktats zum Kaffee von Dawoud al-Antaki unter dem Titel »The Nature of the Drink Kahui, or Coffee«, das auch den großen englischen Medizingelehrten William Harvey (1578–1657) anregte, der den Kaffee schließlich in die antike Körpersaftlehre einführte. Pocockes Übersetzung hatte sich ursprünglich an ein akademisches – vielleicht allein ein Oxforder – Publikum gerichtet. Schon nach kurzer Zeit war die vergleichsweise kleine Auflage des Drucks vergriffen, so daß sich Interessierte mittels Abschriften Zugang zu dem Text verschaffen mußten. Auf diese Weise gelangte das Werk vermutlich auch in die Hände des Hamburger Arztes Martin Vogel. Später führte eine lateinischsprachige Ausgabe schließlich zu einer noch weiteren Verbreitung unter den europäischen Lesern. Die Geschichte von Pocockes Werk steht stellvertretend für den Transfer von Wissen im 17. Jahrhundert, das auf verschlungenen Wegen durch Europa zirkulierte. Nicht immer war es das gedruckte Wort, mit dem sich gelehrte Erkenntnisse verbreiteten, oft geschah das auch mittels Abschriften, Korrespondenz oder durch mündliche Kommunikation.

Die Vermittlung der kulturellen, gesundheitlichen und ökonomischen Dimension des Kaffees unter einer noch breiteren Öffentlichkeit im Kaffeeland England macht der britische Historiker Brian Cowan in seinem Buch »The Social Life of Coffee« als das Verdienst einer Gruppe von Menschen aus, die in der gesellschaftlichen Wahrnehmung des beginnenden 17. Jahrhunderts unter der Bezeichnung »virtuosi« firmierten.[18] Die Idee des »virtuoso« ist italienischen Ursprungs und beschreibt den Wißbegierigen, der ursprünglich möglichst alles Wissen um die Antike und die italienische Renaissance in sich aufzunehmen und zu verbreiten trachtete. Der Gentleman, gleichsam die englische Variante des virtuoso, übernahm diesen Anspruch, weitete seine Wißbegierde aber auch auf andere Gebiete, insbesondere auf Neues und Exotisches, aus. In dieser Hinsicht nahmen die englischen virtuosi alles Interessante in sich auf; und oftmals ging dabei Quantität vor Qualität, womit sich jene schon bald auch zum Gespött der damaligen Universitätsgelehrten machten; und auch unter den heutigen Historikern werden sie nicht immer ganz ernstgenommen.[19] Dabei vermittelten die virtuosi der zeitgenössischen Öffentlichkeit eine ganz neue, universale Lebenswelt. Diese erschloß sich ihnen vor allem während ausgedehnter Reisen, bei denen sie auch zuvor unbekannten Nahrungsmitteln begegneten, und deren Kenntnis sie daheim vermittelten. So wurde den Menschen in Europa – insbesondere in England – nicht allein der Kaffee als Handelsgut bekannt gemacht, sondern jene bekamen über die Publikationen der virtuosi die Fremdheit und Exotik als Stimulantien des Konsums zudem gleichsam frei Haus geliefert.[20]

Daneben erhofften sich die Apologeten des Kaffeegenusses schon im 17. Jahrhundert aber auch eine positive Wechselwirkung mit dem in ihren Augen schädlichen Alkoholkonsum. Kaffee böte sich doch als perfekter Ersatz für den zu starken Genuß von Alkoholika an, wie etwa der Universalgelehrte John Beale (1603–1683) aus Herefordhire 1657 schrieb; er hoffe, daß »dieses Getränk ... ein Mittel darstellen möge, die in dieser Gegend nur allzu offensichtliche Trunkenheit einzudämmen.«[21] Kaffee solle seiner Meinung nach also auch in der Provinz gleichsam als Alkoholersatz eingeführt werden.

Zudem wurden auch die positiven wirtschaftlichen Auswirkungen des Kaffeegeschäftes in den Mittelpunkt der öffentlichen Debatte gerückt. Der Apotheker John Houghton, Mitglied der Royal Society und gleichzeitig im Handel mit Tee und Kaffee engagiert, äußerte in seinem 1699 veröffentlichten »Discourse on Coffee« die Überzeugung, der Kaffeehandel – insbesondere die englischen Re-exporte in das europäische Ausland – würden auf lange Sicht die englische Wirtschaft stimulieren. Dabei hatte er nicht allein das Getränk selbst im Blick, sondern auch die damit einhergehenden Utensilien und andere exotische Produkte wie den Zucker. In diesem kommerziellen Licht sah er auch das Kaffeehaus als Institution, die den Menschen gesellig mache und zur Verbesserung von Gewerbe, Handel wie zur Vermehrung des Wissens beitrage.[22]

Unter den westeuropäischen Konsumenten, die sich schon seit der ersten Hälfte des 17. Jahrhunderts des schwarzen Tranks erfreuten, existierten in der Anfangszeit ähnlich wie über den

Tee trotz aller einschlägiger Publikationen nur schemenhafte Vorstellungen vom Aussehen der Kaffeepflanze. Noch um die Mitte des 17. Jahrhunderts wurden die Kaffeebohnen in Anlehnung an Rauwolf oftmals mit den Früchten des Maulbeerbaumes verwechselt.[23] Bildliche Darstellungen galten in der Anfangszeit oftmals als nicht authentisch. Umso bedeutender waren die frühen Reisen von Europäern in die Anbaugebiete des Jemen selbst, die aber nur ein gutes Jahrhundert nach der ersten Begegnung mit dem Kaffee in Äygpten oder Syrien stattfanden. Zu Beginn des 18. Jahrhunderts brachte der Sieur de Noïers einen frischen Kaffeezweig von den Bergen des Jemen hinab in die jemenitische Küstenebene, wo dieser gezeichnet wurde. Rasch zeigte sich denn auch: »Wer den Zweig, die Blätter und die Früchte genauer besieht, wie sie sich hier in natürlicher Größe darstellen, wird sogleich bemerken, daß sich diese Zeichnung beträchtlich von all dem unterscheidet, was wir bislang in vielen Büchern finden und von dem die Autoren behaupten, es handele sich um einen Zweig vom Kaffeebaum.«[24]

Daß wissenschaftlicher Diskurs und gesellschaftliche Debatte auch außerhalb Westeuropas eine enge Liaison eingehen konnten, zeigt das Beispiel Carl von Linné. Der berühmte schwedische Botaniker war selbst ein eifriger Kaffeetrinker und orderte sogar zweimal Porzellan direkt aus China, um seiner Leidenschaft auch einen angemessenen materiellen Rahmen zu verleihen. Am 17. Dezember 1761 wurde an der Universität Uppsala von einem gewissen Henric Sparschuch eine These zum Thema »Potus Coffea«, über den »Trank Kaffee«, verteidigt. Diese 22-seitige medizinische Studie beschäftigt sich zunächst in medizinisch-botanischer Sicht mit dem Kaffee, beschreibt anschließend die Ernte der Früchte, deren Aufbereitung und Weiterverarbeitung. Ebenso liefert der Text eine kurze Darstellung über die Geschichte des Kaffeetrinkens und stellt (fälschlicherweise) fest, daß das erste Kaffeehaus Europas 1671 in Marseille gegründet wurde.

Im Gegensatz zu heute wurden zu dieser Zeit in Uppsala gewöhnlich die Thesen des sogenannten *praeses*, also des Betreuers bzw. Vorsitzenden des Dissertationsverfahrens, verteidigt. Auch wenn Henric Sparschuch als Verfasser der kleinen Schrift ausgewiesen ist, dürfen wir dahinter doch mit sehr großer Wahrscheinlichkeit die Meinung des *praeses* Carl von Linné vermuten, ebenso wie auch in den meisten der anderen 185 Dissertationen, die unter Linné verteidigt wurden, etwa über den Blütennektar, die Klassifikation der Pflanzen oder die Schokolade und den Tee. Gewöhnlich wurden die entsprechenden Texte eine Woche vor der geplanten Verteidigung in den Druck gegeben, um anschließend unter der gelehrten Zuhörerschaft zu zirkulieren. Umso mehr verwundert es uns, daß die Schrift neben der rein empirischen Darstellung teilweise recht polemisch – offenbar die Meinung des berühmten Linné widerspiegelnd – den Kaffeegenuß verwirft. Kaffee sei gleichsam als Danaergeschenk von den Franzosen nach Schweden gebracht worden, um die Menschen dort zu infizieren und zu verderben. Ganz in merkantilistischer Manier beklagt sich der Verfasser darüber hinaus über den erheblichen Abfluß an Silber für den Ankauf des Gutes auf den Auktionen in Europa. Selbst ein Connaisseur nicht nur des Kaffees, sondern auch edler dazugehöriger Utensilien, mokierte er sich über die vermeintlich überflüssige Verwendung silberner Kaffeekannen, porzellanener Tassen, stählerner Kaffeemühlen oder edler Tabletts und Tischtuche. Gerade für Schweden betrachtete er einen derartigen, elitären Konsum als zu verschwenderisch und propagierte stattdessen Ersatzstoffe, wie den Aufguß gerösteter Pfirsich- oder Mandelkerne, von Bohnen, Mais, Getreide oder geröstetem Brot.

Das wachsende medizinische und kommerzielle Interesse führte aber trotz aller Einwände zu dem Bemühen, die Kaffeepflanze noch besser kennenzulernen, was allein dadurch möglich schien, daß lebende Pflanzen als Untersuchungsobjekte in Europa vor Ort zu Verfügung standen. Um 1700 wuchsen bereits mehrere Kaffeesträucher im Botanischen Garten von Amsterdam. Hier wurden dreijährige Pflanzen erfolgreich zum Blühen und Früchtetragen gebracht. Damit erwies sich der Kaffee beim Transfer aus Übersee und der Kultivierung daheim im Vergleich zum Tee als deutlich widerstandsfähiger, denn kaum eine Teepflanze überlebte in dieser frühen Zeit den mehrmonatigen Transport von China nach Europa. Schon den Zeitgenossen war allerdings klar, daß Kaffee nur in geringem Umfange und kaum wettbewerbsfähig je in europäischen Gefilden wachsen würde.[25]

Einmal in Europa kultiviert, eignete sich das Forschungsobjekt dann aber trefflich als Geschenk und Repräsentationsgegenstand. Der Magistrat von Amsterdam sah sich schon bald in der Lage, einen fruchttragenden Kaffeestrauch, »perfekt gewachsen«, an den Franzosenkönig Ludwig XIV. als Geschenk zu überstellen. Bereits einige Zeit zuvor hatten die Franzosen selbst versucht, sich in den Besitz von Kaffeepflanzen aus den Niederlanden zu bringen. Doch jedesmal, wenn eine solche die Reise nach Frankreich gut überstanden hatte, ging sie nach kurzer Zeit in Paris ein. Spötter mögen gemunkelt haben, daß es die Niederländer selbst waren, die sich für diesen Mißerfolg verantwortlich zeichneten, konnte es doch eigentlich nicht in ihrem Interesse liegen, eine keimfähige Kaffeepflanze außer Landes zu bringen. Eine Änderung dieser Einstellung mag dann erst der Friede von Rijswijk im Jahre 1697 mit sich gebracht haben.

Die immer zahlreicher werdenden Schriften über den Kaffee und die zarten Pflänzchen in den Gewächshäusern der Botanischen Gärten in Europa stellen einen wichtigen Indikator für die Tatsache dar, daß jener allmählich verstärkt auch in den Warenkorb des europäischen Konsumenten gelangte. Schon ein Jahrhundert, bevor die nordwesteuropäischen Handelskompanien um das Kap der Guten Hoffnung herum in größerem Umfange Kaffee aus Mokka einführten, zirkulierten in Europa kleinere Partien an Bohnen, die in der Regel über die Levante eingeführt worden waren. Im Jahre 1624 gelangte die erste größere

Kaffeelieferung aus dem Orient nach Venedig, von wo das Gut einige Zeit später auch in das Heilige Römische Reich kam. Der Franzose Pierre de la Roque brachte 1644 von einer Reise in die Levante Kaffeebohnen sowie die zum Kaffeegenuß im Orient üblichen Utensilien wie Kaffeeröster, Mörser, Kanne, porzellanene Trinkschalen und Tabletts zum Servieren mit zurück nach Marseille. Schon für das Jahr 1657 liefern uns die Quellen aus der örtlichen Handelskammer Informationen über das Eintreffen einer Ladung von 300 Zentnern Kaffeebohnen in Marseille; 1660 waren es bereits mindestens 19.000 Zentner. Spätestens jetzt stellte der Kaffee im Süden Frankreichs keine Kuriosiät mehr dar, sondern war ein alltägliches Handelsgut.[26]

Die Direktimporte auf europäischen Schiffen über Indischen und Atlantischen Ozean dürften hingegen in der Anfangszeit verschwindend gering gewesen sein. So brachte etwa gleich nach 1600 der niederländische Kompaniekaufmann Pieter van den Broeke eine kleine Partie Bohnen aus Mokka in die Niederlande; aber erst seit 1663 importierten die Niederländer regelmäßig Kaffee auf dem direkten Seeweg aus dem Jemen, und nur für das darauffolgende Jahr berichten die Quellen von einem öffentlichen Verkauf dieses Gutes daheim. Der Weiterverkauf der geringen Mengen lag in dieser Frühzeit entweder in der Hand örtlicher Kaufleute oder wohl noch öfter in der von Apothekern.

Schon in den 1630er Jahren soll der Kaffee von einem Griechen namens Nathaniel Conopios erstmals nach England gebracht worden sein. Es war zweifellos kein Zufall, daß jener der Überlieferung nach im privaten Kreis in Oxford goutiert wurde, bestand doch an der dortigen Universität seitens der Mediziner und Botaniker ein großes Interesse an fremden, exotischen Pflanzen und Früchten. So gründete sich auch das erste Kaffeehaus auf englischem Boden in der Universitätsstadt, eröffnet von einem jüdischen Unternehmer namens Jacob im Jahre 1650.[27] In der Anfangszeit übertraf das später doch als Land der Teetrinker bekannte England die Niederlande beim Kaffeekonsum bei weitem. Noch 1726 notierte etwa der Prädikant François Valentijn (1666–1727), daß der Kaffee nur vier Jahrzehnte zuvor in den Niederlanden so gut wie unbekannt gewesen sei und daß die Engländer den Niederländern den Kaffeegenuß praktisch beigebracht hätten.[28] Erst in den 1720er Jahren habe sich das Bild in Valentijns Augen geradezu umgekehrt, und er äußerte sich nun bildhaft über die Niederlande: »Wenn die Hausmädchen und Näherinnen nicht morgens ihren Kaffee bekommen, will der Faden nicht durch das Nadelöhr dringen.«[29]

Über zwei Einfallswege gelangte der Kaffee schließlich auch in das Heilige Römische Reich: zum einen über Venedig und Wien, zum anderen über die norddeutschen Seestädte, insbesondere Hamburg, das über ausgezeichnete Handelskontakte zu den führenden Umschlagplätzen Westeuropas verfügte.[30] Seit der zweiten Hälfte des 17. Jahrhunderts kam der Rohkaffee durch den Handel jüdischer, sephardischer Kaufleute in die Elbmetropole, die gleichzeitig Zucker, Tabak, Kakao, Gewürze und Baumwolltuche aus Übersee nach Hamburg brachten. Dabei kamen die Bohnen in der Anfangszeit hauptsächlich aus Amsterdam. Spätestens in den 1730er Jahren waren auf dem Hamburger Markt ebenso wie in Amsterdam die unterschiedlichsten Kaffeesorten zu haben, insbesondere jemenitischer (Mokka-) Kaffee, die Bourbon-Varietät, Kaffee aus Java, Surinam und von Martinique. Später wurden auch Qualitäten von der Insel Hispaniola und aus Brasilien angeboten.[31]

Anhand der Überlieferung des Hamburger Admiralitätszolls läßt sich die Menge des in die Stadt importierten Kaffees für einen vergleichsweise langen Zeitraum rekonstruieren. Auf einen bescheidenen Anstieg bis in die 1760er Jahre folgten ein kriegsbedingter Einbruch und nach einer Erholungsphase ein neuerlicher Rückgang in der Zeit des Amerikanischen Unabhängigkeitskrieges. Seit der Mitte der 1790er Jahre schnellte die Menge der importierten Bohnen steil nach oben.[32] Dabei lag der Preis für Kaffee bis in die 1780er Jahre hinein immer deutlich unter dem des Tees, unterlag aber dennoch teils starken Schwankungen. Erst die 1790er Jahre verzeichneten eine allmähliche Angleichung, obwohl der Tee immer etwas teurer blieb als der Kaffee.[33] Kennzeichnend ist auch die Tatsache, daß im 18. Jahrhundert deutlich mehr Kaffee als Tee nach Hamburg eingeführt wurde, was für die große Beliebtheit dieses Getränks auch in Norddeutschland und darüber hinaus spricht.

In Hamburg bildete sich die Tradition heraus, den Kaffee äußerst schwach zu trinken; und Kaffee »nach der Hamburger Gewohnheit« genossen bedeutete, daß man praktisch den Boden der gefüllten Tasse sehen konnte.[34] Das scheint aus heutiger Sicht aber immer noch akzeptabler zu sein als beispielsweise die Vorliebe des Dichters Klopstock, in den Trank ein Eigelb hineinzurühren (eine Zubereitungsart, die in Norddeutschland noch vereinzelt überlebt hat).[35] Ebenso wie in Paris, war das Kaffeetrinken auch unter den Hamburgerinnen sehr beliebt. Auch wenn diese – wie wir im folgenden Kapitel noch untersuchen wollen – die entstehenden Kaffeehäuser kaum frequentierten, gaben sie sich doch daheim wie auch in freier Natur bisweilen hemmungslos dem Genusse hin. Als der Stralsunder Student Johann Christian Müller um 1740 mit der Postkutsche auf Hamburg zufuhr, staunte er nicht schlecht über das weibliche Konsumverhalten in den Vororten der Stadt:

> »In den Gärten sahen wir alte Weiber liegen und weiden. Sie hatten einen kurtzen Stümmel von einer Pfeiffe im Maul und ihr Bouteille mit Brantwein bei sich stehen, daraus sie oftmals einen guten Zuch thaten. Der Postbediente antwortete daß ich dergleichen in Hamburg selbst schon mehr sehen würde, denn daselbst rauchten fast alle Frauens Personen. Er erzehlte von ihren Caffee Trincken. Sie werden, setzte er hinzu, genug dazu genötiget werden, unter 10 bis 12 Taßen meinen sie daß es nicht seyn können, er ist aber auch so dünne wie Waßer.«[36]

Der Kaffeegenuß avancierte also im Hamburg des 18. Jahrhunderts (und vielleicht auch anderenorts) gemeinsam mit Tabak und Alkohol zum Medium einer weiblichen Emanzipation.

Schon in der zweiten Hälfte des 17. Jahrhunderts drang der Kaffee dann aber auch tief im Herzen des Heiligen Römischen Reiches in die privaten Haushalte ein – auch wenn die Quellen hierzu gerade für die Anfangszeit spärlich sind. So befand sich beispielsweise 1678 im Nachlaß der Witwe des Abtes von Riddagshausen »ein beutel mit türckischen bohnen.«[37] Spätestens im Laufe des 18. Jahrhunderts setzte sich der Kaffee beim gehobenen Bürgertum anstelle der sonst üblichen Mehl- und Biersuppen allmählich als Morgengetränk durch. Leise Ironie klingt vielleicht an, wenn Gottsched in seinen »Vernünftigen Tadlerinnen« über den damaligen Kaffeekonsumenten schreibt: »Des Morgens schläft er ordentlich bis acht oder halb neun, dann trinkt er bisweilen in, bisweilen außer dem Bett seinen Kaffee.«[38]

In der Anfangszeit spielte das Kaffeehaus, das wir noch genauer betrachten werden, eine zentrale Rolle als Multiplikator des neuen Getränks. Der Kaffeekonsum fand aber nicht allein dort statt, sondern in immer größerem Maße auch in den eigenen vier Wänden. Vor allem die norddeutschen Handelsstädte mit ihren Wirtschafts- und Kommunikationsverbindungen nach Westeuropa spielten bei der Verbreitung eines neuen Lebens- und Freizeittrends eine große Rolle; und aus dem Freizeitvergnügen der Hamburger im Hause wie auch im Garten vor der Stadt war der Kaffeegenuß bald nicht mehr wegzudenken.[39] Von einzelnen Hamburgern, wie dem Ehepaar Ferdinand und Karoline Beneke, ist der regelmäßige Morgenkaffee im Kreise der Familie ebenso überliefert wie bei anderen das gemeinsame Kaffeetrinken in den Nachmittagsstunden.[40] Entsprechend verfügten die wohlhabenderen Haushalte der Stadt über eine angemessene Ausstattung zur Zubereitung und zum Servieren des Getränks. Die Hamburger Gastgeberin des Stralsunder Studenten Johann Christian Müller »zeigte mir ihr silbernes Caffe

Zeug, nachdem ich von dem Silber und Porcellain was in dem vorerwehnten gläsernen Schrancke gestunden geredet hatte. Es bestunde unter andern in einer großen silbernen Caffee Kanne mit 3 Hähnen, einer mitleren und einer kleinen.«[41] Hier gerierten sich Kaffee und Kaffeegeschirr in den 1740er Jahren einmal mehr zu einem Statussymbol, das man seinen Gästen gern präsentierte.

In der zweiten Hälfte des 18. Jahrhunderts war der Kaffee dann im öffentlichen und privaten Leben der Menschen im Heiligen Römischen Reich praktisch überall präsent. In noch jungen Jahren verfaßte Goethe – damals Student in Leipzig – folgende Verse als Hommage an das Getränk wie an den dortigen Kuchenbäcker Händel:

»Des Kaffees Ozean, der sich vor dir ergießt,
Ist süßer als der Saft, der vom Hymettus fließt.«[42]

Hier meinte Goethe zweifellos den mit Zucker versüßten Kaffee. Einige Jahrzehnte später sollte derselbe Dichter dann aber zu den eifrigsten Kritikern eines übermäßigen Kaffeekonsums gehören, und jener reduzierte seinen offenbar in jungen Lebensjahren reichlichen Verbrauch beträchtlich. In »Wilhelm Meisters theatralischer Sendung« sieht er schließlich den Kaffee als dämonischen, unheilbringenden Stoff und nicht mehr als den süßen Saft von dereinst:

»Seine Vorstellung wurde mit schwarzen, leicht beweglichen Bildern erfüllt, mit welchen seine Imagination ein rastloses Drama, das die Hölle des Dante zum würdigen Schauplatz erwählt hätte, aufzuführen sich gewöhnte. Die vorübergehende falsche Stimmung, die dieser verräterische Saft dem Geist gibt, ist zu reizend, als daß man sie, einmal empfunden, entbehren möchte, die Abspannung und Nüchternheit, die darauf folgt, zu öde, als daß man nicht den vorigen Zustand durch einen neuen Genuß wieder heraufholen sollte.«[43]

Ohne Zweifel hatte Goethe das Suchtpotential des Koffeins, das er hier beschreibt, am eigenen Leibe zu spüren bekommen. Um mit diesen Zeilen aber auf das kaffeegewohnte Publikum noch in irgendeiner Weise einwirken zu können, war es mittlerweile viel zu spät.

Dabei ist es keineswegs selbstverständlich, daß der »Türkentrank« in der Frühen Neuzeit in Europa, insbesondere im Heiligen Römischen Reich, so bereitwillig Aufnahme fand, wie es in Wirklichkeit geschah. So stellten doch die muslimischen Osmanen über Jahrhunderte hinweg das profilierteste Feindbild im Reich dar. Zweimal, 1529 und 1683, standen osmanische Heere vor Wien, und im 18. Jahrhundert philosophierten berühmte Denker wie etwa Montesquieu oder Voltaire über die vermeintliche »orientalische Despotie«. Es konnte also der political correctness eigentlich nur widersprechen, bei einem solch einseitigen und negativen Bild den aus dem Orient stammenden Kaffee zu goutieren!

Was bewog die Menschen in Europa aber dennoch, seit dem 17. Jahrhundert in immer größerem Maße zur Kaffeetasse zu greifen? Unter den Historikern stehen sich bei der Beantwortung dieser Frage zwei Ansichten gegenüber. Die Wirtschaftshistoriker gehen meist von einem reinen Angebot- und Nachfrage-Modell aus: Durch stetig steigende Importe wurde der Kaffee im Laufe der Zeit immer billiger und gewann damit auch für mittlere und untere gesellschaftliche Schichten an Attraktivität. Die stimulierende Wirkung des Koffeins prädestinierte das Getränk seit der zweiten Hälfte des 18. Jahrhunderts dann vor allem als Genußmittel für die sich allmählich im Zuge der Industriellen Revolution herausbildende Arbeiterschicht. Den Arbeitern konnte das belebende Getränk helfen, sich besser einem geregelten Tagesrhythmus mit teils überlangen Arbeitszeiten zu unterwerfen. Auf der anderen Seite – was vor allem die Kulturhistoriker betonen – stellte der Kaffee gerade in der

Anfangszeit ein teures Luxusprodukt dar; dessen Genuß vermittelte Prestige und gesellschaftliche Distinktion.

Beide Erklärungen erscheinen plausibel, stellen aber gleichwohl nur einen Teil der Wahrheit dar. Denn der Kaffeegenuß ist in großem Maße ein kulturelles Ereignis, das sich nicht allein mit abstrakten Mechanismen der Preisgestaltung oder der Vermittlung von Prestige begreifen läßt: Dem Neuling schmeckt der Kaffee nämlich nicht, denn er ist bitter. Zunächst mußten also eine kulturelle Akzeptanz geschaffen und mit seinem Genuß bestimmte positive Konnotationen erzeugt werden.

Der Kaffee hätte sich nicht schon im 17. Jahrhundert als Erfolgsgeschichte erwiesen, hätte ihn nicht gleichzeitig die Aura des Exotischen oder »Orientalischen« umgeben, die ihm auch einen emotionalen Mehrwert verlieh. Von unschätzbarer Bedeutung erwiesen sich in dieser Hinsicht die osmanischen Gesandtschaften, die in den 1660er Jahren an den europäischen Höfen weilten und nicht nur durch exotischen Luxus und Freizügigkeit von sich reden machten, sondern auch durch die Zubereitung und den Genuß eines in kleinen Schalen servierten, schwarzen Tranks.

Anläßlich der Ratifizierung eines Friedensvertrags hielt sich etwa 1665 eine osmanische Gesandtschaft unter Kara Mahmud Pascha in Wien auf. Mit großem Gefolge und Pomp war der osmanische Diplomat in der österreichischen Hauptstadt eingezogen. Eine orientalische Aura verbreitete sich durch allerlei exotisches Hausgerät sowie durch die mitgeführten Kamele; in seinem Gefolge befanden sich aber auch die beiden Kaffeekocher Mehmed und Ibrahim. Während des mehrmonatigen Aufenthalts in der Habsburgermetropole brannte im Lager der Osmanen ein ständiges Feuer, über dem frischer Kaffee zubereitet wurde. Wir dürfen vermuten, daß die Wiener Honoratioren, die im Lager zu Gast waren, den Kaffee probierten und vielleicht auch schätzen lernten; denn als die Gesandtschaft die Kaiserstadt wieder verließ, blieb die Tradition des Kaffeetrinkens offensichtlich erhalten. Vor allem armenische Kaufleute, die zeitweise das Exklusivrecht für den Handel mit den Osmanen behaupteten, sorgten in den darauffolgenden Jahrzehnten dafür, daß ein schmaler, aber gleichwohl steter Nachschub an Kaffebohnen gewährleistet war.[44]

Im Jahre 1669 hielt sich eine osmanische Gesandtschaft ein ganzes Jahr lang in Paris auf. Auch wenn die politische Mission des Gesandten aus dem Orient namens Süleyman letztlich nicht von Erfolg gekrönt war, übte doch seine Hofhaltung einen unvergleichlichen Reiz auf die französischen Hauptstädter aus. Berichte aus der von ihm angemieteten Residenz gelangten nach außen, wonach in den Gemächern edel parfümierte Luft waberte und sich allenthalben Springbrunnen befänden. Vornehme Tuche, edle Kissen, gedämpftes Licht trugen das Ihre zu dem orientalischen Ambiente bei, ebenso die nubischen Sklaven, die in kleinen, dünnhäutigen Porzellantassen ein heißes, schwarzes Getränk servierten. Über das gemeinsame Kaffeetrinken mit dem Gesandten berichtet der Engländer Isaac Disraeli:

> »Auf Knien kriechend, erschienen die schwarzen Sklaven des Gesandten in höchst prachtvollen Gewändern; sie servierten den erlesensten Mokka in kleinen, hauchdünnen Porzellantassen. Dann wurde der Kaffee – stark und duftend – unseren Damen in Schälchen ganz aus Silber und Gold gegossen und diese auf seidenen, goldumrahmten Deckchen platziert. Mit entzückter Mine und mit den Fächern wedelnd beugten jene ihre mit Puder bestäubten, getünchten, aber gleichwohl geröteten Gesichter über das neue, dampfende Getränk.«[45]

Unterstützt wurde der Genuß durch Süleiymans Berichte über den Anbau des Kaffees, dessen Entdeckung durch den Sufismus und die Zubereitung in seiner Heimat.

Süleymans Hof in Paris und der dort kredenzte Kaffee – von des Gesandten Bediensteten doppelt aufgekocht und mit Bodensatz besonders stark zubereitet – übten auf das sensationsbegierige Pariser Publikum eine besondere Anziehungskraft aus. Jener zog die Damen auch vom Versailler Hof an, und vielen von ihnen lockerte das Koffein angeblich derart die Zunge, daß Süleyman, der am Hofe Ludwigs XIV. politisch schon gescheitert war, doch noch relevante Details über die außenpolitische Strategie des Sonnenkönigs erfuhr. So will er von den kaffeebegeisterten Damen auch erfahren haben, daß es jenem keineswegs ernst um ein Bündnis mit dem Osmanischen Reich gewesen sei, sondern daß er allein durch seine Verhandlungen mit den »Ungläubigen«, den Habsburgern gegenüber eine diplomatische Drohkulisse aufzurichten bestrebt war.[46]

Das Kaffee-Ereignis in Paris blieb einstweilen anders als in Wien aber kaum mehr als Episode. Die orientalische Aura konnte sich noch nicht gegen die kulturelle Selbstverortung des Versailler Hofes durchsetzen. Auch in der zeitgenössischen Literatur fiel der orientalisierende Kaffeegenuß noch dem Spott und der Kritik zum Opfer, wie sie sich etwa in Molières »Le Bourgeois Gentilhomme« äußerte. Diese Reserviertheit gegenüber dem Getränk sollte in Paris und Versailles erst unter Ludwig XV. (reg. 1715–1774) einer breiteren Akzeptanz weichen, die im Süden Frankreichs zu dieser Zeit schon längst Normalität war. Um seiner Geliebten, der Madame du Barry, mit ihrer Vorliebe für den orientalischen, schwarzen Trank zu schmeicheln, gab sich der Herrscher nämlich dem Kaffee gegenüber betont aufgeschlossen, und er ließ in seinen Gewächshäusern im Park von Versailles zehn Kaffeesträucher pflanzen, von denen einige Jahre später tatsächlich etwa sechs Pfund Bohnen jährlich geerntet werden konnten.[47]

Auch wenn die osmanische Gesandtschaft in Europa ohne Frage die publizitätsträchtige Ausnahme darstellte, spielten die europäischen Fürstenhöfe auch darüber hinaus eine wichtige Rolle bei der Etablierung des Luxusgutes Kaffee auf dem Markt. So kam das Getränk beispielsweise auch am Hofe des Kurfürsten von Brandenburg in Mode. Im sittenstrengen Brandenburg scheint allerdings der Gesundheitsaspekt von Beginn an vor dem eigentlichen Genuß gestanden zu haben. Friedrich Wilhelm, der Große Kurfürst (reg. 1640–1688), hatte nämlich den niederländischen Mediziner Cornelius Decker (1647–1685) – der sich selbst Bontekoe nannte – als Leibarzt an seinen Hof geholt. Bontekoe hatte zuvor in seiner Heimatstadt Alkmaar die Chirurgie erlernt und anschließend in Leiden Medizin studiert. Später entwickelte er medizinische Kuren, die unter anderem auch die übermäßige Verabreichung von Kaffee oder Tee zum Gegenstand hatten. Bontekoe glaubte, auf diese Weise den menschlichen Kreislauf anzuregen und damit viele körperliche Gebrechen heilen zu können. Der Große Kurfürst rief ihn voller Begeisterung ob dieser vielversprechenden Aussichten nicht nur an seinen Hof, sondern verschaffte ihm gleichzeitig eine Professur an der brandenburgischen Landesuniversität in Frankfurt an der Oder, wo er seine Lehren propagieren konnte.[48]

Nicht ganz unbedeutend für die Akzeptanz des Kaffees zumindest in der katholischen Welt dürfte auch die Tatsache gewesen sein, daß das Getränk schon früh auch den kirchlichen Segen erhielt. Um das Jahr 1600 wurde Papst Clemens VIII. (1536–1605) von katholischen Geistlichen um ein Verbot des Kaffeegenusses ersucht. Ähnlich wie den Alkohol (außer den Meßwein) sahen große Teile des Klerus das Getränk als unchristlich an – eine Debatte, die sich zweifellos unbeabsichtigt an vergleichbare Diskurse im orientalischen Raum anschloß, die wir bereits im vorigen Kapitel untersucht haben. Der Heilige Vater ließ sich als Argumentationshilfe persönlich eine Kostprobe des zu verteufelnden Getränkes reichen; zu seinem großen Vergnügen habe es ihm aber sehr gemundet, und von einem Verbot konnte anschließend keine Rede mehr sein.[49]

Es gibt jedoch kaum eindrucksvollere Quellen zur Nachhaltigkeit, mit der der Kaffee in die europäischen und deutschen Haushalte Einzug hielt, als die Überlieferung der zeitgenössischen materiellen Kultur. Schon der Dichter Gottlieb Siegmund

Corvinus (Amaranthes) (1677–1747) liefert uns eine anschauliche Beschreibung von der Vielfalt der Kaffee-Accessoires des 18. Jahrhunderts:

> »Die Caffé-Kanne ist ein klein von Silber, Messing, Blech, Porcellain, Terra Sigilatta, Serpentin oder Zinn rund verfertigtes Geschirr mit einer Handhabe und Schnauze versehen, worinnen der Kaffee aufgegossen wird. Die Caffé-Schälgen seynd dünne und klare von Porcellain verfertigte runde und unten zugespitzte Näpflein, mit ihren dazu gehörigen Schälgen, woraus das Frauenzimmer Caffé zu trinken pfleget.«[50]

Seit dem ausgehenden 17. Jahrhundert verzeichnen aber vor allem die für das Heilige Römische Reich erhaltenen Nachlaßinventare den privaten Besitz von Kaffee-, Tee- und Schokoladenutensilien. Der »coffée topf« oder die »coffee kanne« gehörte in jeweils unterschiedlicher Ausführung und Qualität bald zur Standardausstattung eines adligen oder gutbürgerlichen Haushalts. Hinzu kamen Milchkännchen, Zuckerdosen (mit oder ohne Deckel) sowie Tassen; und immer wieder finden sich Hinweise auf den Besitz von Kaffeebohnen, wie etwa im Nachlaß des 1745 verstorbenen Wolfenbütteler Geheimen Legationsrats Carl Heinrich von Bötticher – »1 papieren beutel darin coffeebohnen«.[51] Bald schon gehörte auch das Meißner Kaffeeservice ebenso zum gepflegten Kaffeegenuß wie zuvor das »ostindische porcellan« aus China. Hinzu kamen Kaffeekessel, sowie Kaffeemühlen und -trommeln zum Rösten der Bohnen, ebenso der mit Wachstuch bedeckte »Caffeetisch«, auf dem der »Türkentrank« angerichtet wurde.[52] Selbst ärmere Handwerker, wie der Hufschmied Geißemer aus Frankfurt am Main, konnten sich einen Kaffeetisch, Kessel und zwei oder drei Kaffeekannen leisten, auch wenn diese dann nicht aus Silber, sondern lediglich aus Zinn waren.[53]

Der stetig steigende Kaffeeverbrauch in den einzelnen europäischen Staaten führte spätestens im 18. Jahrhundert zu Debatten um den vermeintlichen oder realen wirtschaftlichen Schaden der Kaffeeimporte, durch die doch Jahr für Jahr große Mengen an wertvollem Silber außer Landes in Richtung Orient gebracht wurden. Ganz im Sinne des Merkantilismus forderten Ökonomen, Herrscher und Politiker, den Konsum dieses Gutes einzuschränken oder ganz zu verbieten.

Vor allem die zweite Hälfte des 18. Jahrhunderts zeitigte in vielen Ländern Verbote, Kaffee zu handeln oder zu konsumieren, meist mit dem vordergründigen Argument, das heimische Braugewerbe schützen zu wollen. In dieser Frage übernahm Schweden eine Vorreiterrolle, das 1756 die Einfuhr von Kaffee und anderen exotischen Luxuskonsumgütern gänzlich verbot – eine Anordnung, die bis 1816 insgesamt viermal erneuert wurde.[54] Das Beispiel Schweden machte Schule, und bald schon folgten auch in anderen Staaten entsprechende Verbote, wie beispielsweise in Sachsen, wo es den Dorfkrämern seit 1769 untersagt war, mit den begehrten Bohnen zu handeln. In Preußen und Österreich wurde der private Handel mit Kaffee gänzlich verboten. Weitere deutsche Städte und Territorien folgten. Erhoffte sich die jeweilige Obrigkeit durch das Verbot eine Unterbindung der Silberausfuhren oder durch eine staatliche Monopolisierung die Aufbesserung der eigenen Einkünfte, führten derartige Regelungen aber meist nur zu einem sprunghaften Anstieg des Schmuggels. Andererseits brachte die merkantilistische Politik aber auch die Entwicklung von Kaffeesurrogaten hervor, die nicht aus den teuren, importierten Bohnen, sondern aus heimischen Produkten wie etwa Roggen oder Weizen, Obstkernen, Zichorien oder heimischen Früchten hergestellt wurden.[55]

Auch wenn der Kaffee noch im 18. Jahrhundert teuer, zeitweise verboten und dann nur illegal zu haben war, hatte dessen Konsum doch im Laufe der Zeit weite Bevölkerungskreise in Europa erreicht. Zu der zunehmenden Demokratisierung des Kaffees sollte aber vor allem eine Institution beitragen: das Kaffeehaus.

VII. Das Kaffeehaus

Die Geschichte des europäischen Kaffeehauses ist von einer erstaunlichen Vielfalt geprägt. Diese macht es heute nahezu unmöglich, bestimmte Idealtypen und Konsumentenmuster eindeutig herauszuarbeiten. Denn jedes Haus zog ein unterschiedliches Publikum an: vom Adel über die bürgerlichen Eliten und Kulturschaffenden bis hin zur Arbeiterschicht. Auch die chronologische Entwicklung verzeichnet Wandlungsprozesse und Brüche. Kaffeehaustypen verschwanden (was von der Öffentlichkeit meist nicht unbemerkt blieb), während neue entstanden. Die ersten dieser Einrichtungen, die seit der Mitte der 1640er Jahre auf der europäischen Seite des Mittelmeeres aufkamen, dürften sich kaum von den traditionellen Tavernen und Gaststätten unterschieden haben. In der Anfangszeit standen sie oftmals gleichranging neben dem ambulanten Kaffeeausschank in Straßen sowie auf Märkten und Messen. Dazu gesellten sich schon früh Kaffeezelt und -pavillon, die je nach Ort, vom öffentlichen Grün bis hin zum Schloßpark, einfach oder luxuriös ausgestattet waren und eine vermeintlich orientalische Atmosphäre ausstrahlen sollten.[1]

Zu der oft beobachteten Schlichtheit der Einrichtung mag in der Anfangszeit vielerorten auch ein eher spartanischer Service gehört haben. Beispielsweise befand sich im Bremer Kaffeehaus auf dem Schütting in der zweiten Hälfte des 17. Jahrhunderts allein ein einfacher Kaffeekessel mit drei Hähnen, aus dem sich die Gäste selbst zu bedienen hatten.[2] Natürlich gab es meist aber nicht nur Kaffee, sondern auch Tee und Schokolade ebenso wie die traditionell in den Gasthäusern üblichen alkoholischen Getränke.

Nicht selten hielten jene auch Übernachtungsmöglichkeiten für Reisende bereit, die oftmals kaum mehr als enge Verschläge mit einfachsten Betten oder Hängematten darstellten. In der Wirtsstube – in England dem »coffee room« – konnten die Übernachtungsgäste dann auch speisen und sich tagsüber aufhalten.[3]

Ein übergreifendes Merkmal des frühen Kaffeehauses scheint vor allem der dort herrschende Lärm gewesen zu sein. Noch waren die Tische nicht durch die hohen Rückenlehnen der Sitzbänke voneinander getrennt, die im späteren 18. Jahrhundert vor allem in England für eine eher gedämpfte Atmosphäre sorgten. Stattdessen standen jene in der Regel teils eng gruppiert im offenen Raum. Das Summen der Kaffeekessel, das Klappern des Geschirrs und die Unterhaltung der Menschen mischten sich in den Ohren der Besucher oftmals zu einer scheinbar undurchdringlichen Geräuschkulisse.[4] Aber der Duft muß betörend gewesen sein, denn in den Kaffeehäusern wurden die Bohnen frisch geröstet.

Das europäische Kaffeehaus diente ebenso wie im Orient bei weitem nicht allein dem Genuß des neuen, exotischen Tranks, sondern avancierte auch zu einem Ort der Sozialisation und der gesellschaftlichen Debatte. Karten- und Würfelspiele wurden bereitgehalten; neueste Kulturtrends wurden hier ebenso diskutiert wie politische Fragen oder aktuelle Erkenntnisse der Wissenschaft. In den 1720er Jahren hieß es etwa von den Wiener Kaffeehäusern: »In solchen trifft man gemeiniglich die Novellisten an, oder diejenigen, so sich um die Zeitungen bekümmern, die Gazetten lesen, darüber discoursiren, und allda von Krieg und Frieden decidiren.«[5] Daneben trat aber nicht selten der schlichte (Kaffee-) Klatsch, den in den Augen zeitgenössischer englischer Beobachter des 17. Jahrhunderts die Männer mindestens ebenso gut beherrschten wie die Frauen, die dort ohnehin als Kundinnen nur selten anzutreffen waren.

Bei all der großen Bedeutung solcher Einrichtungen für das kulturelle Leben der europäischen Städte der Frühen Neuzeit stellten das Kaffeehaus und die anderen öffentlichen Orte des Kaffeegenusses aber in erster Linie gewerbliche Unternehmen dar, mit denen Geld verdient werden sollte. Das Kaffeehaus muß in den großen europäischen Metropolen im Laufe der Zeit denn auch zu einem gewichtigen Wirtschaftsfaktor aufgestiegen sein, der den Handel mit Kaffee, Zucker, aber auch Schokolade, stimulierte. Nicht immer war der kommerzielle Austausch, den jene Häuser anregten, aber legal, und oft muß auch eingeschmuggelter, unverzollter Kaffee angeboten worden sein. Im März 1692 führte beispielsweise der niederländische Steuerpächter Pieter de Veth eine Razzia in einem bei der Amsterdamer Börse gelegenen Kaffeehaus durch. Die Ermittler trafen auf ein zahlenmäßig großes Publikum – gemütlich rauchend und Kaffee trinkend, letzteren zum günstigen Preis von 2 Stuiver die Tasse. Nachdem dieses zollfreie Kaffeetrinkerparadies aufgeflogen war, verschärfte die lokale Obrigkeit ihre einschlägigen Kontrollen in der Stadt deutlich.[6] Aber nicht allein die Wirte konnten durch kriminelle Energie auffallen, sondern bisweilen überschritten auch die Gäste die Grenze des Legalen. Besonders deutlich wird das anhand der in den Häusern oft bereitgehaltenen Glücksspiele, wie Julius Bernhard von Rohr 1728 warnte: »... an diesen Orten kommen öffters Betrüger und Spitzbuben zusammen ...«.[7] Entsprechend waren auch deutsche Kaffeehäuser seit der Zeit um 1700 immer wieder Gegenstand obrigkeitlichen Verordnungsverlangens wie auch Ziele von Patrouillen und Razzien.[8]

Frauen stellten – abgesehen von Bediensteten und Prostituierten – anfangs nur seltene Gäste dar. Eine tugendsame Frau wollte im 17. und beginnenden 18. Jahrhundert zweifellos nicht in einem solchen Etablissement gesehen werden, wohingegen sich jene daheim durchaus mit Freude dem schwarzen Trank hingab. Als Arbeitsplatz diente das Kaffeehaus hingegen Serviererinnen, Kaffeeköchinnen und Prostituierten, und nicht selten war auch der Besitzer eine Frau. Die Distanz eines potentiellen weiblichen

Publikums mag aus dem anfänglichen negativen Image der Kaffeehäuser als Horte der käuflichen Liebe herrühren.[9]

Dem Aufkommen des Kaffeehauses in den einzelnen Städten des christlichen Europa ging kein abstrakter Modetransfer voraus, sondern deren Gründung verband sich mit konkreten Unternehmergestalten, die den Kaffee meist anderenorts kennengelernt und sich dann als Migranten an ihrer künftigen Wirkungsstätte niedergelassen hatten. Das erste Hamburger Kaffeehaus wurde beispielsweise von einem Engländer gegründet. Stammten die Betreiber aus Gegenden, die dem kaffeetrinkenden Orient besonders nahe lagen, etwa aus Griechenland, dem Balkan oder gar aus Persien, wurde bisweilen über den Kaffee hinaus sehr bewußt ein Abglanz der exotischen Welt des Ostens vermittelt. Das gelang nicht nur durch orientalisch klingende Namen der Häuser, sondern auch durch spezifische Accessoires wie Wasserpfeifen oder durch das Sitzen auf dem Boden. Aufs Ganze genommen, handelte es sich dabei allerdings eher um Ausnahmen, und den Vorläufer des europäischen Kaffeehauses finden wir in aller Regel in dem traditionellen europäischen Wirtshaus.

Für eine Reihe von Orten sind die Gründungsjahre des vermeintlich ersten Kaffeehauses überliefert. Da sich diese Daten meist auf die von der Obrigkeit ausgestellten einschlägigen Privilegien stützen, sind jene allerdings nur mit Vorsicht zu betrachten. So ist es nicht ausgeschlossen – im Gegenteil, sogar recht wahrscheinlich –, daß schon vor der offiziellen Ausstellung von Privilegien nicht privilegierte Kaffeehäuser betrieben wurden. Ebenso besteht aber auch die Möglichkeit, daß ältere Dokumente nicht mehr erhalten sind.[10]

Es stellt keinen Zufall dar, daß die ersten Kaffeehäuser im nicht-islamischen Europa auf italienischem und französischem Boden gegründet wurden. Das lag nicht allein an der räumlichen Nähe zum Osmanischen Reich, denn gerade in Italien dürfte für jene Institution auch aus sozio-kulturellen Gründen ein besonders fruchtbarer Nährboden existiert haben. So galt der Kaffee als Luxusgut, und Luxus wurde hier im Zeitalter des Barock in Form der »grandezza«, »larghezza«, »magnificenza« oder »ostentatione« großgeschrieben. An erster Stelle stand zweifellos die Architektur; denn mit großartigen Palästen versuchte der Adlige oder bürgerliche Wohlhabende, seinen Konkurrenten in den Schatten zu stellen. Luxuriöse Kutschen warteten vor den Palästen – und in Venedig natürlich die Gondeln. Auch die aufwendige Kleidung galt als Inbegriff des Wohlstandes, ebenso wie der scheinbar endlose Reigen von Festen zu unterschiedlichen Anlässen gleich ob zu Heiligsprechungen oder schlicht beim Karneval. Auch wenn strenge Luxusgesetze den Nichtadligen die ostentative Verschwendung eigentlich untersagten, diente sie auch jenen der Zurschaustellung des Reichtums und begünstigte damit den sozialen Aufstieg. Die vielleicht eher unscheinbare Tasse Kaffee konnte mit dem Palazzo als Ausdruck von Wohlstand und Reputation vielleicht nicht mithalten, half aber gleichwohl, gesellschaftliches Prestige, Geschmack und Reichtum zusätzlich zu unterstreichen.[11]

Mit großer Wahrscheinlichkeit wurde das erste europäische Kaffeehaus im Jahre 1647 in Venedig gegründet, was uns kaum verwundert, verfügte die Stadt doch seit langem über hervorragende Handelskontakte in das Osmanische Reich.[12] Jenes Haus lag in prominenter Lage direkt am Markusplatz und erfreute sich schon bald nach der Gründung einer großen Beliebtheit. In den darauffolgenden Generationen entwickelte sich der Markusplatz zu einer bevorzugten Lage der Gastronomie, was die Gründung weiterer Kaffeehäuser wie des »Florian« oder des »Quadri« nach sich zog. Betrieben wurden diese frühen Etablissements bemerkenswerterweise oftmals von Engadinern, die sich zunächst als Konditoren und Zuckerbäcker in der Stadt niedergelassen hatten, aber schon bald die Chance erkannten, die eine Ausweitung ihrer Angebotspalette auf den Kaffee bot.[13]

Frankreich wurde zunächst im Süden vom Kaffee erreicht. Der Handel mit den Bohnen zwischen der Levante und Südfrankreich führte hier zu einer frühen Akzeptanz des Getränks und zur Gründung von Kaffeehäusern früher als in Paris. Ein erstes entstand um die Mitte des 17. Jahrhunderts in Marseille in der Nähe des städtischen Marktes und fand in der Folgezeit mehrere Nachahmer. Im Jahre 1672 soll erstmals ein armenischer Kaufmann namens Pascal Kaffeebohnen offiziell in Paris verkauft haben. Zuvor war deren Erwerb nur privat und auf informellem Wege, hauptsächlich über Marseille, möglich gewesen. Jener Pascal entdeckte schließlich eine echte Marktlücke, als er auf dem Jahrmarkt von St. Germain außerhalb der französischen Hauptstadt ein erstes Kaffeehaus – oder vielmehr eine Kaffeebude – errichten ließ. Die vermeintlich orientalische Dekoration seines »maison de caova« übte ebenso wie der angenehme Duft, den die frisch gerösteten, gemahlenen und aufgebrühten Bohnen verströmten, auf die Menschen schon bald eine große Anziehungskraft aus. Dazu mag nicht unerheblich auch das Servieren des Getränks durch dunkelhäutige Sklavenjungen beigetragen haben.[14] Der temporäre Kaffeestand auf dem Jahrmarkt von St. Germain entwickelte sich zu einem solch großen Erfolg, daß dessen Betreiber sich entschloß, in Paris selbst ein dauerhaftes Kaffeehaus zu errichten. Dieses entstand am Quais de l'École in der Nähe des Pont Neuf. Das Geschäft lief hier offenbar jedoch nicht ganz zu seiner Zufriedenheit; und schon bald schickte Pascal zur Ergänzung der Einkünfte seine Bediensteten mit von Öllampen erhitzten Kaffeekannen durch die Straßen, um das dunkle Getränk auf ambulantem Wege an den Mann oder die Frau zu bringen. Das erste Pariser Kaffeehaus ging trotz aller Bemühungen ein, und der Armenier war schließlich unter obskuren Umständen genötigt, sich in Richtung London abzusetzen.[15]

Schon bald war jedoch mehr als offensichtlich, daß sich der Armenier Pascal mit seinem »maison de caova« lediglich an das falsche Publikum gewandt hatte. Nicht die unteren und mittleren gesellschaftlichen Schichten, die den Jahrmarkt frequentierten, erwiesen sich auf lange Sicht als die lohnendere Zielgruppe für ein festes Haus, sondern die Wohlhabenden. Diese Tatsache erkannte zuerst der italienischstämmige François Procope, der 1689 gegenüber der Comédie Française in bester Lage ein Kaffeehaus gründete, welches zwei Jahrhunderte lang Bestand haben sollte: das legendäre und tonangebende »Café Procope«. Auch Procope hatte als wandernder Limonadenverkäufer klein angefangen. Als er seinem mobilen Getränkeangebot den Kaffee hinzufügte, lief das Geschäft augenscheinlich besser, was ihn schließlich zu seiner Geschäftsidee bewog. In seiner langen Geschichte zog das »Café Procope« vor allem ein gehobenes Publikum an, darunter auch zahllose Musiker und Schauspieler. Das lag in erster Linie daran, daß sich das Café im Laufe der Zeit durch seine luxuriöse Einrichtung erheblich von den damals üblichen schlichten Kaffeehäusern abhob.

Geradezu legendäre Berühmtheit erlangte jenes Etablissement während des 18. Jahrhunderts, als internationale Zelebritäten wie Beaumarchais, Diderot, d'Alembert, später dann Balzac und Victor Hugo, hier ein- und ausgingen. Lange Zeit wußte man auch auf das berühmte Marmortischchen und den Stuhl zu verweisen, die der berühmte Voltaire zu seinem Lieblingsplatz erkoren hatte. In der Zeit der Französischen Revolution avancierte das »Café Procope« zu einer Drehscheibe des revolutionären Meinungsaustausches. Robespierre, Marat und Danton kehrten hier ein – und es ist nicht unwahrscheinlich, daß diese hier wichtige Entscheidungen diskutierten, mit denen die Revolution vorangetrieben wurde. Ein anderer Gast hieß Napoléon Bonaparte. Als junger Militärangehöriger soll er derart knapp bei Kasse gewesen sein, daß er bisweilen gezwungen war, seinen Hut als Pfand zu hinterlassen.[16]

Schon früh erhielt das »Procope« Konkurrenz durch ein um 1690 von dem Pariser Kaffeeverkäufer Lefévre gegründetes weiteres Kaffeehaus. Zu einer ersten Adresse wurde dieses jedoch erst nach 1718, als es umgebaut und zu Ehren des regierenden Herzogs Philipp von Orléans in »Café de la Régence« umbenannt wurde. Hier traf sich der Adel auf dem Weg vom oder zum Hofe, und ebenso wie das »Procope« avancierte jenes Haus schon bald auch zu einem Magneten für Politiker und Schriftsteller. Auch im »Régence« goutierten Diderot, Voltaire wie später auch Rousseau, Robespierre und Napoleon ihren »Türkentrank«. Wie er uns in seinen Erinnerungen berichtet, erhielt der berühmte Diderot von seiner Gemahlin täglich neun Sous, die er größtenteils im »Régence« in Kaffee umsetzte und hier so manche Seite seiner »Encyclopédie« verfaßte.[17]

Es folgte eine große Zahl weiterer Gründungen, wie das »Café Parnasse«, »Café Bourette«, »Café Anglais«, »Café Alexandre« oder das »Café des Art«, die alle vom Schauspieler über den Musiker bis hin zum Feinschmecker jeweils ihr eigenes Publikum anzogen. Die Schätzungen gehen auseinander, wie viele Kaffeehäuser im 18. und 19. Jahrhundert tatsächlich in Paris existierten. Mitte des 18. Jahrhunderts mögen es um die 600 gewesen sein, um 1800 dann schon 800 und um 1850 an die 3.000. Vor dieser großen Zahl machen sich die 320 Pariser Kaffeehäuser aus dem Jahre 1720 noch vergleichsweise bescheiden aus. Insgesamt zeigte sich aber eines: Die Pariser Kaffeehäuser waren in gewisser Weise demokratisch. Hier begegneten Adel und Bürgertum einander; und in zunehmendem Maße tauchte trotz aller Vorbehalte auch eine neue Klientel auf – die Frauen. Aber auch dieser egalitäre Zug hatte seine Grenzen. Zwar verkehrten in Paris wie auch anderenorts in Europa Adel und Bürgertum gemeinsam in den gehobenen Kaffeehäusern; diese blieben aber wiederum den unteren gesellschaftlichen Schichten verschlossen. Ebenso dürfte sich kaum je ein Angehöriger der Eliten (außer vielleicht auf Reisen) in ein einfaches Haus unter einfache Menschen begeben haben.[18]

Mit feiner Ironie skizziert Montesquieu in seinen »Perserbriefen« von 1721 das Publikum der Pariser Cafés:

> »Der Kaffee ist in Paris sehr beliebt. Es gibt eine große Zahl öffentlicher Häuser, wo er ausgeschenkt wird. In einigen dieser Häuser erzählt man sich die neuesten Nachrichten, in anderen wird Schach gespielt. In einem wird der Kaffee so zubereitet, daß er die Leute geistreich macht, die ihn trinken: zumindest glauben alle, die das Lokal verlassen, sie seien viermal so geistreich geworden, als sie es beim Eintreten waren. Was mich an diesen Schöngeistern stört, ist, daß sie sich nicht für ihr Vaterland nützlich machen, sondern ihre Zeit mit Kindereien vertun.«[19]

Ganz klar erkennt Montesquieu neben dem sozialen und kommunikativen Charakter des Kaffeehauses auch einen imaginativen Aspekt. Die Aura des Kaffees vermittele dem Cafébesucher ein Gefühl der Exklusivität und intellektuellen Erhabenheit.

Karriere als Informationsbörse und Zentrum des kommerziellen Austausches sollte das Kaffeehaus aber vor allem in England machen. Nachdem um 1650 in Oxford ein erstes Haus auf englischem Boden gegründet worden war, entstand eine solches Etablissement 1654 auch in der englischen Metropole London in der Nähe der Old Exchange. Hier lernte ein breiterer gesellschaftlicher Kreis das neue Getränk aus dem Orient erstmals aus eigener Anschauung kennen und schätzen. Innerhalb kürzester Zeit stieg die Zahl der Kaffeehäuser in der Stadt beträchtlich an. Anfangs mögen die Londoner Häuser noch kaum die später so charakteristische, gediegene Atmosphäre ausgestrahlt und dürften von ihrer Einrichtung her eher dem traditionellen »alehouse« geglichen haben.

In den Londoner Kaffeehäusern wurden nicht nur Informationen ausgetauscht, sondern auch Geschäfte getätigt. Im Zuge dieser Entwicklung kam es zu einer regelrechten Spezialisierung: So wurden etwa im »Jonathan's Coffee House« Aktien und Staatspapiere gehandelt, während das »Lloyd's Coffee House«

1 *Ein Zweig vom Kaffeebaum mit Blüten und Früchten (1776).*

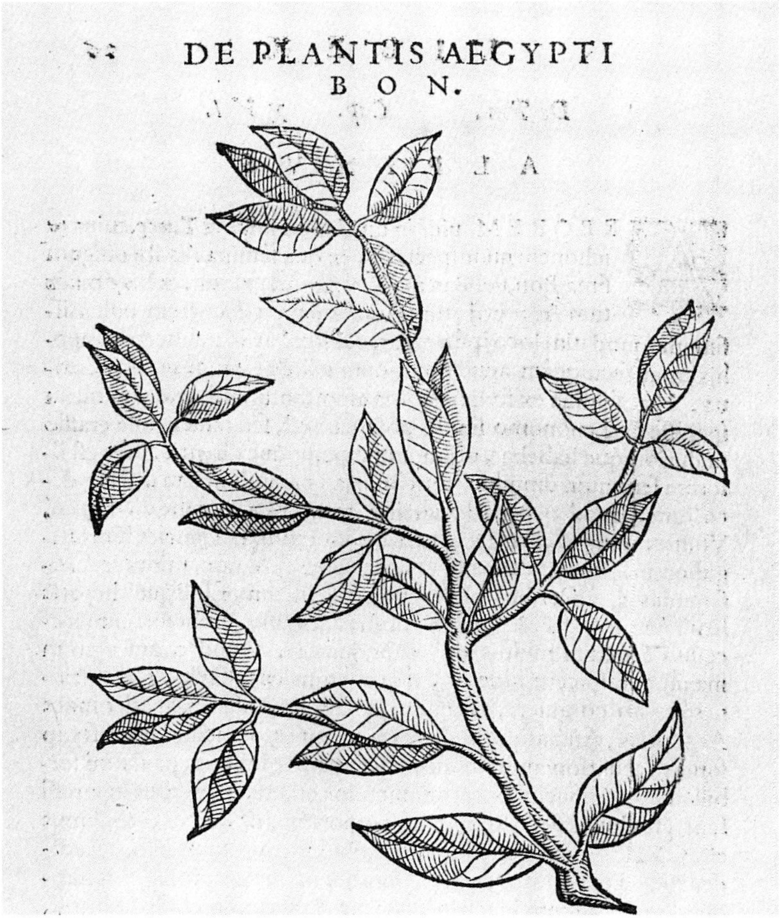

2 *Die erste europäische Darstellung der Kaffeepflanze (1592).*

3 *Das »Caffeegebürge« (Jemen). Ansichten von Bulgose und Hadîe. (Carsten Niebuhr, Reisebeschreibung nach Arabien, Kopenhagen 1774).*

4 Blick aus der Tihāma auf das westliche Küstengebirge des Jemen.

5 *Schwarze Sklavin aus Isfahan serviert Kaffee (Cornelis de Bruyn, 1714).*

6 *Türkisches Kaffeehaus mit Kaffeeküche (Miniatur, 16. Jahrhundert).*

7 *Die erste bekannte Abbildung eines englischen Kaffeehauses (1674).*

8 *Szene in einem englischen Kaffeehaus. Ein Gentleman schüttet seinem Gegenüber eine heiße Tasse Kaffee ins Gesicht, nachdem beide in einer Debatte unterschiedlicher Meinung waren.*

9 *Andrang auf eine der ersten Espresso-Bars im London der 1950er Jahre.*

10 *Erfolgsrezept der Kaffeebar: modernes Design und ansprechende Dekoration im Einklang mit futuristisch anmutenden italienischen Espressomaschinen.*

11
Das Milchweib – und der Kaffee-Sieder (Kupferstich um 1800).

12
Kaffeekannen (17./18. Jahrhundert).

13 *Hansa-Lloyd-Lieferwagen (1930).*

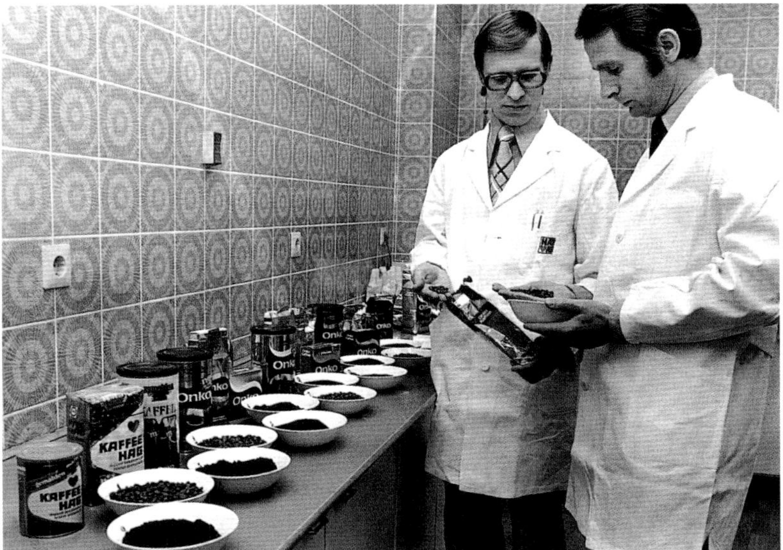

14 *Mitarbeiter in einer Kaffee-Probeküche (1975).*

15
Kaffee-Ersatz-Mischung in der DDR.

16
Sortenvielfalt in den 1980er Jahren.

17 Abkühlung der Kaffeebohnen nach der Röstung.

18 Illustration von Kirsten Reinhold zu Siegfried Lenz, Jütländische Kaffeetafeln.

19 Kaffeebauer des 21. Jahrhunderts in der Provinz Kaffa.

20 Frauen sortieren die getrockneten Kaffeebohnen (Kaffa, um 2000).

dem Abschluß von Versicherungen diente und später zum Inbegriff und Namen des bedeutenden Versicherungsmarktes avancierte. Andere Berufsgruppen, wie beispielsweise die Anwälte, trafen sich im »Hell Coffee House« und Politiker je nach Couleur entweder im »Cocoa Tree« (Tories) oder im »Arthur's« (Whigs).[20]

Kaum hatten sich die Kaffeehäuser in England etabliert und institutionalisiert, avancierten sie selbst zum Gegenstand einer gesellschaftlichen Debatte. Vor allem in der Zeit der Stuart-Restauration erschienen satirische Schriften, wie etwa »A Character of Coffee and Coffee-Houses« aus der Feder des Buchhändlers John Starkey, der sich in höchst ironischer Weise nicht allein mit der Wirkung des Kaffees auf Körper und Geist beschäftigte, sondern auch mit dem in den Häusern angeblich existierenden Prinzip der Egalität: »Es herrscht kein Respekt vor dem Stand der Menschen.« Jeder der hereinkomme, setze sich auf den erstbesten Stuhl, niemandem werde seinem gesellschaftlichen Rang angemessen ein Platz angeboten.[21] Damit spielte Starkey auf den eher demokratischen Charakter der Kaffeehäuser an. So könnten keine Plätze reserviert werden, und niemand dürfe die Gesellschaft des Anderen zurückweisen. Oft bestimmte in der zeitgenössischen Wahrnehmung also eher der Zufall den Gesprächspartner, was den im Kaffeehaus geführten Debatten eine gewisse Spontaneität und Innovationskraft verliehen haben mag.

Ein solcher Eindruck von Egalität spricht auch aus dem Gedicht »The Rules and Orders of the Coffee-House« von Paul Greenwood aus dem Jahre 1674 – ironisch gemeint, aber gleichwohl treffend:

»First, Gentry, Tradesmen, all are welcome hither,
And may without Affront sit Together:
Pre-eminence of Place, none here should Mind,
But take the next fit Seat that he can find ... .«[22]

Ob eine solche Egalität, wie sie sich hier in der Dichtkunst ausdrückt, tatsächlich existierte und mehr als ein Topos war, ist heute nur noch schwer zu rekonstruieren.

Einer der eifrigsten Besucher der frühen Londoner Kaffeehäuser war Samuel Pepys (1633–1703), Staatssekretär im englischen Marineamt, Mitglied des Unterhauses und Präsident der Royal Society. Vor allem erlangte er unter der Nachwelt aber durch seine Tagebücher Berühmtheit, die zwischen 1660 und 1669 minutiös über sein politisches wie privates Leben berichten. Während jenes Jahrzehnts weisen seine Aufzeichnungen insgesamt 99 Kaffeehausbesuche aus; der berühmte Pepys ging also im Durchschnitt beinahe einmal im Monat ins Kaffeehaus. Diese Zahl erscheint an sich nicht sonderlich beeindruckend, spricht aber gleichwohl für ein gewisses Maß an Kontinuität.[23] Seine Besuche wurden im Laufe der Zeit regelmäßiger. Während er in den ersten drei Jahren seiner Tagebuchnotizen eher das traditionelle Wirtshaus frequentierte, änderte er anschließend sein Konsumverhalten deutlich. Zwischen 1663 und 1664 besuchte Pepys teils zwei- oder dreimal wöchentlich das Kaffeehaus, während später seine Besuche wieder seltener wurden. Besonders fühlte er sich dabei von einem Etablissement in der Londoner Exchange Alley angezogen. So saß er hier etwa am 26. Dezember 1663 »in ein gutes Gespräch mit einigen Gentlemen über das Römische Reich« vertieft.[24] In der darauffolgenden Woche ging die Unterhaltung gemeinsam mit Weggefährten von der Royal Society um neueste Innovationen im Bootsbau. Und nur einen Tag später genoß Pepys ein oder zwei Stunden lang im Kaffeehaus den schwarzen Trank, um sich über die Besonderheiten der Glaubensgemeinschaft der Quäker zu informieren. So geht aus seinem Tagebuch auch hervor, daß der universale Politiker und Gelehrte nicht unbedingt des Getränkes wegen das Kaffeehaus aufsuchte, sondern wegen des Publikums und der steten Chance auf einen anregenden Austausch zu Politik, Wirtschaft, Kultur oder Wissenschaft.[25]

Von London aus erreichte das Kaffeehaus bald nicht nur das englische Hinterland, sondern auch die englischen Kolonien in der Neuen Welt. In der Anfangszeit gehörte Boston zu den bedeutendsten Städten im entstehenden englischen Kolonialreich mit besonders engen Kontakten ins Mutterland. Die Stadt zählte um 1670 bereits stolze 7.000 Einwohner. In London hatten die Bostoner Kaufleute schon früh die Institution des Kaffeehauses kennengelernt und trachteten nun danach, eine solche Einrichtung auch in ihrer Heimatstadt zu etablieren. Im Jahre 1679 wurden schließlich vom dortigen Stadtrat tatsächlich zwei Frauen privilegiert, entsprechende Häuser zu gründen, um dort »Coffee & Chuculettoe« anzubieten. Die Lizensierung eines dritten Hauses folgte nur ein Jahr darauf. Erst knappe drei Jahrzehnte später entstand ein Kaffeehaus auch im Herzen Manhattans in der Gegend des heutigen Ground Zero, gegründet vom englischen Auswanderer John Hutchin.[26]

In den Niederlanden wurden in den 1660er Jahren zeitlich parallel mit den ersten Amsterdamer Kaffeeauktionen Kaffeehäuser gegründet. So soll ein Grieche namens Demetrius Christoffel in dieser Zeit ein Haus in Amsterdam etabliert haben. Auch in Den Haag und Leiden existierten um 1670 solche Etablissements. Insgesamt scheint es jedoch, daß die Zahl der niederländischen Kaffeehäuser in dieser frühen Zeit deutlich unter derjenigen in England und Frankreich lag und daß die Niederländer – wie bereits untersucht – das Kaffeetrinken erst im Laufe der Zeit von den Engländern lernten.

Im Heiligen Römischen Reich entwickelte sich die Kaffee-Landkarte seit der zweiten Hälfte des 17. Jahrhunderts in zweierlei Weise: Nach westeuropäischem Vorbild bestanden in den deutschen Hafenstädten im Norden sowie in den Messezentren der Mitte jeweils mehrere Kaffeehäuser gleichzeitig, die einander Konkurrenz machten, möglicherweise aber auch ihre jeweils ganz spezifische Kundschaft bedienten. Auf der anderen Seite standen die fürstlichen Residenzen mit einer einzigen zentralen und multifunktionalen Einrichtung, in der nicht selten auch ein musikalisches Programm angeboten wurde.[27] Allein Wien stellte als kaiserliche Residenz und auf Grund der engen Kontakte in den Orient hinein eine gewisse Ausnahme dar, wie noch zu zeigen sein wird. Insgesamt ist festzustellen, daß sich das Kaffeehaus im Heiligen Römischen Reich im Vergleich zu Westeuropa erst ein Vierteljahrhundert später fest im Lande etablierte. Außerdem stieg dessen Zahl im Laufe des 18. Jahrhunderts wesentlich langsamer an als beispielsweise in England.

In der traditionellen Lehrmeinung haftete den ersten deutschen Kaffeehäusern eine gewisse Provinzialität an. Wolfang Jünger ist der Meinung, sie seien »von einer rein lokalen, mehr oder weniger kleinbürgerlichen Atmosphäre erfüllt« gewesen.[28] Wir mögen uns dieser Ansicht nicht notwendigerweise anschließen; so wird heute stattdessen stärker differenziert und das einfache Etablissement von dem sogenannten »Großen Kaffeehaus« unterschieden. In kleineren Häusern diente die Wohnstube des Wirtes oftmals als Gastraum. Wie bei den traditionellen Wirtshäusern konnten also auch hier private und öffentliche Sphäre einander überlagern. Dem stand mit dem »Großen Kaffeehaus« eine zentrale, luxuriös ausgestattete und aus mehreren monofunktionalen Räumen bestehende Einrichtung gegenüber.

Ein besonderes Merkmal der deutschen Kaffeehäuser bestand auch in der Tatsache, daß sie sich schon bald der Natur öffneten. So erfuhren viele von ihnen eine Erweiterung durch Gartenterrassen; sogenannte Kaffeeschenken entstanden im 18. Jahrhundert in den grünen Vororten, wie etwa die Schenke von Gottfried Zimmermanns Witwe am Grimmaischen Steinweg außerhalb von Leipzig. Eine Verbindung mit der Natur schuf auch der romantische oder bisweilen spektakuläre Blick ins Freie, wie ihn in der zweiten Hälfte des 18. Jahrhunderts etwa das in Dresden direkt an der Elbe gelegene »Schocoladen-Häußgen« bot.[29]

Nur wenige Quellen informieren uns über das Interieur und die Ausstattung der Kaffeehäuser im Heiligen Römischen Reich.

Es ist das Verdienst Christian Hochmuths, daß wir anhand überlieferter Dresdner Nachlaßinventare dennoch recht genau wissen, wie es in den einzelnen Wirtsräumen aussah: Draußen sollten zum Beispiel zwei Schilder, die sich im Nachlaß des 1756 verstorbenen Friedrich Benjamin Williams befanden, die Aufmerksamkeit des Passanten und potentiellen Kunden erregen. Drinnen befanden sich dreißig lederbezogene Stühle, Kaffee- und Spieltische, so etwa auch ein mit Leinwand bezogener, dem Glücksspiel »Pharao« dienender Tisch. Zehn einfache Leuchter sorgten für Licht, und ein kleiner, weißer Schrank diente als Aufbewahrungsort für die beliebten Tabakspfeifen. An Geschirr fanden sich porzellanene Kaffeetassen, Schokoladenbecher, Teller, Tee- und Kaffeekannen – was auf ein breites Angebot an exotischen Getränken, aber auch auf die Möglichkeit zum Tabakkonsum weist. Ferner besaß Williams Zinnlöffel und mit Zinn beschlagene Teekessel. Der vergleichsweise geringe Auktionswert des Besitzes deutet dennoch auf eine gewisse Schlichtheit der Einrichtung hin.[30]

Von jenem offenbar eher einfachen Ambiente hob sich das Haus des 1773 in Dresden verstorbenen Franz Maria Seconda deutlich ab. Seconda unterhielt neben dem eigentlichen Gastbetrieb auch noch ein Handelsgeschäft, in dem sich bei seinem Tod in größerer Menge Tabak, Tee, Schokolade und Wein fanden. Seinen Gästen standen gleich mehrere Wirtsräume zur Verfügung, darunter ein Billardzimmer, in dem sich nach Secondas Tod 18 elfenbeinerne Billardkugeln und anderes kostbares Zubehör fanden. Hier wurde das Kerzenlicht von böhmischem Glas veredelt, und die Wände besaßen Tapeten. Gardinen sorgten in ebensolchem Maße für eine gediegene Atmosphäre wie ein großer Spiegel, stoffbezogene Stühle, gepolsterte Hocker und ein Vitrinenschrank. Neben weiterem luxuriösem Interieur gehörten natürlich auch eine Kaffeemühle und zwei Kaffeetrommeln zu Secondas Besitz.[31]

Durch die engen Handelsverbindungen Londons mit dem norddeutschen Raum verwundert es nicht, daß das Kaffeehaus jedoch zunächst in den dortigen Handelsstädten kopiert wurde. Das erste Bremer Kaffeehaus entstand bereits im Jahre 1673. Vor allem aber Hamburg, das damals bedeutendste Wirtschaftszentrum im nordischen Raum, spielte in dieser Hinsicht eine Vorreiterolle. Das erste Hamburger Kaffeehaus wurde im Jahre 1677 von einem Engländer gegründet. So berichtet eine zeitgenössische Quelle:

> »Um diese Zeit kam ein Englisch Mann in Hamburg und fing an Thee wie auch Coffee zu schenken, diesem folgte ein Holländer: darauf denn das Thee und Coffee trinken sehr gemein geworden, dass jedermann, der es nur bezahlen können, es zu trinken angefangen und nunmehr eine Veranlassung worden ist vieler Zusammenkünfte. ... particular Bürger, Gelehrte ... trancken dess Morgendes darin einander lustig zu.«[32]

Dieser kurze Text beschreibt den charakteristischen räumlichen und sozialen Verbreitungsgang des Kaffees: Aus einer Gegend, in der der Kaffeegenuß bereits fest etabliert war (in unserem Falle England) ließ sich ein Unternehmer nieder und machte den Kaffee wie vielleicht auch andere exotische Getränke durch ambulanten Verkauf oder die Gründung eines Kaffeehauses bekannt. Von dort aus verbreitete sich die Kenntnis um dieses Luxusgut, welches schon bald im Rufe stand, dem Connaisseur gesellschaftliche Reputation zu vermitteln. Schließlich etablierte sich das Kaffeehaus im Rahmen eines Demokratisierungsprozesses zu einem Ort der Kommunikation und des Austausches unterschiedlicher gesellschaftlicher Schichten.

Wolfgang Nahrstedt sieht in dem Aufkommen des Hamburger Kaffeehauses zudem den Beginn des sich allmählich herauskristallisierenden Gegensatzes zwischen Arbeit und Freizeit. Der Kaufmann verbrachte die meiste Zeit des Tages im Kontor, während er in den Pausen das Kaffeehaus aufsuchte, die ihm hier zur Verfügung stehende Zeit zum Gedankenaustausch und zur Information nutzte oder die Pause ganz allein mit Genuß und Spiel verbrachte. Aber auch die Anfänge des Nachtlebens – da das abendlich eingenommene Koffein den Konsumenten am Schlafen hinderte – sind hier zu verorten. Das Kaffeehaus gerierte sich also gleichsam als Vorläufer der Reeperbahn.[33]

Um 1700 existierten in Hamburg sechs Häuser, eines davon an der Trostbrücke in unmittelbarer Nähe zur Börse. Hier lagen, wie die Quellen berichten, niederländische wie deutschsprachige Zeitungen und Zeitschriften zur Lektüre aus.[34] Deutlich langsamer als in London stieg die Zahl der Häuser im 18. Jahrhundert. So bestanden 1780 in Hamburg erst 15 Kaffeehäuser und 1810 insgesamt 32.

Neben Hamburg zählte auch Leipzig zu den Handelsplätzen, in denen schon früh im öffentlichen Raum Kaffee ausgeschenkt wurde. Leipzig stellte einen wichtigen Handelsknoten und Messeplatz dar und war schon seit langem ein Ort von beträchtlicher Internationalität, als hier im Jahre 1694 der Hofchocolatier Johann Lehmann ein erstes, heute noch existierendes Haus mit dem bezeichnenden Namen »Zum arabischen Coffeebaum« gründete. Nicht nur Kaufleute goutierten hier das exotische Getränk, sondern selbst der Landesherr August der Starke soll gelegentlich mit Freude dort eingekehrt sein. Dieser stiftete schließlich auch das bekannte, am Haus angebrachte Relief, welches den kaffeetrinkenden Sultan Mohammed IV. zeigt.[35] Im Jahre 1700 gab es in Leipzig fünf, zwanzig Jahre später sieben Kaffeehäuser.[36]

Trotz aller Berühmtheit wurden die Leipziger Kaffeehäuser wie anderenorts vielfach auch von Beginn an zum Ziel disziplinierender obrigkeitlicher Eingriffe. Ganz wie dereinst im Orient selbst, haftete diesen Einrichtungen nämlich der Ruf einer gewissen Morallosigkeit, Freizügigkeit und zu starker egalitärer Tendenzen an. Vor allem wurde auch in Leipzig befürchtet, die dort ein- und ausgehenden »Frauenzimmer« würden in deren

Räumlichkeiten zu anderen Hantierungen als allein zum Kaffeetrinken verkehren. Ulle Heise weist zu Recht darauf hin, daß es problematisch ist, bei der Kaffeehaus-Prostitution zwischen Realität, rufschädigendem Verdacht und Klischee zu trennen.[37] Immerhin deuten die in Leipzig in regelmäßigen Abständen wiederholten obrigkeitlichen Verordnungen an, daß wir es höchstwahrscheinlich doch mit einem realen Problem zu tun haben. Bisweilen überlagerten sich tatsächlich auch der Servierdienst am Tisch und die Prostitution, und zu Beginn des 18. Jahrhunderts kam in diesem Kontext der Begriff der »Coffee-Menscher« auf, als Bezeichnung für »verdächtige und liederliche Weibes-Bilder, so in denen Caffee-Häusern das anwesende Mannsvolck bedienen und ihm alle willige Dienste bezeugen.«[38]

Schon 1697 reagierte die Leipziger Obrigkeit mit einer Kaffeehausverordnung, die unter anderem die dort betriebene Unzucht unter Strafe stellte. Daß offenbar auch Universitätsangehörige von jenem Laster betroffen waren, belegt die Tatsache, daß nur wenige Tage später der Rektor der Leipziger Universität nochmals die Studenten ausdrücklich vor dem Kontakt »mit den unzüchtigen Weibspersonen ernstlich« warnte.[39] Ein dreiviertel Jahr später wurde in sämtlichen Leipziger Kaffeehäusern eine Razzia durchgeführt, die für viele der dort aufgegriffenen jüngeren Frauen mit Haft und Auspeitschung endete. Einige von ihnen wurden – entwürdigend mit Kot und Urin übergossen – gar aus der Stadt gejagt. Seitdem war allen Frauen und Mädchen der Zutritt zu den Kaffeehäusern untersagt, gleich, ob es sich bei ihnen um Kaffeetrinkerinnen, Prostituierte, um Köchinnen oder Serviererinnen handelte: Ein Verbot, das sich in der Praxis nur schwerlich durchsetzen ließ.[40]

Die Verordnung von 1697 wurde entsprechend nochmals 1701, 1704 und 1711 veröffentlicht. Und auch 1718 wurden den Frauen wiederum der Zutritt untersagt und Spiele – mit Ausnahme des Billard – ganz verboten. Für die Einhaltung dieser Anordnungen machte man nun die Besitzer persönlich haftbar, die fortan bei Übertretungen mit drakonischen Geldstrafen oder gar mit der Schließung ihres Lokals zu rechnen hatten. Dieses disziplinarische Eingreifen führte letztlich aber auch dazu, daß sich der anfangs schlechte Ruf der Leipziger Kaffeehäuser bald ins positive Gegenteil verkehrte.[41]

In der zweiten Hälfte des 18. Jahrhunderts stieg das vom Leipziger Weinhändler Richter gegründete, in einem repräsentativen Bürgerhaus in der Katharinenstraße gelegene »Richters Kaffeehaus« zur ersten Adresse der Stadt auf. Dieses Etablissement erlangte trotz geltender Spielverbote aber auch als berüchtigte Spielstätte Reputation, in der der Hasardeur schon einmal ein ganzes Vermögen verlieren konnte. Daneben wurde hier debattiert, sogar »über allerlei Staatssachen«, nicht selten durch Zelebritäten wie Gottsched oder Schiller. Besonders letztgenannter wußte die Vorzüge des Hauses sehr zu schätzen, »wo ich immer die halbe Welt Leipzigs zusammenfinde und meine Bekanntschaft mit Einheimischen und Fremden erweitere.«[42]

Für die benachbarte Residenzstadt Dresden wird die Existenz von Kaffeehäusern in der Anfangszeit erst anhand obrigkeitlicher Verordnungen sichtbar. Ohne daß im einzelnen ein Gründungsjahr überliefert ist, liegt uns für 1711 eine Verordnung der Stadt vor, die das Spielen in den örtlichen Häusern verbot. Sechs Jahre später zählte man in Dresden dann aber bereits zehn Kaffeehäuser mit einem räumlichen Schwerpunkt um die Schloßgasse und am Neumarkt. In der Zeit des Österreichischen Erbfolgekrieges sank deren offizielle Zahl auf sieben ab, um bis 1784 wieder auf elf anzusteigen.[43]

In der Kaiserstadt Wien ging die Etablierung des Kaffeehauses von den direkten Kontakten zwischen dem Heiligen Römischen Reich und den Osmanen aus. Wien war der Sitz des kaiserlichen Hofes und vieler Reichsbehörden; und schon vor dem Türkenkrieg 1683 besaß die Stadt eine Einwohnerzahl von etwa 50.000, die sich bis 1700 innerhalb kürzester Zeit verdoppelte. Eine kluge Steuerpolitik sorgte dafür, daß in diesen Jahren nicht nur Menschen aus den Habsburgischen Erblanden in die aufstrebende Donaumetropole zogen, sondern auch aus Böhmen, Ungarn und dem Balkan. Ebenso zog es aber auch Zuwanderer aus Süddeutschland, dem Elsaß und Lothringen nach Wien. Nach den Türkenkriegen erlebte die Habsburgermetropole einen unvergleichlichen Aufstieg zur barocken Stadt, in der berühmte Baumeister wie Johann Bernhard Fischer von Erlach (1656–1723), dessen Sohn Josef Emanuel (1693–1742) oder Johann Lukas von Hildebrandt (1668–1745) ihre architektonischen Spuren hinterließen.[44] In dieses multikulturelle Klima und in diese Aufbruchstimmung fügte sich auch der Kaffee trefflich.

Die landläufige Überlieferung besagt nicht ganz zutreffend, daß die Österreicher erst 1683 mit dem belebenden Getränk in Kontakt gekommen sein sollen. Nachdem die Hohe Pforte zwei Jahre zuvor mit den Russen Frieden geschlossen und sich des politischen Rückhalts Frankreichs sowie der militärischen Unterstützung des ungarischen Magnaten Graf Imre Tököly versichert hatte, wandten die Osmanen ihre ganze Kampfkraft gegen die Habsburger. Denn am Hofe des Sultans dürfte nicht unbemerkt geblieben sein, daß das katholische Österreich regelrechte Kreuzzugspläne gegen die Osmanen hegte. Um diesen zuvorzukommen, erklärten die Osmanen Ende März 1683 den Habsburgern den Krieg. Schon im Juli desselben Jahres trafen in Wien erste Schreckensmeldungen über die sich unaufhaltsam der Stadt nähernden Truppen der »Ungläubigen« ein. Noch im selben Monat setzte dann die Belagerung der Stadt ein. Schon zuvor hatte der Kaiser Wien verlassen, die sich nun unter dem Kommando des Grafen Starhemberg auf Belagerung, Hunger und Seuchen einzustellen hatte. Eine besondere Gefahr sollte schließlich der Minenkrieg bilden. Denn die Osmanen stellten schon bald ihr geradezu meisterhaftes Können unter Beweis, Stollen tief unter die Mauern des Wiener Festungsrings zu graben. Durch diese sprengten sie Öffnungen in die Stadt hinein, aus denen die muslimischen Kämpfer meist nur mit Mühe wieder zu vertreiben waren. Die Rettung gleichsam in letzter Minute brachte ein christliches Entsatzheer unter dem polnischen König Jan Sobieski; nach etwa sechsstündiger offener Schlacht am 12. September entschlossen sich die Osmanen schließlich zum Rückzug, allerdings nicht ohne 85.000 Gefangene mit sich zu führen, darunter auch an die 14.000 Mädchen im heiratsfähigen Alter, die in der Türkei so manchen Harem bereichert haben dürften.[45]

Unter den Menschen im belagerten Wien befand sich auch ein Pole namens Franz Georg Kolschitzky.[46] Dieser war zuvor als Abenteurer im Osmanischen Reich umhergereist, hatte sich als Dolmetscher in mehreren Städten des Orients verdingt und war schließlich nach Wien gelangt. Seine Sprachkenntnisse prädestinierten ihn geradezu für den Kundschafterdienst im Lager der Osmanen. In orientalischer Tracht soll sich Kolschitzky gemeinsam mit einem Gefährten Mitte August 1683 unerkannt bei den Osmanen umgesehen haben. Durch die feindlichen Linien gelangte er schließlich sogar in das außerhalb der Stadt gelegene Lager des Herzogs von Lothringen. Anschließend kehrte er mit wertvollen Informationen heimlich wieder nach Wien zurück.

Nach dem Rückzug der muslimischen Truppen wurde Kolschitzky von den Wienern für seine Dienste reich entlohnt. Neben Geld und einem Grundstück in der Leopoldstadt erhielt er das Wiener Bürgerrecht sowie einen Freibrief für die Ausübung eines Gewerbes seiner Wahl. Nach einem weiteren Wunsch gefragt, verlangte Kolschitzky in ostentativer Bescheidenheit lediglich mehrere Säcke angeblichen Kamelfutters. Was offenbar nur der Pole wußte: In den von den Osmanen zurückgelassenen Säcken befand sich in Wirklichkeit kein Futter, sondern die für damalige Verhältnisse beachtliche Menge von etwa 500 Pfund gerösteten Kaffeebohnen. Diese stellten geradezu ein Vermögen dar und bildeten das Kapital für die Eröffnung von Kolschitzkys erstem Wiener Kaffeehaus in der Domgasse 6, dem er den Namen »Zur blauen Flasche« gab. Anfangs schien sich sein Kaffee nicht besonders großer Beliebtheit erfreut zu haben; doch als er das bittere Getränk mit Milch milder machte und mit Zucker versüßte, fand es unter den Wienern wachsenden Anklang.[47]

Bis heute gilt Georg Franz Kolschitzky als der Begründer der berühmten Wiener Kaffeehaustradition, die immer noch einen geradezu legendären Ruf genießt. Ob die Geschichte nicht zumindest teilweise in das Reich der Legende zu verweisen ist, mag dahingestellt bleiben. Denn schon seit den 1660er Jahren gingen in Wien die Einfuhr der Kaffeebohnen und der Verkauf des fertigen Getränks Hand in Hand. So waren es meist dieselben Unternehmer, die den Kaffee importierten und das zubereitete Getränk dann in ihren eigenen Häusern ausschenkten. Dieses Geschäft scheint sich in den Anfangsjahren in den Händen armenischer Kaufleute befunden zu haben, unter anderem in den der beiden Unternehmer Johannes Diodato und Isaak de Luca. De Luca hatte in eine vornehme Wiener Bürgerfamilie eingeheiratet und besaß zeitweise das Exklusivrecht, Kaffee, Schokolade und Tee nach Wien einzuführen. Diodato war zur römisch-katholischen Kirche konvertiert und hatte daraufhin ebenfalls das Privileg erhalten, in Wien Waren aus dem Osmanischen Reich zu vertreiben. Am 17. Juni 1685 erhielt letzterer offiziell das Recht, ein Kaffeehaus zu gründen, obwohl ein solches bereits schon vor der Belagerung existiert haben mag. Seine engen Verbindungen in das Osmanische Reich zogen ihm aber schließlich den Verdacht der Spionage zu. Im wahrsten Sinne des Wortes bei Nacht und Nebel mußte Diodato schließlich fliehen, wobei es ihm gelang, sich nach Venedig abzusetzen. In Wien zurück blieb seine Frau, die das von ihm gegründete Kaffeehaus weiter betrieb.[48]

Einige Zeit nach Diodato (vielleicht ebenfalls vor 1683) gründete ein Grieche eine weitere Kaffeesiederei. Und seit 1697 stellte die städtische Obrigkeit Wiens weitere Privilegienbriefe zum Betreiben von Kaffeehäusern aus. Glauben wir den Quellen, wurden diese seit jener Zeit dann fast ausschließlich Deutschen ausgehändigt, worauf Namen wie Steidenberger, Bletter, Kraus und Kornberg deuten.[49] Die frühen Wiener Häuser machten mit vor den Eingängen brennenden kleinen Feuern in auffälliger Weise die potentielle Kundschaft auf sich aufmerksam.[50] Neben dem Ausschank von Kaffee waren jene von Beginn an auch berechtigt, andere Getränke, wie etwa Schokolade, anzubieten und etablierten auf diese Weise ein breites, wettbewerbsfähiges Angebot.[51]

Ähnlich den anderen Städten im Heiligen Römischen Reich wuchs auch die Zahl der Wiener Kaffeehäuser anfangs nicht so schnell wie die in London. Um 1700 gab es in der Stadt erst vier privilegierte Häuser, die schon bald in Konkurrenz zu den traditionellen »Wassersiedern« mit ihrem Angebot an Likören und anderen alkoholischen Getränken standen. Erst der Zusammenschluß der Konkurrenten zu einer Innung der Kaffee- und Wassersieder – die als Wappenfigur bezeichnenderweise einen Türken wählte – beendete einen teils ruinösen Wettbewerb. Um 1730 bestanden in der Stadt schließlich etwa 30 Kaffeehäuser.

Während die deutschen Seestädte und Messeorte durch ihre engen Kontakte mit Westeuropa sowie Wien auf Grund der teils gefährlichen Nähe zum Osmanischen Reich schon früh Bekanntschaft mit der Institution des Kaffeehauses machten, verbreitete sich diese in den übrigen Städten des Heiligen Römischen Reiches erst allmählich. Besonders prädestiniert waren die landesherrlichen Residenzen, die in ihrer Prachtentfaltung den Kaiserhof durch ein großes Aufgebot an Luxus und verschwenderisches Konsumverhalten zu imitieren trachteten. Zu den berühmtesten Kaffeehäusern in den Residenzstädten des Reiches zählte das 1714 von Franz Heinrich Wegener in Braunschweig gegründete, landesherrlich privilegierte Große Kaffeehaus. Der geschäftliche Erfolg dieses Betriebes äußerte sich nicht nur in der mehrmaligen Erweiterung des Privilegs, sondern auch in der beträchtlichen Ausdehnung des Angebotes im Laufe der Zeit. So gehörten schließlich nicht nur ein Ballhaus mit regelmäßigen Theater- und Musikaufführungen dazu, sondern auch ein breites Angebot an Zeitungslektüre sowie die Möglichkeit zum Billardspiel und zum Kegeln. In späterer Zeit zählte auch ein illuminierter Kaffeegarten zu den Attraktionen. Da in den landesherrlichen Residenzen noch weniger als in den großen Metropolen der freie Markt als vielmehr die Ausstellung von Privilegien die Herausbildung einer Kaffeehauslandschaft bestimmte, hatte das Große Kaffeehaus in Braunschweig mehr als ein halbes Jahrhundert lang keine Konkurrenz zu fürchten.[52] Auch in anderen Orten tauchten zunehmend Kaffeehäuser auf. Selbst in die kleine Stadt Göttingen, die damals noch nicht über eine Universität verfügte, zog schon im Jahre 1690 das Kaffeehaus ein, gegründet und betrieben vom dortigen Ratsapotheker. Und 1741 äußerte sich Johann Samuel Heinsius, es gebe Kaffeehäuser im Heiligen Römischen Reich »fast in allen großen ansehnlichen Städten«.[53]

Noch vor der Mitte des 18. Jahrhunderts war der öffentliche Genuß des schwarzen Tranks im Heiligen Römischen Reich aber keine ausschließliche Domäne der Kaffeehäuser mehr. Denn Kaffee war auch in den gewöhnlichen Gasthäusern in den Städten sowie auf dem platten Land zu haben. Als der Stralsunder Student Johann Christian Müller etwa um 1740 in Damenbegleitung einen sächsischen Landgasthof aufsuchte, gehörte der Kaffee hier praktisch schon zum Begrüßungsritual:

»So bald nur unser Wagen vor diesem Wirthshause stille hielte, kamen 2 Hauß Knechte, gantz weiß gekleidet, mit kleinen weißen Schürtzen, ihre weißen Mützen in der Hand haltend, heraus an den Wagen springen, eilten denselben aufzumachen, hoben uns heraus, fragten: was die Herren ein eigen Zimmer, ob sie Caffé, Thee, Chocolade oder sonst etwas beliebten. Wir ließen uns ordentlich das Zimmer zwischen der Billard Stube und den Tantz-Saal anweisen. Kurtz darauf kam eines von den benanten Frauen Zimmer, ließ den Caffé vor sich auftragen, schenkte ihn ein, und unterhielte das Gespräch. Nach dem Caffé machten wir einige Partheien bei dem Billiard, …«.[54]

Wie die Quelle belegt, gehörte der Kaffee um die Mitte des 18. Jahrhunderts selbst in den hintersten Winkeln des Heiligen Römischen Reiches zum Standardangebot.

Die Zeiten wandelten sich aber nicht allein in Hinblick auf die einfachen Landgasthöfe, sondern auch im Bereich des oberen Marktsegments. Hier war vor allem das Pariser »Procope« tonangebend, in dem schon früh edles Interieur wie Marmortische oder kostbare Spiegel das Bild geprägt hatten. Dieser Luxus wurde seit dem Ende der Napoleonischen Kriege allenthalben kopiert und avancierte schließlich zur Standardausstattung gehobener städtischer Kaffeehauskultur. In Wien machte man außerdem die Not zur Tugend: In der Zeit der Kontinentalsperre war zeitweise kein Kaffee auf dem Markt zu haben. Um sich dennoch über Wasser halten zu können, boten die Kaffeehausbesitzer statt des Kaffees warme Speisen und Gebäck an. Dieses Beispiel machte Schule, und bald schon entstand eine fruchtbare wie kalorienreiche Liaison zwischen Kaffee, Zucker- und Konditorwerk. Die Geburtsstunde des klassischen Wiener Kaffeehauses, wie wir es auch heute noch kennen, hatte geschlagen.

Auch immer mehr Hotels diversifizierten ihr Angebot. Neben dem eigentlichen Restaurant unterhielten viele der gehobenen Häuser nun auch ein eigenes Café. Das galt umso mehr für die Grand-Hotels, die in vielen europäischen Städten und in den entstehenden Touristenorten im Zeitalter von Eisenbahn und Dampfschiff allenthalben aus dem Boden wuchsen. Zwei Jahrhunderte nach der Einführung des Kaffeehauses in Europa war nicht mehr viel geblieben von den lauten, vollen Spelunken, in denen die käufliche Liebe blühte. Stattdessen war das Café zu einem festen Bestandteil gehobener bürgerlicher Lebenskultur der Belle Epoque avanciert.

VIII. Kaffee und koloniale Expansion

Rohkaffee war schon lange Zeit über das Osmanische Reich und die Levante auf den europäischen Kontinent gelangt, ehe er seit der Mitte des 17. Jahrhunderts in immer größerem Umfange direkt um das Kap der Guten Hoffnung herum nach England, in die Niederlande, nach Frankreich, Dänemark oder in andere Länder verschifft wurde. Träger dieses neuen Handelsstroms waren die nordwesteuropäischen Handelskompanien. Während der europäische Asienhandel des 16. Jahrhunderts noch fest in den Händen der Portugiesen gelegen hatte, die mit ihrem »Estado da India« über ein komplexes Handelsnetzwerk am Indischen Ozean verfügten, dominierten im 17. Jahrhundert die Niederländer und im 18. Jahrhundert die Briten den Austausch mit dem Orient. Der Niedergang des »Estado da India« wurde durch die Tatsache begünstigt, daß es sich bei dem portugiesischen Asienhandel um ein rein königliches Unternehmen handelte, das Königshaus aber bisweilen knapp bei Kasse und entsprechend auf Darlehen oberdeutscher Handelshäuser angewiesen war. Im Gegensatz dazu stellten die Handelskompanien, die sich seit 1600 in London, Amsterdam, Kopenhagen oder anderenorts gründeten, die ersten modernen Aktiengesellschaften dar. Gerade in den Niederlanden lebten kapitalkräftige Unternehmer, die gewinnversprechende Investitionsmöglichkeiten suchten, wie sie der Asienhandel bot. Innerhalb kurzer Zeit akkumulierte die im Jahre 1602 gegründete niederländische »Verenigde Oost-Indische Compagie« (VOC) ein großes Kapital, mit dem sie zahlreiche Schiffe ausrüsten und zu profitablen Handelsfahrten auf den Indischen Ozean schicken konnte. Die Anfangszeit galt vor allem dem Erwerb von Gewürzen, hauptsächlich von Pfeffer, aber auch von Muskat und Nelken aus der indonesischen Inselwelt. Ceylon, das im 17. Jahrhundert unter niederländischen Einfluß geriet, lieferte Zimt. Erst gegen Ende des Jahrhunderts führten neue Modetrends in Europa zu einer wachsenden Nachfrage auch nach Baumwoll- und Seidentuchen, die größtenteils vom indischen Subkontinent stammten. Auf Textilien gründete sich schließlich auch der Beginn der britischen Territorialherrschaft in Südasien. Ebenso avancierte der Tee- und Porzellanhandel mit China seit dem 18. Jahrhundert für die Europäer zu einem gewinnträchtigen Unternehmen.[1]

Die Anbau- und Produktionsgebiete der in Europa nachgefragten Waren aus dem Orient erstreckten sich über einen weiten geographischen Raum von der Arabischen Halbinsel bis nach China. Die Handelskompanien gründeten entsprechend koloniale Städte, wie etwa das britische Madras, Bombay oder Kalkutta, oder das niederländische Batavia (das heutige Jakarta), von wo aus sie intra-asiatische Handelsfahrten in die entlegensten Winkel des Indischen Ozeans unternahmen. Dort entstanden kleine Handelsniederlassungen, die sogenannten Faktoreien, die oft nicht mehr darstellten als umfriedete Grundstücke mit Pack-, Kontor- und Wohnhäusern, errichtet meist auf von einheimischen Fürsten gepachtetem Land.

In der ersten Hälfte des 17. Jahrhunderts gelangte in zunehmendem Maße auch der Kaffee in das Blickfeld der europäischen Handelskompanien. Schon lange vor der eigentlichen Blüte des europäisch-arabischen Kaffeehandels um 1720 zeigten sich die Agenten der Handelskompanien am Indischen Ozean recht gut über jenes Produkt informiert. Insbesondere wurde erkannt, daß das zunehmend in Europa interessante Gut vor allem in der südjemenitischen Hafenstadt Mokka zu haben war. So berichtet 1627 der Agent der englischen Ostindienkompanie im persischen Isfahan, William Burt: »Die Samen und die Schalen, die sich beide zur Zubereitung des Kaffees eignen, sind nur in Mokka zu bekommen, auch wenn jener ebenso in der Türkei, in anderen Teilen Arabiens, in Persien wie auch in Indien getrunken wird.«[2] Ganz zutreffend ist diese Einschätzung nicht, da der Kaffee auch in den jemenitischen Hafenstädten von al-Hudaydah und al-Luhayyah angeboten wurde; die besondere geographische Lage prädestinierte aber vor allem Mokka für den Warenaustausch mit anderen Regionen am Indischen Ozean und mit Europa.

Traditionell war Mokka schon vor der Ankunft der Europäer das Ziel von Handelsfahrten aus dem gesamten Bereich des Indischen Ozeans und aus dem Persischen Golf. Vor allem die indische Westküste stellte einen wichtigen Handelspartner dar. Alljährlich kamen zahlreiche Schiffe aus Häfen wie Surat, Cambay, Diu und von der Malabarküste.[3] Auf der Reede vor der Stadt waren aber auch Fahrzeuge von der gegenüberliegenden abessinischen Küste, aus Ägypten, Nordwestafrika, von der Insel Socotra, aus dem omanischen Muscat und vom Persischen Golf zu finden – und später natürlich auch europäische Schiffe, die entweder direkt aus Europa kamen oder aber von Indien oder Java aus den Jemen angesteuert hatten. So erfuhr der uns bereits bekannte John Ovington während seines kurzen Besuches in der Stadt gegen Ende des 17. Jahrhunderts von Engländern, Niederländern, Franzosen und Dänen, die regelmäßig Mokka aufsuchten.[4]

Einige Jahrzehnte, bevor der Kaffee auf den Schiffen der Handelskompanien schließlich um das Kap der Guten Hoffnung nach Europa gelangte, beteiligten sich auch die Europäer am Export dieses Gutes im Rahmen des intra-asiatischen Handels. Schon 1602 erwarben beispielsweise die Niederländer in Mokka 40 Ballen Kaffee, die aber offenbar niemals in die Heimat gelangten, sondern die innerhalb Asiens verkauft wurden. Und um die Mitte des 17. Jahrhunderts war die VOC dann an der

Ausfuhr von Kaffee nach Calicut, an die indische Nordwestküste und nach Persien engagiert. Schon in dieser Zeit wurde auch in der niederländischen, auf der Insel Java gelegenen, Kolonialmetropole Batavia ein beträchtlicher Konsum dieses Getränks verzeichnet, obwohl die Pflanze selbst hier erst später heimisch wurde.[6]

Es war vor allem die englische »East India Company«, die etwa seit der Mitte des 17. Jahrhunderts dann schließlich doch arabische Bohnen indirekt nach London transportierte, wo diese auf den vierteljährlichen Kompanieauktionen versteigert wurden. Dabei wurde der Kaffee in der Anfangszeit von den Engländern hauptsächlich im indischen Surat erworben, der von Asiaten oder Europäern im Rahmen des intra-asiatischen Handels dorthin transportiert worden war. Jener indirekte Handel über Surat hatte den Vorteil, daß die »East India Company« anfangs kein zusätzliches Kapital durch den dauerhaften Besitz und die Unterhaltung einer Handelsniederlassung in Mokka binden mußte. Andererseits war man aber in großem Maße von den Lieferungen einheimischer Kaufleute abhängig, die vom monsunalen Windsystem vorgegeben und stark saisonal geprägt waren, was immer wieder zu erheblichen Preisschwankungen führte.

Der frühe Kaffeehandel lohnte sich für die europäischen Handelskompanien auf zweierlei Weise: Zum einen lockten in Zeiten großer Nachfrage, aber eines nur geringen Angebotes große Gewinne auf den Auktionen daheim. Es kam entsprechend gerade beim Kaffee darauf an, die Ware zum rechten Zeitpunkt und in richtiger Menge auf den Markt zu bringen. Zum anderen stellte der Kaffee ebenso wie auch chinesisches Porzellan einen geeigneten Ballast für die Segelschiffe dar – in jedem Falle ein gewinnversprechenderer Ballast als etwa der Transport von Steinen.

Mit wachsendem kommerziellem Austausch wurde für die Europäer eine dauerhafte Niederlassung in Mokka wichtig. Nur durch die kontinuierliche Präsenz war es möglich, rechtzeitig vor Beginn der von den Monsunwinden bestimmten Handelssaison durch Verhandlungen mit einheimischen Kaufleuten und der örtlichen Obrigkeit ausreichende Partien des begehrten Kaffees zu kontraktieren. Allerdings erwies es sich auf Grund der Willkür und Korruption seitens der lokalen Machthaber in der Regel als außerordentlich problematisch, auf Dauer eine Faktorei in Mokka zu errichten und zu unterhalten. Erste englische und niederländische Niederlassungen existierten in Mokka entsprechend nur kurzzeitig. Um 1680 bestand sogar ein dänischer Handelsstützpunkt in der Stadt, dem aber auch nur ein kurzes Leben beschieden war. Bei den Faktoreien in Mokka, die von den Europäern meist nur angemietet wurden, handelte es sich um landestypische Bauten – Flachdachhäuser mit einem Innenhof. Die Lagerräume befanden sich im Erdgeschoß.

Im Jahre 1682 sandte die »East India Company« erstmals ein Schiff direkt von England aus nach Mokka. Ein umfangreicherer direkter Handel mit dem Mutterland konnte aber erst mit dem Beginn des 18. Jahrhunderts begründet werden. Da die kurzlebige englische Faktorei in dieser Zeit nicht mehr existierte, mußten die leitenden Kaufleute – die sogenannten Supercargos – praktisch von der Bordkante aus Handel treiben. Für ihre Mühen wurden jene aber mit fürstlichen Provisionen entlohnt, die für die Kompanie insgesamt nur wenig günstiger gewesen sein dürften als der Unterhalt einer eigenen Faktorei und die an die lokalen Behörden zu zahlenden Schmiergelder. Auch wenn der Kaffee für die englische Handelsgesellschaft zunehmend an Attraktivität gewann, war eine solche Vorgehensweise ineffizient und teuer. Entsprechend wurden schon zu Beginn des 18. Jahrhunderts Debatten geführt, den interkontinentalen Handel zwischen Mokka und London wieder abzuschaffen und stattdessen einen indirekten Austausch über die aufstrebende anglo-indische Metropole Bombay zu stärken. Das Ergebnis bestand letztlich in einem dualen System, bei dem die »East India Company« sowohl auf direkte Handelsfahrten zwischen Mokka und London als auch auf den Zwischenhandel über Bombay setzte.

Im Jahre 1715 wurde dann erneut der Versuch unternommen, eine englische Faktorei in Mokka zu gründen, die allerdings schon elf Jahre später in Anbetracht innerer Unruhen im Jemen wieder aufgelöst wurde. Dieser Rückschlag beendete zwar nicht den direkten Austausch mit London, begünstigte aber zweifellos den privaten Handel zwischen Mokka und Bombay, der in den 1760er Jahren den größten Teil des britischen Kaffeehandels ausmachte. In jener Zeit sicherte die »East India Company« allein eine saisonale Präsenz im Jemen. So hielt sich während der Handelssaison von Bombay aus ein Kompaniekaufmann in Mokka auf, um sich dort um den Ankauf des begehrten Kaffees zu kümmern. In der übrigen Zeit des Jahres wurde die britische Präsenz von indischen Banian-Kaufleuten gewährleistet.[7]

Ähnlich wie in Indien und anderenorts in Asien auch, konkurrierten die Interessen der Kompanie in der Regel mit den privaten Begehrlichkeiten ihrer Bediensteten vor Ort. Diese machten sich oftmals Preisschwankungen zunutze, um Kaffee in den jemenitischen Umschlagplätzen günstig privat zu erwerben und diesen dann teuer an die »East India Company« weiterzuverkaufen. Von einem besonders schweren Fall berichten die Kompanieakten aus dem Jahre 1726. Der britische Kompaniekaufmann Robert Cowan hatte zu Beginn der Kaffeesaison in Beit al-Fakih eine große Menge Kaffee zu einem niedrigen Preis erworben, der Kompanie gegenüber aber mit krimineller Energie eine wesentlich höhere Summe berechnet. In demselben Jahr gelang es den übrigen englischen Kompaniekaufleuten darüber hinaus so gut wie nicht, auf eigene Rechnung Kaffee zu erwerben – was darauf hindeutet, daß Cowan zudem unlautere Absprachen mit den einheimischen Kaufleuten getroffen hatte.[8]

Solche Unregelmäßigkeiten sowie das stets schwankende Angebot an Kaffee in Mokka, aber auch die wachsende Nachfrage nach dem Getränk daheim, machten sich auch bei der

Preisentwicklung bemerkbar. Der indische Historiker K. N. Chaudhuri hat in den 1970er Jahren anhand der Akten aus dem Archiv der englischen Ostindienkompanie die Preisentwicklung des Kaffees auf dem Londoner Auktionsmarkt untersucht und dabei eine sehr große Schwankungsbreite festgestellt: Wie zu erwarten, waren vor allem in Zeiten großer Nachfrage die Preise hoch. Gerade die Phase nach dem Ende der Cromwell-Herrschaft brachte einen deutlich steigenden Bedarf an Kaffee auf dem englischen Markt mit sich. Während die »East India Company« im Jahre 1664 nur 20.390 kg Kaffee einführte, war die Menge nur acht Jahre später auf 55.984 kg angestiegen.[9] Diese Steigerung wurde zweifellos durch eine kluge Außenhandelspolitik des Imams von Sanaa unterstützt, der, wie bereits erwähnt, in Mokka von den Europäern deutlich niedrigere Ausfuhrzölle verlangte als von asiatischen Kaufleuten, was dem Kaffeehandel um das Kap der Guten Hoffnung im Vergleich zum Levantehandel einen Wettbewerbsvorteil verschaffte. Im Jemen selbst knappe Importgüter wie Textilien oder Blei durften gar ganz zollfrei eingeführt werden.[10]

Trotz aller Schwankungen waren die frühen Kaffeeeinfuhren mit erheblichen Gewinnspannen für die »East India Company« verbunden. Weit höher als bei anderen Waren aus dem Orient, lag das Verhältnis zwischen Kosten und Verkaufspreis in den 1660er Jahren zeitweise bei 1:6. Im darauffolgenden Jahrzehnt führten die überdurchschnittlich gestiegenen Einfuhren dann aber zu einem Rückgang des Verhältnisses auf realistischere 1:1,44 (1674). Die Ostindienkompanie reagierte allerdings rasch auf den sich hier abzeichnenden Preisverfall und ließ in einzelnen Jahren kurzerhand ihre Bestellungen an die Faktorei in Mokka reduzieren oder ganz stornieren.[11]

Eine solche Politik führte im ausgehenden 17. Jahrhundert beim Kaffeeverkauf in London zu teils extremen Preisschwankungen. Bisweilen lagen kurzfristige Einbrüche der Importe auch an außergewöhnlichen Ereignissen in Ostindien selbst. So sorgte beispielsweise europäische Seeräuberei um 1690 im Zuge einer militärischen Auseinandersetzung zwischen der »East India Company« und den nordindischen Moguln zeitweise für einen vollständigen Zusammenbruch der Schiffahrt nach Europa. Aber auch für den intra-asiatischen Handel zeitigte der Kaperkrieg verheerende Folgen, wie wir von Ovington erfahren:

> »Die Einwohner Mokkas gaben sich den Engländern gegenüber außerordentlich friedlich und entgegenkommend. Das galt vor allem bis zum Jahr 1687, als der Krieg zwischen den Engländern und den Moguln begann. Jener hatte für die armen muslimischen Kaufleute, die mit dem Jemen handeln, verheerende Auswirkungen; auch für die unschuldigen indischen Händler bedeutete er Verlust und Schaden. Insgesamt wurde der Verkehr mit Mokka vollständig zerstört und in andere, am Roten Meer gelegene Häfen umgelenkt. Insgesamt war der Krieg für den Ruin mehrerer indischer, türkischer und arabischer Kaufleute verantwortlich.«[12]

Auf lange Sicht konnte aber auch dieser Krieg den expandierenden Handel mit dem Jemen nicht schmälern.[13]

Der Aufschwung des englischen Kaffeehandels setzte sich nach dieser Zeit mit starken Schwankungen vor allem während des Spanischen Erbfolgekrieges fort. Die jährlichen Einfuhren nach London reichten seit 1700 von nunmehr 250.000 bis zu 450.000 kg, einen einmaligen Höhepunkt stellte das Jahr 1724 mit mehr als 1 Million Kilogramm eingeführtem Kaffee dar. Während dieses Gut entsprechend in den Anfangsjahrzehnten etwa 2% des Umsatzes der »East India Company« ausmachte, pendelte es sich bis in die 1730er Jahre bei 5–7% ein.[14] Ein Teil des nach England eingeführten Kaffees wurde dabei zum Mißfallen der niederländischen Ostindienkompanie auf den europäischen Kontinent re-exportiert.[15]

Die auch weiterhin extremen Schwankungen sowohl bei den Einkaufspreisen im Jemen als auch bei den Verkaufspreisen in London führten in der ersten Hälfte des 18. Jahrhunderts immer wieder zu Debatten unter der Londoner Kompaniedirektion über die nötigen Gewinnmargen. Als etwa das Schiff »Anne« im Jahre 1719 die britische Hauptstadt erreichte, befand sich Kaffee im Einkaufswert von 32.690 Pfund an Bord, der aber nur für 38.462 Pfund verkauft werden konnte. Von dem mageren Erlös konnten gerade eben die Versicherungsprämien für das Schiff bezahlt werden, von einem Gewinn für die Aktionäre ganz zu schweigen. Entsprechend verfügte die Kompanie noch im selben Jahr, daß auf Grund der hohen Einkaufspreise im Jemen in der darauffolgenden Handelssaison kein Kaffee erworben werden sollte.[16]

Um den Verkauf in London fortan verläßlicher und gewinnträchtiger zu gestalten, wurde der Kaffee seit den 1720er Jahren ausschließlich an festen Terminen – in der Regel zweimal im Jahr – verauktioniert. Ein solches Verfahren sollte gewährleisten, daß sich die Nachfrage der englischen Zwischenhändler an bestimmten Tagen bündelte, was den Preis in die Höhe treiben sollte. Der Nachteil dieser Regelung bestand allerdings darin, daß bisweilen nur wenige Tage nach einem Auktionstermin in London einlaufende Kaffeeladungen ein halbes Jahr bis zur nächsten Auktion zwischengelagert werden mußten, was nicht nur Lagerkosten verursachte, sondern auch nicht gerade zu einer Verbesserung der Qualität beitrug. So erreichten beispielsweise im Frühjahr 1722 zwei Schiffe aus Mokka die Themse: die »Sunderland« und die »Aislabie«. Während das erste Schiff noch gerade rechtzeitig zur März-Auktion ankam, mußte der Kaffee von der »Aislabie« von April bis September zwischengelagert werden.[17]

Seit den 1730er Jahren war aber trotz aller Bemühungen die Zeit der dominierenden Stellung der Engländer vorbei. In der Zwischenzeit hatten nämlich die Niederländer ihre Produktion auf Java ausgeweitet; ebenso wurde schon auf Barbados, Jamaica und anderenorts Kaffee angebaut. Dem standen die vergleichsweise hohen Einkaufspreise für jemenitischen Kaffee in Mokka gegenüber. Immer restriktiver fielen nun die Anweisungen der Kompaniedirektion in London an die englischen Kaufleute in Mokka aus. Entweder wurden Höchstpreise festgesetzt, zu denen noch einzelne Partien gekauft werden durften, oder der Aufkauf von Kaffee wurde in einzelnen Jahren erneut ganz untersagt. 1737 klagte etwa eine Londoner Instruktion an die Repräsentanten der Kompanie im Jemen:

> »Sie müssen die geeignetsten und klügsten Maßnahmen ergreifen, um den Kaffee so billig wie nur irgend möglich zu erwerben. Dieser fand in der Vergangenheit in Europa nur schleppend Absatz, was vor allem an den steigenden Einfuhren der Niederländer aus Java liegt. Auch die Franzosen importieren Kaffee von der Insel Bourbon. Ebenso waren auch unsere Plantagen in Westindien in der Lage, ihren Ausstoß zu steigern.«[18]

Seit der Mitte des 18. Jahrhunderts verlor der jemenitische Kaffee entsprechend immer stärker an Marktanteilen in Großbritannien. Das außerordentlich labile – aber nach wie vor einigermaßen gewinnbringende Geschäft – war nur noch möglich, wenn die »East India Company« kontinuierlich mit aktuellsten Informationen über die Marktentwicklung auf der Arabischen Halbinsel und daheim versorgt wurde und die Kontrollmechanismen (wie etwa das Gebot des Auktionsverkaufs nur zu bestimmten Terminen) weiter verfeinert wurden.

Neben den Engländern und begrenzt auch den Franzosen beteiligten sich vor allem die Niederländer am Kaffeehandel mit dem Jemen. So lernte der Kaufmann Pieter van den Broecke bereits zu Beginn des 17. Jahrhunderts jene Bohnen kennen, aus denen die Araber »swart water« zu bereiten wußten. Seit dieser Zeit wurde der Kaffee auch auf niederländischen Schiffen von Mokka aus an die Westküste Indiens, nach Ceylon oder nach Persien transportiert. Seit dem Ende der 1640er Jahre exportierte die VOC auf diese Weise jährlich erstaunliche 60 bis 100 Tonnen innerhalb Asiens. Dagegen nahmen sich die zwei Jahrzehnte später auf den Amsterdamer Markt gebrachten Mengen eher bescheiden aus.[19]

Zu Beginn der 1660er Jahre tauchte der Kaffee nämlich erstmals auch auf den Auktionen der VOC in Amsterdam auf. Die angebotenen Mengen unterlagen anfänglich aber ebenso wie in England äußerst starken Schwankungen. Während etwa 1661 die erste Lieferung mit etwa zehn Tonnen »cauwa de Mocha« noch vergleichsweise groß ausfiel, wurden im darauffolgenden Jahr überhaupt keine Bohnen angeboten. Auch die ab 1663 verauktionierten Mengen waren deutlich geringer als beim ersten Mal und vor allem als die von den Niederländern im intra-asiatischen Austausch gehandelte Menge. In dieser Hinsicht stand Amsterdam lange Zeit deutlich im Schatten Londons. Erst mit den 1680er Jahren entwickelten die Importe in die Niederlande ein gewisses Maß an Kontinuität.[20] So tauchte der Kaffee seit 1686 regelmäßig in den Ordern der VOC für die nach Europa bestimmten Retourflotten auf. Und schon drei Jahre später wiesen die Direktoren der niederländischen Ostindienkompanie explizit auf die deutlich gestiegene Bedeutung der Bohnen als Importgut hin. Seitdem läßt sich eine mit der englischen »East India Company« vergleichbare Entwicklung beobachten: Tendenziell stiegen nicht nur die Bestellungen, sondern auch die tatsächlichen Einfuhren in Amsterdam. Gleichwohl unterlagen diese weiterhin Jahr für Jahr starken Schwankungen, die von einem fluktuierenden Angebot in Mokka, aber auch von der Preispolitik der VOC abhängig waren.[21]

Neben Silber und Gold führten die Niederländer (wie auch die übrigen europäischen Handelsnationen) anfangs eine breite Palette an Handelsgütern meist asiatischer Herkunft zum Tausch nach Mokka ein. So importierten sie neben Pfeffer, Nelken und Zucker auch japanisches Kupfer sowie siamesisches Zinn und Blei. Aber nicht alle Waren stellten auf den Märkten des Jemen Verkaufsschlager dar. So sahen sich die Niederländer Ende der 1690er Jahre gezwungen, beinahe 78.000 Stück chinesischen

Porzellans ebenso wie kostbare Seidentuche wieder abzuziehen und stattdessen nach Europa zu schicken. Auch ceylonesischer Zimt fand in Mokka nur wenig Liebhaber.[22]

Ähnlich wie bei den Engländern war auch die Präsenz der VOC in Mokka vor allem in der Anfangszeit höchst prekär. Einige Jahre lang existierte eine Faktorei vor Ort, die aber bereits 1684 wieder geschlossen werden mußte. Stattdessen beauftragten die Direktoren in Amsterdam die Kaufleute in Asien, den jemenitischen Kaffee außerhalb des Jemen zu erwerben, insbesondere in Surat, aber auch in Persien. Dieser indirekte Handel erwies sich aber nicht allein der Qualität abträglich, sondern führte darüber hinaus immer wieder zu Mißverständnissen. Die eine niederländische Faktorei am Indischen Ozean mochte nämlich glauben, eine andere hätte Kaffee von einheimischen Kaufleuten schon in ausreichender Menge kontraktiert und bestellte selbst nichts. Letztlich hatte möglicherweise niemand die gewünschten Bohnen geordert, und Amsterdam ging ein ganzes Jahr lang leer aus. Besonders virulent wurde diese Problematik in den Jahren zwischen 1693 und 1695, als die Amsterdamer Kaffeepreise auf Grund mangelnder Importe während der Herbstauktionen der VOC geradezu explodierten; und allein die zeitgleichen Importe über die Levante verhinderten, daß die Preise in jener Zeit dauerhaft zur Freude der englischen Konkurrenz auf einem astronomisch hohen Niveau verharrten. In anderen Jahren schlug das Pendel wiederum in entgegengesetzte Richtung aus. Von den warnenden Briefen aus Amsterdam aufgeschreckt, sammelten sich nun in den Packhäusern in Colombo und anderenorts riesige Mengen an Bohnen an und wurden auf den Weg nach Europa gebracht, was auf den Auktionen daheim um 1700 wiederum zu einem dramatischen Preisverfall führte.[23]

Spätestens um 1700 muß den Direktoren der VOC also klargeworden sein, daß ohne eine regelmäßige Präsenz in Mokka eine Handelskontinuität und angemessene Gewinne nicht gewährleistet werden konnten. Bereits 1696 war ein Kaufmann namens Nicolaas Welters in der Stadt als niederländischer Repräsentant installiert worden, doch erst seit 1707 existierte wieder eine Faktorei unter niederländischer Flagge. Die damit geschaffene Kontinuität sicherte bis in die 1720er Jahre hinein stetig steigende Importe. Vor allem das sich abzeichnende Ende des Spanischen Erbfolgekrieges brachte ebenso wie bei den Engländern einen starken Wandel des Kaffeehandels mit sich. Seit 1712 stiegen die Ordern aus der Heimat beträchtlich an. So bestellte die VOC in jenem Jahr die bis dahin unvorstellbare Menge von 500 Tonnen Rohkaffee, der in Mokka, Surat und anderen Handelsplätzen von eigens zu diesem Zweck bestimmten »Kaffee-Schiffen« aufgenommen und in die Niederlande transportiert werden sollte – eine Bestellung, der tatsächlich auch nachgekommen wurde (was allerdings in Amsterdam für einen erneuten beträchtlichen Preisverfall sorgen sollte). In dieser Zeit ersetzten die Edelmetalle die anderen von den Niederländern nach Mokka gebrachten Tauschgüter fast vollständig. In der Wahrnehmung der VOC-Direktoren zählte der Kaffee nun zu den profitabelsten Handelsgütern; und es wurde empfohlen, den Handel beispielsweise mit bengalischer Seide zugunsten der gewinnversprechenden Bohnen deutlich zurückzufahren.[24] Der Höhepunkt war im Jahre 1721 mit einer Ausfuhr von 850 Tonnen erreicht, ehe die Importe allmählich von der steigenden javanischen Kaffeeproduktion auf den niederländischen Märkten verdrängt wurden.[25]

Die großen Erfolge des Amsterdamer Kaffeehandels bewogen die VOC, nach 1715 verstärkt über den Einsatz von direkt zwischen dem Jemen und dem Mutterland verkehrenden Interkontinentalschiffen nachzudenken. Einzelne, versuchsweise Fahrten bewährten sich jedoch nicht, da sich die Seereise entlang der afrikanischen Ostküste als zu gefährlich erwies. Stattdessen einigten sich die Direktoren auf eine Kompromißlösung: Es sollten verstärkt interkontinentale Kaffee-Schiffe eingesetzt werden; diese würden aber nicht direkt nach Europa zurückfahren, sondern einen Umweg über Ceylon nehmen, um von dort mit den Monsunwinden zum Kap der Guten Hoffnung hinüberzusegeln. Der Aufenthalt in Colombo sollte allerdings in Anbetracht des für den Kaffee schädlichen tropisch-feuchten Klimas nur kurz ausfallen und ebenso wie ein Zwischenhalt am Kap allein der Aufnahme von Proviant für die Mannschaft dienen. Dieses Arrangement erwies sich letztlich als außerordentlich effektiv. Ein Schwachpunkt sollte aber immer die Qualität bleiben, über die die Direktoren der VOC gegenüber ihrer Faktorei in Mokka in regelmäßigen Abständen Klage führten.[26]

In der ersten Hälfte des 18. Jahrhunderts avancierte Amsterdam noch vor London zum weltweit führenden Umschlagplatz für Kaffee und löste damit Mokka in dieser Rolle ab. Um 1730 war hier Kaffee aus dem Jemen, Java, Réunion, Niederländisch-Guyana, Saint-Domingue/Haiti und Martinique zu haben. Schon um 1750 kamen etwa die Hälfte der in Amsterdam gehandelten Bohnen aus der Neuen Welt.[27]

Auch die Dänen trieben für kurze Zeit in Mokka Handel, um dort Kaffee zu erwerben. Schon im Jahre 1616 hatte der dänische König Christian IV. (reg. 1588–1648) eine dänische Ostindienkompanie, die »Ostindisk Kompagni«, gegründet, die aber einige Zeit später im Strudel des Dreißigjährigen Krieges aufgelöst werden mußte. Erst mit der zweiten Ostindienkompanie von 1670 gelang es den Dänen, zu einem gewissen Maß an Kontinuität im Asienhandel zu gelangen. Die Dänen waren ungefähr zwischen 1675 und 1684 in Mokka präsent. Vermutlich in Anbetracht der starken Konkurrenz durch Niederländer und Engländer, aber auch durch die Franzosen, konnte sich in dieser kurzen Zeit aber kein zufriedenstellender Handel entwickeln. Immerhin wurde, wie bereits erwähnt, eine dänische Faktorei in der Stadt errichtet, und gelegentlich konnten unter dem Danebrog segelnde Schiffe auf der Reede vor Mokka gesichtet werden. In dieser Zeit wurde die skandinavische Präsenz durch einen Dänen namens Hans Andersen gewahrt, der nur mit Mühe die dänische Niederlassung vor den Übergriffen der lokalen Obrigkeit schützen konnte. Diese zögerte denn auch nicht, sich trotz der knappen dänischen Kassen durch überhöhte Pachtforderungen für das Faktoreigelände an den Skandinaviern zu bereichern. Andersen konnte in seiner schwachen Stellung nur resümieren: »Dort, wo Gewalt vor Recht geht, ist schwerlich Handel zu treiben«.[28]

Für die lokalen Kaufleute wurden die Dänen schnell uninteressant. Kurz vor 1700 hieß es seitens der europäischen Konkurrenz: »Die Dänen sind schon jetzt in Mokka völlig in Vergessenheit geraten, nachdem die örtlichen Kaufleute erkannt hatten, daß keine Schiffe von ihnen mehr kämen.«[29] Gleichwohl muß arabischer Kaffee noch im 18. Jahrhundert auf asiatischen Schiffen in die dänische Hauptniederlassung Tranquebar an der südostindischen Koromandelküste oder in die dänische Faktorei in Calicut gelangt sein.[30] Hochfliegende Projekte, Kaffee in einer eigenen dänischen Kolonie – nämlich auf den von den Dänen 1755 in Besitz genommenen, zwischen Indien und der Malayischen Halbinsel gelegenen Nikobarischen Inseln – anzubauen, erwiesen sich rasch als undurchführbar.[31]

Die Europäer mußten den von ihnen in Mokka erworbenen Kaffee seit dem beginnenden 18. Jahrhundert weitgehend mit Silbermünzen bezahlen, da kaum europäische Handels- oder Gewerbeprodukte im Jemen gefragt waren. Selbst wenn Handelsgüter aus Indien oder anderen Regionen des Indischen Ozeans zum Tausch gegen die begehrten Bohnen verwendet wurden, mußten auch diese zuvor gegen Edelmetalle getauscht werden. Ein solcher steter Abfluß von Silber aus Europa vollzog sich genau in der Zeit, als in vielen Ländern das Wirtschaftsmodell des Merkantilismus gepredigt wurde. Entsprechend wurden mit den stetig wachsenden Importen aus dem Jemen Stimmen in Europa laut, den Kaffee doch besser in den eigenen überseeischen Kolonien mit vergleichbaren Klima- und Bodenverhältnissen anzubauen.

Schon früh hatten die Europäer versucht, sich mit den Vegetationsbedingungen und den Anbaumethoden des Kaffees vertraut zu machen – als Voraussetzung, diesen dereinst auch in den eigenen Kolonien anbauen zu können. Um 1614 besuchte etwa eine Gruppe niederländischer Kaufleute die jemenitische Hafenstadt Aden, um sich über die Methoden des Kaffeeanbaus zu informieren.[32] In England war es neben Benjamin Worsley vor allem John Beale, der in geradezu frühmerkantilistischer Tradition (auch die Idee zur Navigation Act entstammte seinem Kreis) forderte: »Ich wünschte, unser Kaffee käme aus unseren eigenen Plantagen anstatt aus der Türkei.«[33] Konkret schlug Beale vor, es mit dem Anbau von Kaffeepflanzen in Neu England, Virginia und auf Jamaica zu versuchen – Ideen, die auch von der renommierten englischen Royal Society unterstützt wurden.[34]

Hierzu mußten aber Kaffeesetzlinge oder keimfähige Kaffeebohnen außer Landes geschafft werden. Den europäischen Kaufleuten in Mokka war ohne Zweifel bekannt, daß die Jemeniten mit einer gewissen Hartnäckigkeit versuchten, die Ausfuhr von keimfähigem Material zu verhindern, um nicht die eigene Monopolstellung zu gefährden, wie schon im ausgehenden 17. Jahrhundert aus französischer Quelle verlautete:

> »Die Araber wachen sorgsam über den Vorteil, den ihnen der ausschließliche Besitz des Kaffees in ihrem Lande verschafft. Und sie achten stets darauf, daß keine Bohnen, die nicht zuvor mittels Feuer oder kochendem Wasser keimunfähig gemacht wurden, das Land verlassen – mit dem Ziel, alle Versuche, die Bohnen anderswo erfolgreich zu säen, zu vereiteln.«[35]

Eine lückenlose Kontrolle erwies sich allerdings als unmöglich.

Unter den Europäern traten oft Geistliche – insbesondere jesuitische Missionare – bei der Verbreitung der Kaffeepflanze hervor.[36] Es waren aber bei weitem nicht allein die Europäer, die sich um die illegale Ausfuhr vermehrungsfähigen Materials bemühten. In gleicher Weise avancierte der Transfer lebendigen Pflanzgutes auch zum Gegenstand muslimischer Pilger. Der Legende nach soll ein muslimischer, aus Indien stammender Mekkapilger namens Baba Budan um 1600 sieben Kaffeesamen aus dem Jemen geschmuggelt und an die indische Westküste gebracht haben. Hier keimten sie in der Ortschaft Chickmaglur im Territorium von Mysore und begründeten angeblich den Kaffeeanbau in Indien.[37] Wir vermögen nicht die Authentizität dieser Geschichte zu überprüfen, wissen aber, daß die Region, in der die sieben Samen dereinst gekeimt haben sollen, auch heute noch zu den wichtigen Anbauregionen auf dem indischen Subkontinent zählt.[38] Der frühe Malabar-Kaffee bot den europäischen Handelskompanien gerade in solchen Jahren eine wunderbare Ergänzung, als in Mokka kaum Kaffee zu annehmbaren Preisen zu haben war. Es ist zu vermuten, daß jener insbesondere zwischen 1702 und 1706 in größerer Menge über Batavia in die Niederlande gelangte, als es den Niederländern unmöglich war, die begehrten Bohnen im Jemen selbst zu kontraktieren. Allerdings bot der Malabar-Kaffee in Anbetracht seiner geringeren Qualität in Europa immer wieder Anlaß zu Beschwerden.[39]

Bereits im zweiten Jahrzehnt des 17. Jahrhunderts sollen dann auch die Niederländer eine Kaffeepflanze außer Landes geschmuggelt und sie erfolgreich in den Niederlanden angepflanzt haben.[40] Mit Genugtuung (und vielleicht einer gewissen Schadenfreude) berichteten später auch die Engländer, es hätte ihnen überhaupt keine Schwierigkeiten bereitet, mehrere Säcke ganzer, lebender Kaffeepflanzen auf den Weg nach Bombay zu bringen, ohne daß die örtlichen Behörden in Mokka davon Kenntnis genommen hätten.[41] Auf lange Sicht gelang es den Jemeniten entsprechend nicht, ihr Kaffeemonopol zu bewahren, und im Zeitalter der nordwesteuropäischen Handelskompanien begann die Kaffeepflanze ihren Siegeszug um die tropische, koloniale Welt.[42] Schon im ausgehenden 17. Jahrhundert wuchsen erste Kaffeepflanzen neben der Malabarküste auch in anderen Regionen Asiens, so auf Java und an der Koromandelküste.[43] Rasch erkannten die Europäer bei ihren frühen Pflanzversuchen, daß der jemenitische Kaffee die allzu große Hitze des tropischen Tieflandes nicht vertrüge und besser in höheren Berglagen der Tropen und Subtropen wüchse.[44]

Zu einem der ersten bedeutenden kolonialen Kaffeeproduzenten avancierte das unter niederländischer Herrschaft stehende, südostasiatische Java. Auch wenn die Kaffeepflanze mit großer Wahrscheinlichkeit schon zuvor auf den Schiffen muslimischer Kaufleute über Indien nach Java gelangt war, begannen die Niederländer erst gegen Ende des 17. Jahrhunderts, Kaffee plantagenmäßig und in größerem Umfange auf der Insel anzubauen. So gelangten 1699 durch den Niederländer Henricus Zwaardecroon Kaffeepflanzen von der indischen Malabarküste nach Java und wurden hier erfolgreich kultiviert. Im Laufe der folgenden Jahrzehnte wurde der Anbau von Java aus systematisch auch auf die Inseln Sumatra, Bali, Timor und Celebes ausgedehnt.[45] Die Produktion erwies sich als derart erfolgreich, daß die VOC ihre Kaffee-Exporte aus Mokka im Jahre 1731 ganz einstellte.[46]

Während der ersten Jahrzehnte scheint der größte Teil der javanischen Kaffeeproduktion zunächst nicht nach Europa, sondern in den islamischen Raum exportiert worden zu sein. Auch in Thailand wurde javanischer Kaffee im 18. Jahrhundert als preiswerte Alternative zum arabischen Original populär.[47] Seit den 1790er Jahren zog es selbst Schiffe aus den Vereinigten Staaten nach Batavia, um dort den daheim begehrten »Java«-Kaffee zu erwerben.[48] Im Jahre 1822 produzierte Niederländisch-Indien schließlich mit jährlich um die 100.000 Tonnen beinahe die Hälfte des damals weltweit konsumierten Kaffees.[49]

Aber auch in Südasien erwiesen sich die Niederländer als die Pioniere des kolonialen Kaffeeanbaus. 1658 – in demselben Jahr, als jene die Portugiesen aus ihrer ceylonesischen Hauptbesitzung Colombo vertrieben – wuchsen auf Ceylon erstmals Kaffeepflanzen. Diese stammten aber nicht direkt aus dem Jemen oder aus Indien, sondern waren Abkömmlinge von bereits seit etwa einem halben Jahrhundert im botanischen Garten von Amsterdam gehegten Gewächsen.[50] Aber erst 1722 beschloß die VOC, Kaffee in größerem Umfange auf Ceylon anbauen zu lassen – ein Projekt, das allerdings erst im darauffolgenden Jahrzehnt richtig in Fahrt kam. Entgegen ursprünglicher Hoffnungen ließen sich aber kaum niederländische Siedler in den für den Kaffeeanbau geeigneten Regionen nieder.[51] Entsprechend wurden die lokalen Agenten der VOC in Anlehnung an die auf Java gemachten Erfahrungen in den 1730er Jahren immer wieder aufgefordert, die einheimischen Bauern zum Anbau von Kaffee zu ermuntern und von diesen dann so viele Bohnen wie möglich aufzukaufen und auf den Weg nach Amsterdam zu bringen. Dieses Vorgehen erwies sich als überaus erfolgreich, und die Kompanie konnte ein Kaffeehandelsmonopol über die Insel erlangen. Bald schon drohte jedoch auf Grund der stark anwachsenden Produktion eine desaströse Konkurrenz zwischen den beiden niederländischen Kolonien Ceylon und Java, was nicht im Sinne der Kompaniedirektion in Amsterdam sein konnte. Die Entscheidung fiel letztlich zugunsten Javas aus, und die VOC-Bediensteten auf Ceylon wurden schon 1738 instruiert, die Kaffeeausfuhren deutlich zu reduzieren.[52]

Nach einer kurzen Blüte in der ersten Hälfte der 1730er Jahre erlebte der Kaffeeanbau auf der Insel entsprechend eine recht wechselvolle Geschichte, was in erster Linie an einer schwankenden Handelspolitik der VOC lag. Als sich beispielsweise der Export von Malabarpfeffer und von indischem Kardamom in den 1760er Jahren zeitweilig in einer Krise befand, versuchte die niederländische Ostindienkompanie, die sich daraus ergebenden Einnahmeausfälle durch eine erneute stärkere Konzentration auf den Ceylon-Handel zu kompensieren. So ging 1765 wiederum die Order ab, den Kaffeeanbau auf der Insel möglichst umfassend auszubauen; aber schon im darauffolgenden Jahr wurden die Agenten vor Ort instruiert, stattdessen möglichst wenig Kaffee aufzukaufen und auf den Weg nach Europa zu bringen. Nachdem die Niederländer ihren Einfluß an der indischen Malabarküste in den 1780er Jahren praktisch ganz eingebüßt hatten, schlug das Pendel wieder einmal in entgegengesetzte Richtung aus. Die VOC-Bediensteten auf Ceylon wurden nun abermals aufgefordert, Kaffee in großer Menge – es war von mindestens 500–750 Tonnen jährlich die Rede – zu exportieren, ebenso Pfeffer und Kardamom. Der Ausbau eines Zwangsanbausystems in den direkt von den Niederländern kontrollierten Gebieten führte 1789–90 aber zu Aufständen der bäuerlichen Bevölkerung. Jene zwangen die Niederländer, sich von ihren großen Exporthoffnungen wieder zu verabschieden.[53]

Die Franzosen begründeten auf der im Indischen Ozean gelegenen Insel Réunion, die damals unter dem Namen Ile de Bourbon bekannt war, eine eigene Plantagenwirtschaft. Schon im Jahre 1711 wurde hier in etwa 600 Metern Höhe eine wild wachsende Pflanzensorte entdeckt, der sogenannte »Marron«-Kaffee. Dieser wurde sogar eine zeitlang plantagenmäßig angebaut, obwohl er im Ruf stand, bitterer als der Arabien-Kaffee zu sein. Vier Jahre später führten die Franzosen dann aber auch den Anbau der *Coffea arabica* ein, die sich auf lange Sicht gegenüber ihrem einheimischen Verwandten durchsetzte. So war es 1715 dem aus St. Malo stammenden Kapitän Dufresne d'Arsal gelungen, etwa sechzig Pflanzen aus Mokka herauszuschmuggeln. Vierzig von ihnen gingen allerdings schon auf der Seereise ein, weitere achtzehn kurz nach Ankunft auf der Ile de Bourbon. Die noch verbleibenden beiden Pflanzen übergab er zwei auf der Insel lebenden Franzosen, und 1719 konnte die erste, noch kleine Ernte eingefahren werden. Die beiden Pflanzen vermehrten sich prächtig. Schon einige Jahre später wuchsen insgesamt 7.800 Nachkommen von ihnen in einer vom französischen Gouverneur gegründeten Pflanzenschule, und im Jahre 1727 betrug die Ernte erstaunliche 50 Tonnen.[54]

Dieser Erfolg ließ sich nur durch ein massives Eingreifen der kolonialen Obrigkeit erreichen. So wurde jeder Pflanzer auf der Insel gezwungen, auf einen Sklaven zweihundert Kaffeesträucher zu setzen. Das Entfernen eines Strauches wurde schwer bestraft. Schon 1743 produzierte die Insel dann aber solch große Mengen, daß der Kaffeepreis zu fallen drohte, weshalb der Gouverneur La Bourdonnais in jenem Jahr die Ausdehnung des Plantagenlandes untersagte. 1805 suchte ein Zyklon weite Kaffeeländereien auf der Insel heim und zerstörte zahllose Pflanzen, weshalb die »Bourbon«-Varietät in der Folgezeit durch eine andere, widerstandsfähigere Arabica-Pflanze ersetzt wurde.[55] Anderenorts machte erstgenannte Pflanze aber weiterhin Karriere. So verbreitete sich die »Bourbon«-Varietät in der Folgezeit in Südamerika, wie wir bereits in Kapitel 2 untersucht haben. Noch zu Beginn des 20. Jahrhunderts wurde die »Bourbon«-Pflanze von Missionaren nach Kenia verbracht. Insgesamt verdeutlicht uns die Züchtung ganzer globaler Plantagenbestände aus lediglich zwei Pflanzen die schmale genetische Grundlage des kolonialen Kaffees, der diesen für Krankheiten immer besonders anfällig machte.

Die Anfänge des Kaffeeanbaus in Amerika gehen auf das zweite Jahrzehnt des 18. Jahrhunderts zurück. Auch hier waren es in erster Linie die Niederländer, die den Anbau der Kaffeepflanze stimulierten. Erste Anbauversuche sind 1718 für das niederländische Surinam überliefert.[56] Die deutlich unterschiedlichen Anbauvoraussetzungen brachten in der Neuen Welt jedoch ganz andere Qualitäten hervor als im asiatischen Kontext, auch wenn der Kaffee aus Amerika im 18. Jahrhundert vielfach unter orientalisch anmutenden Namen wie »Mokka«, »Bourbon« (benannt nach der Insel im Indischen Ozean) oder »Java« auf die Reise ging.[57]

Das 18. Jahrhundert entwickelte sich aus europäischer Perspektive in Hinblick auf den Kaffeehandel sehr unterschiedlich. Während die niederländische VOC den javanischen Kaffee favorisierte und sich allmählich aus dem Geschäft mit dem Jemen zurückzog, blieben die Briten trotz des Ausbaus einer eigenen Plantagenwirtschaft das ganze 18. Jahrhundert hindurch treue Kunden der Jemeniten in Mokka. Dagegen ging auch der französische Levantehandel deutlich zurück. Während um 1700 jährlich etwa 600 Tonnen jemenitischen Kaffees über Marseille ins Land kamen, waren es am Vorabend der Französischen Revolution kaum mehr als 200 Tonnen. Eine Kompensation für die allmählich verlorengehenden europäischen Märkte boten seit den letzten Jahrzehnten des 18. Jahrhunderts amerikanische Schiffe, die Mokka anliefen. Im Jahre 1806 gingen beispielsweise von den etwa 1.800 aus Mokka exportierten Tonnen Kaffee allein 1.250 Tonnen in die jungen Vereinigten Staaten.

Insgesamt läßt sich also feststellen, daß sich der jemenitische Kaffee im Laufe des 18. Jahrhunderts von einer Monopolware zu einem Nischenprodukt entwickelte, das von hoher Qualität war, aber auch seinen Preis hatte.[58] Kolonialer Plantagenkaffee war billiger als das hochwertige jemenitische Produkt, stand aber auch im Ruf, von geringerer Güte zu sein. Auf Grund des günstigeren Preises fand jener dennoch für einige Jahrzehnte sogar Eingang in den orientalischen Kaffeemarkt, der zuvor monopolartig vom jemenitischen Kaffee dominiert worden war. Um einer sich abzeichnenden Verknappung im Osmanischen Reich zuvorzukommen, hatten die osmanischen Behörden nämlich im Jahre 1738 die Einfuhrzölle für karibische Kaffeebohnen halbiert. Über Marseille gelangten fortan jährlich beachtliche 2.000 Tonnen davon in den östlichen Mittelmeerraum, vor allem nach Saloniki, Smyrna und Istanbul. Der wachsende Widerstand der machtvollen Kairoer Kaffeehändler gegen diese Importe machte dieser Praxis jedoch schon 1764 ein Ende, indem jene ein völliges Importverbot für den europäischen Kolonialkaffee erzwangen, das auch noch in der ersten Hälfte des 19. Jahrhunderts Bestand hatte.[59]

Bemerkenswert ist die Tatsache, daß in der zweiten Hälfte des 18. Jahrhunderts mit der massiven Ausdehnung der kolonialen Kaffeeproduktion der Preis des Kaffees deutlich weniger als zuvor und auch weniger als der Teepreis schwankte. Das lag daran, daß der Tee bis in die erste Hälfte des 19. Jahrhunderts hinein mit China nur aus einer einzigen Weltgegend stammte und dessen Handel entsprechend krisenanfällig war. Der Kaffeeanbau begann sich hingegen im 18. Jahrhundert zu globalisieren, und die Versorgung Europas mit diesem Gut war entsprechend nicht mehr von einer einzigen Anbauregion abhängig.

IX. Welthandelsgut Kaffee

Während der Kaffee schon im Zeitalter der kolonialen Expansion zu einem wichtigen Handelsgut aufstieg, begann sein eigentlicher Siegeszug als globales Alltagsgetränk erst im 19. Jahrhundert, als sich der weltweite Verbrauch um das Fünfzehnfache steigerte. [1] Eine Tasse Kaffee ist seitdem praktisch für jeden erschwinglich, was aber auch seinen Preis hat: Während im 19. Jahrhundert die Sklavenarbeit in Brasilien der kleinen, schwarzen Bohne zum Durchbruch verhalf, sind es heute der geringe Tagelohn und leider nach wie vor immer noch vielerorts die Kinderarbeit, die uns einen günstigen Schluck des Muntermachers ermöglichen. In diesem Kapitel wollen wir uns mit dem Aufstieg des Kaffees zu einem der wichtigsten Welthandelsgüter beschäftigen. Zunächst soll es dabei um die Voraussetzungen dieser Entwicklung und um allgemeine Trends gehen, während wir uns anschließend einige produzierende Länder im Detail ansehen werden. Da der Kaffee mittlerweile in mehr als einhundert Staaten angebaut wird, kann die Auswahl dabei allerdings nur exemplarisch sein.

Die Ausgangsbedingungen waren zu Beginn des 19. Jahrhunderts schlecht. Die Napoleonischen Kriege hatten nicht nur zu einem Zusammenbruch der Wirtschaft in vielen europäischen Ländern infolge der Kontinentalsperre geführt, sondern auch in Übersee den europäischen Handelskompanien erhebliche und nachhaltige Verluste zugefügt. Während sich die Briten von dieser Krise vergleichsweise rasch erholten, hatten die Niederländer,

Spanier und Portugiesen, aber auch die Franzosen und Dänen, in der kolonialen Welt auf lange Sicht das Nachsehen.

Diese Entwicklung darf aber nicht über die Tatsache hinwegtäuschen, daß der Kaffee selbst in der Krisenzeit kaum mehr aus den Haushalten der wohlhabenderen Europäer wegzudenken war und daß jener als Schmuggelware während der langen Kriegsjahre und trotz der Kontinentalsperre in Europa zirkulierte. Eine wichtige Schmuggelroute verlief dabei durch das Osmanische Reich, über die Dardanellen und von dort aus nach Rußland und weiter in den Osten der Habsburgermonarchie. Eine andere nutzte die Nordseeinsel Helgoland als Einfallstor für den Kontinent. Sobald wieder Frieden herrschte, trafen erneut umfangreiche Mengen an Rohkaffee aus Übersee ganz legal in den europäischen Häfen ein. Bis in die 1860er Jahre kam der Großteil davon noch aus den europäischen Kolonien, ehe Brasilien die Führungsrolle übernahm und sie seitdem nicht wieder abgetreten hat.[2] Die Gründe für die wachsende Nachfrage nach dem Getränk waren vielfältig. Neben die Industrialisierung, die mit ihren geregelten Arbeitsabläufen den Konsum des koffeinhaltigen Muntermachers begünstigte, und die allgemeine Akzeptanz des Kaffees als weithin goutiertes Kulturgut trat eine weitere Tatsache: Der Kaffee wurde im Zeitalter der sich endlos bis zum brasilianischen Horizont hinziehenden Plantagen und mit dem Einsetzen der Dampfschiffahrt immer billiger.

Gleichwohl war der plantagenmäßige Anbau von Kaffee immer risikobehaftet. Großes Kapital mußte für den Erwerb des Landes, die Rodung, die Anlage einer Plantage, den Kauf von Sklaven oder die Entlohnung der zahllosen Arbeitskräfte bereitgestellt werden, ehe überhaupt nur eine einzige Kaffeebohne geerntet werden konnte. Es sollten oftmals viele Jahre vergehen, bis der erste Kaffee seinen Weg nach London, Amsterdam oder Hamburg fand. Und oft konnten nur ein einziger Regentag zur falschen Jahreszeit oder ein starker Nachtfrost die Mühen eines ganzen Jahres zerstören. Es verwundert daher nicht, daß viele

Banken im 19. Jahrhundert bei der Finanzierung von Plantagenprojekten mehr als zurückhaltend waren und daß die Kreditvergabe oftmals privaten Handelshäusern überlassen blieb, die sich in diesem Geschäft besser auskannten.[3]

Kaum ein Produzent verkaufte seinen Kaffee jedoch direkt in den Häfen an die europäischen Agenten. Vielmehr existierte in den meisten Anbauregionen ein komplexes Netz aus Mühlenbetreibern, Zwischenhändlern und Großkaufleuten. Oft wurde der Kaffee dabei wie dereinst schon im Jemen auf dem Weg zur Küste aus mehreren Partien gemischt. Auf diese Weise bestand meist nur eine indirekte Verbindung zwischen Produzenten und dem Hafen, was die Marktintegration der Plantagen zwar nicht verhinderte, aber gleichwohl hemmen konnte. Denn bis ins 20. Jahrhundert hinein gelangten Informationen über Preise oder die allgemeine Marktentwicklung nur langsam und verzögert zu den Produzenten im Hinterland.[4]

Auf der anderen Seite profitierte die kapitalistische Plantagenwirtschaft von der allmählichen Durchsetzung des Freihandels. Im Jahre 1851 fielen etwa die protektionistischen Bestimmungen, die bis dahin den in den britischen Kolonien produzierten Kaffee vor unliebsamer Konkurrenz im Mutterland geschützt hatten. Wider Erwarten führte das daraus resultierende Aufblühen nicht-kolonialer Produktion bei den britisch-kolonialen Plantagenbesitzern nicht zu nennenswerten Einbußen.[5] Die Zeit der Kompanie-Handelsmonopole gehörte endgültig der Vergangenheit an.

Diese neue Politik zeitigte auch in Deutschland Auswirkungen. So rang die Stadt Hamburg im Jahre 1881 dem Deutschen Reich die Zubilligung eines Freihafens ab, in dem für zwischengelagerte Waren keine Zölle zu entrichten waren – eine unglaubliche Erleichterung und Verbilligung des Transithandels. Auf dieser Grundlage stieg der Hamburger Hafen zu einem der weltweit führenden Umschlagplätze für Orientteppiche, Tee, Tabak, Gewürze und eben auch für Kaffee auf und hat diese Position bis heute behauptet. Zur Zwischenlagerung dieser Güter entstand zwischen 1885 und 1912 auf zwei Elbinseln nach der Umsiedlung von 20.000 Menschen die Speicherstadt mit 305.000 Quadratmetern Nutzfläche in ihrer charakteristischen Backsteinarchitektur. Mit dem Freihafen und auf Grund der sich nun in vielen Ländern durchsetzenden liberaleren Zollpolitik erlebte der Kaffeeumschlag in der Elbmetropole eine ungeahnte Blüte.[6]

Einen weiteren Schub erfuhr der Kaffeemarkt durch den Ausbau der Dampfschiffahrt vor allem in der zweiten Hälfte des 19. Jahrhunderts, der zu einer deutlichen Reduzierung der Transportkosten führte. Gerade dort, wo der Eisenbahnbau nur schleppend vorankam, wie etwa in Kolumbien, Venezuela, Guatemala, Nicaragua, El Salvador oder im südlichen Mexiko, verschaffte allein die Dampfschiffahrt den Produzenten die entscheidenden Wettbewerbsvorteile.[7] Mit der Eröffnung des Suezkanals 1869 verbesserten sich die Transportmöglichkeiten zwischen Ostafrika, Asien und Europa beträchtlich. Von dieser Entwicklung profitierten sowohl die Produzenten – indem ein größerer Teil des Verkaufserlöses bei ihnen ankam – als auch die Konsumenten durch sinkende Verkaufspreise. Wachsende Gewinne führten ihrerseits zu einem Anstieg der Importe von Konsum- und Luxusgütern durch die Plantagenbetreiber als Ausdruck wachsenden Wohlstandes.

Insbesondere seit den 1880er Jahren ist ein markanter Anstieg der Produktion und des Konsums zu verzeichnen, der allerdings nicht gleichförmig verlief. Im Jahre 1883 betrug die Jahresernte weltweit etwa 600.000 Tonnen, am Vorabend des Ersten Weltkrieges lag sie dann beinahe doppelt so hoch. Immer wieder kam es dazwischen aber zu erheblichen Preisschwankungen, und oft profitierte eine Anbauregion von der durch Mißernten bedingten Not der anderen. So führten beispielsweise die durch den Kaffeerost bedingten Ernteausfälle in Südasien um 1890 zur Expansion der Anbauflächen um das brasilianische São Paulo, ebenso wie in Kolumbien, Mexiko und Mittelamerika. Dieser massive Ausbau in mehreren Ländern gleichzeitig brachte es dann aber wiederum mit sich, daß der Kaffeepreis bis 1899 auf den niedrigsten Stand der zweiten Jahrhunderthälfte fiel.

Zu Beginn des 20. Jahrhunderts war der Kaffee trotz allem zum weltweit drittwichtigsten Handelsgut aufgestiegen, übertroffen nur von Getreide und Zucker.[8] Daran änderte auch der Ausbruch des Ersten Weltkrieges nichts, der sich zwar unmittelbar mit einem Rückgang des Handels und einem Preisverfall bemerkbar machte, die bald nach 1918 aber wieder überwunden waren. Nachdem die »Goldenen Zwanziger« zu einem erneuten Boom im Kaffeegeschäft geführt hatten, brachte die Weltwirtschaftskrise aber seit 1929 einen massiven Einbruch mit sich, von dem sich der internationale Markt bis zum Ende des Zweiten Weltkrieges nicht vollständig erholte.[9]

Das Ende der kriegsbedingten Mangelwirtschaft führte am Ausgang der 1940er Jahre in der westlichen Welt zu einem Aufschwung, der sich auch qualitativ beispielsweise mit dem Aufkommen der Kaffeebars bemerkbar machte. Subventionen der Vereinigten Staaten, Spekulation, aber vor allem Mißernten in Brasilien führten dann aber nur wenig später, in den 1950er Jahren, zu einem deutlichen Preisanstieg. Überall stiegen die Preise geradezu ins Astronomische, und in den USA beriet schließlich ein parlamentarischer Untersuchungsausschuß über die Frage, ob möglicherweise ein Kaffeekartell die Preise künstlich in die Höhe treibe. Zu diesem Zeitpunkt kostete die Tasse Kaffee in vielen amerikanischen Gaststätten schon bis zu 15 Cent! Und in London war sie doppelt so teuer wie eine Tasse Tee.[10] Die hohen Preise führten wiederum zur Entwicklung des Kaffeeanbaus im brasilianischen Bundesstaat Paraná und riefen nun auch verstärkt afrikanische Produzenten auf den Plan.[11] Auf dem Schwarzen Kontinent konzentrierten sich die Kaffeebauern dabei zum großen Teil auf die billigeren Robusta-Varietäten, die für die Herstellung des immer stärker nachgefragten Instant-Kaffees große Bedeutung besitzen.

Das Wachstum des vergangenen halben Jahrhunderts ging mit einem machtvollen Konzentrationsprozeß westlicher Kafferöster und -händler einher, die in immer größerem Maße Einfluß auf den Umfang der produzierten Sorten und Qualitäten nehmen konnten und können.[12] Seit den 1960er Jahren versucht die »International Coffee Organization« (ICO) – eine aus Produzenten- und Konsumentenländern zusammengesetzte, multinationale Vereinigung – die globale Preisentwicklung für dieses Produkt mit mehr oder weniger Erfolg zu regulieren.[13] Aber auch die Bedeutung staatlicher Vermarktungsstrukturen nahm in den ehemaligen europäischen Kolonien in Afrika und Asien in erheblichem Umfang zu. Anfangs als Instrumente zur Regulierung von Preisen und der Gewährleistung einer kontinuierlichen Abnahme kleinbäuerlich produzierten Kaffees gedacht, entwickelten sich jene vielerorts zu Keimzellen ausufernder Korruption. Die Verstaatlichung von Kaffeeplantagen führte zudem in einzelnen Staaten, wie anfangs in Nordvietnam oder in Indonesien, gar zum zeitweiligen Produktionsrückgang.[14]

Der weltweite Siegeszug des Kaffees wäre ohne intensive botanische und agrarökonomische Forschung undenkbar gewesen. Im 19. Jahrhundert stand die europäische Botanik dabei noch ganz im Zeichen der Festigung europäischer Kolonialherrschaft. In besonders prominenter Position befand sich der westlich der britischen Hauptstadt gelegene Botanische Garten von Kew. Schon früh entwickelte sich Kew zu einem Zentrum der Forschung sowie zu einer Schnittstelle des Transfers von Nutzpflanzen von einer Weltgegend in eine andere. So gelangten etwa Samen und Schößlinge des Latexbaumes von Südamerika über Kew nach Indien, Korkeichen wurden aus dem Mittelmeergebiet in den nordindischen Punjab verbracht, und Valonea-Eichen gelangten aus Südosteuropa über Kew nach Indien, Ceylon, Südafrika und Trinidad. Neue Baumarten wurden ebenso nach Neuseeland, Australien und in die Vereinigten Staaten transferiert. Auch die Eukalyptuspflanze trat über Kew ihren monokulturartigen Siegeszug um die Welt an. Und die Plantagenbesitzer in den britischen Kolonien waren stets darauf bedacht, die besten Tabaksamen für ihren Anbau aus Kew zu erhalten. Alles wurde akribisch in den seit 1876 von Sir Joseph Dalton Hooker (1817–1911) herausgegebenen Jahresberichten des Botanischen Gartens dokumentiert.

So liegt es nahe, daß der botanische Garten nahe der britischen Millionenmetropole in der zweiten Hälfte des 19. Jahrhunderts auch eine tragende Rolle beim Ausbau der Kaffeeproduktion spielte. Das wird nirgendwo deutlicher als am Beispiel der Insel Ceylon, wo während der 1870er Jahre der Kaffeerost weite Kaffeeländereien verwüstet hatte, wie wir weiter unten noch genauer betrachten wollen. Kew führte infolge dieses Desasters seit 1873 anstatt der vorherrschenden Arabica-Sorte die robustere *Coffea liberica* auf der Insel ein, in der Hoffnung, jene würde sich gegen die verheerende Krankheit als immun erweisen. Innerhalb kürzester Zeit stieg die Nachfrage nach dieser erst kurz zuvor entdeckten Varietät, so daß selbst der botanische Garten die Nachfrage schon bald nicht mehr befriedigen konnte und den Transfer der Samen privaten englischen Pflanzenhändlern überließ. Es entsprach dabei durchaus der gängigen Praxis, die Distribution neuer Pflanzen den freien Kräften des Marktes zu überlassen, nachdem eine Pflanzen-Innovation erst einmal angenommen worden war.[15] Kew engagierte sich aber nicht nur bei dem Transfer neuer Kaffeevarietäten, sondern beteiligte sich gemeinsam mit dem auf Ceylon gelegenen botanischen Garten von Peradeniya auch an der wissenschaftlichen Erforschung des Kaffeerostes selbst.[16]

Was die agrarökonomische Forschung in den Kolonien selbst anging, zeigten sich die Niederländer in Niederländisch-Indien, zweifellos nicht ganz uneigennützig, vorbildhaft. Die koloniale Obrigkeit betrieb einschlägige Forschung, die in der Anfangszeit auch den kleinbäuerlichen Kaffeeproduzenten zugute kam, obwohl die daraus resultierenden Gewinne letztlich wieder von den europäischen Kolonialherren abgeschöpft wurden. Die Plantagenbesitzer schlossen sich ihrerseits zusammen, um eigene Forschungen über Zucker- und Kaffeeanbau zu betreiben.[17]

In den meisten produzierenden Ländern Lateinamerikas entstanden erst in den 1940er und 1950er Jahren nationale Forschungseinrichtungen. Deren Ziel war die Entwicklung neuer Anbautechnologien, mit denen weitere Ertragssteigerungen möglich waren. Die Kaffeepflanze wurde hier tiefgehend erforscht, ebenso aber auch die Optimierung der Nährstoffzufuhr, der Blüte und der Befruchtung. Aber auch Experimente mit einer möglichst günstigen Beschattung der Pflanzen standen im Mittelpunkt der Bemühungen.[18]

Der Aufstieg der neuen Kaffeegiganten und die wissenschaftlichen Fortschritte vollzogen sich parallel zum schleichenden Niedergang der einstigen Kaffee-Großmacht Jemen. Denn seit etwa 1800 verlor der jemenitische Kaffee zusehends an Boden. Während das ganze 18. Jahrhundert hindurch die Produktion im Lande noch mehr oder weniger konstant geblieben war, kam es jetzt in Anbetracht der massiv wachsenden Konkurrenz in den europäischen Kolonien und schließlich in den jungen unabhängigen Staaten Lateinamerikas zu einem deutlichen Einbruch. Letztlich war der einst so beliebte Kaffee aus Arabia Felix nicht mehr wettbewerbsfähig. Hintergrund dieses Niedergangs waren aber auch politische Unruhen und Machtkämpfe im Jemen selbst, die zeitweise die faktische Teilung des südlichen Landesteils zur Folge hatten. Dieser Konflikt führte zu massiven Einbrüchen im Handel der jemenitischen Häfen mit Djidda und Ägypten.[19] Seit 1810 gelang es wiederum ägyptischen Truppen, im Zuge ihrer Expansion auf der Arabischen Halbinsel auch das Bergland des Südjemen unter ihre Kontrolle zu bringen. Um schließlich die ägyptische Macht einzudämmen, setzten sich die Briten im Jahre 1839 in den Besitz von Aden. Mit einheimischen Anrainerfürsten wurden Schutzverträge geschlossen, die eine weitere Ausdehnung Ägyptens in Richtung Süden verhindern sollten. Ägypter wie lokale Stammesfürsten versuchten dennoch weiterhin, ihren Teil vom immer weniger lukrativen Kaffeehandel abzubekommen, nicht zuletzt, um mit den daraus erwirtschafteten Einkünften Waffen zu erwerben.[20]

Die Eroberung Adens ermöglichte den Briten den Aufbau einer europäischen Schiffahrt auf dem Roten Meer, bemerkenswerterweise auf der Grundlage der alten Niebuhrschen Karte aus dem 18. Jahrhundert. Eine weitere Beschleunigung des Handels brachte die Eröffnung der Eisenbahn zwischen Kairo und Suez im Jahre 1859, die auf dieser Strecke den traditionellen Karawanenverkehr bald fast vollständig ersetzte.[21] Schon seit 1854 wurde zudem an Plänen gearbeitet, die fünfzehn Jahre später zur Eröffnung des Suezkanals führten.[22] Der jemenitische Kaffee sollte von der politischen Beruhigung und jenem massiven Ausbau der Infrastruktur letztlich aber nicht profitieren. Um 1840 bestritt der Jemen nur noch 2–3% der jährlichen Weltproduktion.[23] Der Todesstoß wurde dem traditionsreichen Handel über Mokka im Jahre 1850 versetzt, als die Briten aus Aden einen Freihafen machten und damit auf einen Schlag einen großen Teil der ohnehin immer geringeren jemenitischen Kaffeeernten anzogen. Innerhalb von zwei Jahrzehnten wurde aus Mokka eine Geisterstadt.

Im hochpreisigen Marktsegment blieb der jemenitische Kaffee als Nischenprodukt aber weiterhin interessant. Auch wenn er teurer war als derjenige aus Niederländisch-Indien, Ceylon oder Brasilien, festigte sich doch sein Ruf, von deutlich höherer Qualität zu sein.[24] So berichtet etwa der französische Vizekonsul Dubreuil im Jahre 1868 von der sorgfältigen Vorbereitung der aus dem Jemen stammenden Kaffeebohnen in Djidda für den Weitertransport:

»Jeder Ballen Kaffee genießt eine besondere Fürsorge. Die Bohnen werden auf dem Boden ausgebreitet, und Sklaven knien sich davor. Die weitere

Behandlung geschieht mit dem Ziel, alle Bohnen zu entfernen, die nicht die grünliche Farbe und den durchsichtigen Schimmer haben, der den jemenitischen Kaffee vor demjenigen Äthiopiens, Indiens und Amerikas so einzigartig macht.«[25]

Dieser Ruf der besonderen Erlesenheit konnte aber den Bedeutungsverlust nur hemmen, nicht jedoch ganz aufhalten.

Trotz des relativen und absoluten Rückgangs im globalen Maßstab spielte der Kaffee für den Jemen selbst bis weit in das 20. Jahrhundert hinein eine gesamtwirtschaftlich herausragende Rolle. Noch in den 1950er Jahren bestand mehr als die Hälfte der Exporte des Südjemen aus Kaffee; und erst in den 1970er Jahren übernahm die Baumwolle die Rolle des führenden Exportprodukts.[26] Dabei wurde der Kaffee noch in der zweiten Hälfte des 20. Jahrhunderts im Land in bäuerlichen Klein- und Kleinstbetrieben angebaut, teilweise gemeinsam mit anderen Feldfrüchten in bloßer Subsistenzwirtschaft – eine Tendenz, die sich bis heute fortsetzt. Größere Plantagen existieren nicht. Oft befindet sich das Land dabei nicht einmal im Besitz der Bauern, und bisweilen muß bis zur Hälfte der Ernte als Pachtleistung an den Grundherrn abgeführt werden.[27]

Als Gründe für den Niedergang trotz der großen binnenwirtschaftlichen Bedeutung gelten ein vergleichsweise niedriges Produktionsniveau, die Schädigung von Pflanzungen durch den Bürgerkrieg 1962–1969, aber auch die stärkere Differenzierung der jemenitischen Volkswirtschaft und die Konkurrenz durch den Anbau von Baumwolle und Qat. Galt dereinst der Kaffee aus Arabia Felix als der weltweit hochwertigste, litt dessen Qualität seit dem Ende des Zweiten Weltkrieges zusehends: Von Geruch und Geschmack ungenügend, in der Gestalt nicht gleichförmig, gingen oft auch zerbrochene Bohnen in den Export. Ineffektive Vermarktung machte den Kaffee auf dem Weltmarkt vergleichsweise teuer, obwohl die Erzeugerpreise niedrig lagen. Nur noch wenige Gärten stellten Kaffee in der altgewohnten, hohen Qualität her. 1974 exportierte der Jemen allein noch 1.523 Tonnen Kaffee, Ende der 1940er Jahre waren es noch durchschnittlich 5.000 Tonnen jährlich gewesen.[28]

Vom Niedergang des jemenitischen Kaffeeanbaus seit dem beginnenden 18. Jahrhundert profitierten zunächst die Karibischen Inseln. Den Beginn machte Jamaica, wo die Briten bereits 1728 Kaffeepflanzen setzten. Von hier aus kam und kommt der legendäre »Blue Mountain Coffee«, der als einer der besten Kaffees der Welt gilt. Seit den 1780er Jahren wurde in Saint-Domingue in nennenswertem Umfang Kaffeeanbau betrieben. Dort sind die Böden günstig, und das Klima ist ideal. In geringerem Maße wurde später auch auf Kuba, Puerto Rico und den kleineren Karibischen Inseln, wie Trinidad, Antigua, Barbados oder Tobago, die Kaffeepflanze kultiviert, wo sie allerdings nie eine größere Bedeutung erlangte.[29] Kaffeeanbau in der Karibik war bis weit in das 19. Jahrhundert hinein vor allem Sklavenarbeit. Schon früh regte sich gegen das ausbeuterische Produktionssystem aber Widerstand, der 1791–94 im französischen Saint-Domingue in den später von Toussaint Louverture (ca. 1743–1803) angeführten Sklavenaufstand mündete. Im Zuge der Französischen Revolution kam es hier zu einer Befreiung der Sklaven, die letztlich mit der Unabhängigkeitserklärung und der Gründung Haitis, des ersten souveränen Staates in der Karibik, endete.[30]

Wie bereits im vorigen Kapitel untersucht, produzierte dann aber Niederländisch-Indien bereits im dritten Jahrzehnt des 19. Jahrhunderts bereits die Hälfte des weltweit angebotenen Kaffees. Schon zu Beginn des 17. Jahrhunderts hatte sich auf dem Boden des heutigen Indonesien die Herrschaft der Niederländer ausgebreitet. In der Anfangszeit stand zunächst die Eroberung der dortigen portugiesischen Niederlassungen im Mittelpunkt der Aktivitäten. Erst im 18. Jahrhundert kam es zu einer verstärkten territorialen Expansion zunächst auf der Insel Java.[31]

Vor allem Java konnte sich schließlich auch als Mittelpunkt des Kaffeeanbaus in Niederländisch-Indien profilieren. Bis in die 1870er Jahre hinein wurde der Kaffee anders als in der Karibik hauptsächlich unter Regie der einheimischen Eliten von den lokalen Bauern angebaut. Um gleichwohl die Überschüsse der landwirtschaftlichen Produktion abzuschöpfen, entwickelten die Niederländer seit dem Ende der Napoleonischen Kriege das Zwangsanbausystem des sogenannten »Cultuurstelsel«. Die Bauern mußten im Rahmen dieses Systems jeweils ein Fünftel ihrer Arbeitskraft in die Produktion von cash-crops, wie Indigo, Zucker und eben auch Kaffee, investieren und diesen Anteil kostenlos der kolonialen Obrigkeit zur Verfügung stellen. Auf den Schiffen der »Nederlandsche Handelsmaatschappij« wurden die Güter dann in die Niederlande transportiert und dort gewinnbringend verkauft. Der Kaffee bestritt auf diese Weise lange Zeit mehr als 80% der niederländischen Einnahmen aus dem »Cultuurstelsel«, wohingegen der zeitgleiche Zuckeranbau oftmals gar zu Verlusten führte.[32] Um 1860 trugen die Einkünfte aus dem System immerhin zu mehr als einem Viertel zum niederländischen Staatshaushalt bei. Nicht unwesentlich leistete der Kaffee aus Südostasien damit seinen Beitrag zur infrastrukturellen Entwicklung und Modernisierung der Niederlande in der zweiten Hälfte des 19. Jahrhunderts. Erst in den letzten Jahrzehnten jenes Jahrhunderts erfolgte der Aufbau einer europäischen Plantagenwirtschaft mit der entsprechenden Rekrutierung einheimischer Arbeitskräfte.[33]

Das niederländische Zwangsanbausystem auf Java war außerordentlich gewinnbringend, führte aber bald schon zu Kritik von niederländischer Seite, insbesondere vom Baron von Hoëvell (1812–1879), einem Theologen, sowie seitens des Kolonialbeamten Eduard Douwes Dekker (1820–1887), der unter dem Pseudonym Multatuli (»ich habe viel getragen«) seinen Roman »Max Havelaar. Oder die Kaffeeversteigerungen der niederländischen Handelsgesellschaft« verfaßte.

Douwes Dekkers Held Max Havelaar ist wie sein Schöpfer selbst Kolonialbeamter in Niederländisch-Indien und fest in das Zwangsanbausystem eingebunden, zu dessen Kritiker er avanciert und an dem er letztlich scheitern soll. Insbesondere klagt Multatuli in den Worten seines Helden die Arbeit der niederländischen Distriktgouverneure, der Residenten, an, die als Mittler zwischen einheimischen Bauern und der kolonialen Obrigkeit im Dienste der eigenen Karriere vor der Not im Lande nur zu oft die Augen verschlössen:

> »Auf welche Verbesserung der vielen Mißstände ist denn zu hoffen, wenn von vornherein die Absicht besteht, in den Berichten an die Führung alles zurechtzubiegen und zu verdrehen? Was ist denn zum Beispiel von einer Bevölkerung zu erwarten, die, vom Wesen her sanftmütig und fügsam ist, die Jahr um Jahr über Unterdrückung klagt, während sie einen Residenten nach dem anderen auf Urlaub oder in Pension gehen oder zu einem anderen Amt abberufen sieht, ohne daß auch nur etwas zur Behebung der Mißstände, unter denen sie zu leiden hat, geschehen ist! Muß nicht die gekrümmte Feder endlich zurückschlagen? Muß nicht die solange unterdrückte Unzufriedenheit – unterdrückt, damit man sie weiterhin verleugnen kann! – endlich in Wut übergehen, in Verzweiflung, in Raserei? Liegt nicht eine Jacquerie am Ende dieses Weges?«[34]

Multatuli sah die von den Europäern geschaffenen Zustände in Niederländisch-Indien also als Nährboden der Revolution – eine Meinung, die von den Vorgesetzten des Autors bei weitem nicht geteilt, oder zumindest unterdrückt wurde. Nicht allein klagt der Verfasser aber die niederländische Kolonialregierung an, sondern in mindestens ebenso großem Maße die einheimischen Eliten Niederländisch-Indiens, die auch vom »Cultuurstelsel« profitierten und die Not der einheimischen Bauern ignorierten. Nach dem erstmaligen Erscheinen im Jahre 1860 führte »Max Havelaar« zu heftigen Debatten zwischen Gegnern und Befürwortern des niederländischen Zwangsanbausystems auf Java.

Mit diesem Werk war der Dienst in der niederländischen Kolonialverwaltung aber zwangsläufig auch beendet, und der Verfasser starb 1887 im deutschen Exil.[35]

Neben der Karibik und Niederländisch-Indien zählte auch die Insel Ceylon zu den frühen Konkurrenten des jemenitischen Kaffees. Ceylon – das heutige Sri Lanka – war im Zuge der Französischen Revolutionskriege in den Machtbereich der englischen Ostindienkompanie gelangt. So hatten die Briten zwischen Juli 1795 und Februar 1796 das einst niederländische Territorium auf der Insel besetzt. Die unsichere Grenze zwischen dem neuen britischen Machtbereich und den unabhängigen Fürsten im Landesinneren sowie die Aktivitäten von Rebellen in dem nun britisch dominierten Küstenstreifen bewog die neuen Kolonialherren aber schon bald, auch die noch unabhängigen Gebiete der Insel zu erobern. In einem mehrjährigen Krieg gelang es den Briten 1814–1818, ganz Ceylon einzunehmen und später eine einheitliche Kolonialverwaltung zu etablieren.[36] Diese großflächige Eroberung sollte einige Jahrzehnte später den Aufbau einer europäischen Plantagenwirtschaft begünstigen.

Wie bereits im vorigen Kapitel untersucht, hatten die Niederländer schon seit der Mitte des 17. Jahrhunderts mit der Anpflanzung von Kaffee auf Ceylon experimentiert, den Anbau später aber zugunsten der Plantagenwirtschaft in Niederländisch-Indien wieder zurückgefahren. Erst unter den Briten sollte der Kaffeeanbau eine zweite Blüte, gleichzeitig aber auch seine tiefste Krise erleben. Schon seit den 1830er Jahren wurden auf Ceylon moderne Anbaumethoden eingeführt, die den Weg zu einer großflächigen, monokulturartigen Plantagenwirtschaft wiesen. Im Laufe des darauffolgenden Jahrzehnts entwickelte sich der Kaffee schließlich zum dominierenden Anbauprodukt mit einem Schwerpunkt um die Stadt Galle sowie im Bezirk Kandy. Während sich der Anbau um Galle aber nach einiger Zeit als nur wenig erfolgversprechend erwies, zeitigten die Plantagen im Bergland von Kandy um so größere Früchte.[37]

Der Ausbau der Plantagenwirtschaft erforderte die Entwicklung von Infrastruktur und Kommunikationswesen. Schon 1823 war eine einfache Piste zwischen Colombo und Kandy für den Wagenverkehr fertiggestellt worden, die bis 1832 komplett ausgebaut und mit Brücken versehen wurde. Auch wenn dieser Weg in erster Linie militärischen und verwaltungstechnischen Bedürfnissen diente, erlangte er bald auch für die Kaffeewirtschaft eine herausragende Bedeutung. Es folgten weitere Straßen in das Hinterland Kandys, mit denen sich die Wege zu den bestehenden Plantagen verkürzten, die ihrerseits aber auch unberührtes Dschungelland für den Kaffeeanbau erschlossen.[38]

Von besonderer Bedeutung erwiesen sich in Anbetracht einer stark wachsenden weltweiten Nachfrage und rigider Schutzmaßnahmen in Großbritannien zugunsten der eigenen Kolonialprodukte die Jahre zwischen 1845 und 1847. In dieser kurzen Zeit konnte sich die Anbaufläche auf der Insel auf 20.000 ha mehr als verdoppeln. Die mittlerweile um die 600 Kaffeeplantagen banden ein enormes Kapital, das teils von Privatunternehmen, teils von großen britischen Handelsgesellschaften bereitgestellt wurde. Der Boom des Kaffeeanbaus Mitte der 1840er Jahre bescherte aber auch der kolonialen Obrigkeit vor Ort in erheblichem Maße Mehreinkünfte, die sich nicht nur aus steigenden Steuer- und Zolleinnahmen, sondern auch aus dem Landverkauf speisten.

Die erste Blüte war aber nur von kurzer Dauer. Schon 1845, als der massive Ausbau des Plantagenlandes gerade erst begonnen hatte, sanken in Anbetracht einer sich abzeichnenden starken weltweiten Überproduktion die Verkaufspreise auf den europäischen Märkten. Beinahe den Todesstoß hätte die schwere Wirtschaftskrise der ceylonesischen Kaffeeproduktion bereitet, die 1847–48 die britische Wirtschaft heimsuchte. Zur Überproduktion gesellte sich nämlich nun ein signifikanter Rückgang des Absatzes im Mutterland, was zu einem weiteren Verfall der Preise und schließlich zu Konkursen wie etwa dem des Handelshauses Ackland Boyd & Co mit allein 35 Plantagen führte.[39]

Die Kaffeekrise war aber rasch überwunden und bot schließlich neue Chancen. So wechselten im Zuge der Krise zahlreiche Plantagen ihren Besitzer; Land war nun billig zu haben und bot den neuen Investoren bessere Möglichkeiten als denjenigen, die inmitten des Boomjahres 1845 teures Plantagenland erworben hatten. Bis Mitte der 1850er Jahre folgte entsprechend eine Phase des moderaten Ausbaus, der sicherlich größer ausgefallen wäre, hätte der Leiter der britischen Kolonialverwaltung vor Ort, Sir George Anderson, nicht einen rigiden Sparkurs durchgesetzt, um die Finanzen der Kolonialverwaltung nach der Krise wieder in Ordnung zu bringen. Die Wünsche der Siedler, die Immigration von indischen Wanderarbeitern zu subventionieren, den Ausbau der Infrastruktur weiter voranzutreiben und den Landkauf zu verbilligen, stießen bei ihm auf taube Ohren. Diese Politik war erfolgreich und führte zu einer baldigen Konsolidierung der krisenbedingt desolaten Finanzlage, so daß vielen Forderungen unter seinem Nachfolger, Sir Henry Ward, wieder nachgegeben werden konnte.

Unter Ward vollzog sich ein weiterer signifikanter Ausbau der Infrastruktur. Die schmalen Bergwege waren der steigenden Kaffeeproduktion bald schon nicht mehr gewachsen. In seiner Amtszeit ließ jener daher an die 3.000 Meilen Fahrwege ausbauen und mit Brücken versehen. Schon bald war aber klar, daß auch diese bei dem weiter steigenden Kaffeeverkehr zwischen Bergen und den Häfen nicht mehr ausreichen würden und daß nur der Bau einer Eisenbahnstrecke Abhilfe schaffen könne. Schon 1845 hatten Pläne existiert, mit privatem Kapital eine solche Verbindung zwischen dem Bergland Kandys und der Küste zu schaffen. Auch wenn unter Wards Ägide sämtliche Vermessungs- und Planungsarbeiten abgeschlossen werden konnten, zeigte sich doch schon bald, daß privates Kapital der Pflanzer nicht ausreichen würde und daß die potentiellen Kapitalgeber in Großbritannien nur geringe Neigung zeigten, ein solches Projekt zu finanzieren. Immerhin gelang es dann aber doch, nach nur fünfjähriger Bauzeit die Strecke zwischen Colombo und Kandy im Jahre 1867 fertigzustellen. In den 1870er Jahren wurde die Eisenbahn über Kandy hinaus tiefer in das Bergland hinein verlängert.[40]

In der zweiten Hälfte des 19. Jahrhunderts erfuhr Ceylon in großem Maße Integration in den globalen Kaffeemarkt, erlebte in demselben Zeitraum aber auch seine tiefste Krise. Nach dem überstandenen Einbruch in der zweiten Hälfte der 1840er Jahre stieg der Kaffee rasch zum wichtigsten, größtenteils monokulturartig angebauten Plantagenprodukt und zum bedeutendsten Exportgut der Insel auf. Dieses überwältigende Übergewicht sollte bis in die 1880er Jahre hinein bestehen bleiben. Insgesamt waren 1871/72 schon fast 80.000 ha mit Kaffeesträuchern bepflanzt, 1878 dann beinahe 110.000 ha. Trotz der deutlich steigenden Produktion blieben die Kaffeepreise in diesem Zeitraum stabil, was auf die zeitgleich stark wachsende Nachfrage in Europa zurückzuführen ist. Nichts schien den unaufhaltsamen Aufstieg der ceylonesischen Kaffeeindustrie aufzuhalten. Der unerwartete Todesstoß wurde dieser denn auch nicht durch die Unwägbarkeiten des Weltmarktes versetzt, sondern durch einen kleinen, unsichtbaren Pilz: der hemileia vastatrix, auch bekannt unter der Bezeichnung Kaffeerost.

Schon 1869 wurden die ersten Plantagen um Madulsīma davon befallen. Es kam zu Ernteeinbußen, aber kaum jemand nahm das Problem ernst; denn die Plantagenbesitzer hofften, mit Unterstützung aus Kew durch neue Züchtungen und verbesserte Anbaumethoden des Problems Herr zu werden. Ein Jahrzehnt lang erlebte der Kaffee auf der Insel dann noch eine Gnadenfrist. Spätestens zu Beginn der 1880er Jahre war aber offensichtlich, daß sich der dortige Kaffeeanbau seinem Ende zuneigte. Weite Ländereien waren durch die Krankheit zerstört, und die Kaffeeproduktion auf der Insel brach schließlich völlig zusammen. Die daraus resultierende Krise führte auch in den Kassen der Kolonialverwaltung zu starken Einnahmerückgängen. Weder Plantagenbesitzer noch Arbeiter oder Bauern zahlten mehr in der gewohnten Höhe Steuern. Die Plantagenwirtschaft benötigte insgesamt etwa zwei Jahrzehnte, um sich durch die Umstellung auf neue Agrarprodukte von dieser Krise zu erholen. So entstanden bis 1910 großflächig Gummi- und Teeplantagen.[41]

Ebenso wie die Plantagenbesitzer in der Karibik oder auf Mauritius waren diejenigen auf Ceylon von der Arbeitsimmigration abhängig. Die Bevölkerungsdichte war vergleichsweise gering, und die lokalen Einwohner trieben eigenständig Landwirtschaft und zeigten entsprechend wenig Neigung, zu einem geringen Tagelohn für ein europäisches Unternehmen zu arbeiten. Von den damaligen Plantagenbesitzern wurde diese Tatsache freilich oft als Mangel an Interesse, Trägheit oder Selbstgenügsamkeit gedeutet.[42]

Der Bedarf an Arbeitskräften auf den Kaffeeplantagen war saisonal. In dieser Hinsicht befand sich Ceylon, wo die Ernte zwischen Mitte August und November stattfand, durch die Nähe zu Indien in einer vergleichsweise günstigen Lage. Seit den 1830er Jahren zog es nämlich südindische Tamilen zur Erntesaison in großer Zahl über die schmale Palk Strait auf die Insel. Während des übrigen Jahres arbeiteten die Migranten aus dem Norden daheim auf den Reisfeldern. Da diese Arbeitskräfte Jahr für Jahr die beschwerliche Reise durch die malariaverseuchten Küstenebenen Ceylons antraten, lag die Sterblichkeit allerdings hoch. Im Gegensatz zur Karibik mit einer dauerhaften Einwanderung bzw. der Sklavenwirtschaft überließen die britischen Kolonialbehörden die saisonale Arbeitsmigration zwischen Indien und dem ceylonesischen Hochland dem freien Spiel der Marktkräfte. Im Jahre 1858 übernahm die Kolonialverwaltung auf Ceylon dann aber doch das Management bei der Rekrutierung der Arbeiter. Aber auch mit dieser Änderung konnte der weiterhin starke Mangel an Arbeitskräften nicht behoben werden, da auch der Eisenbahnbau auf der Insel in großer Zahl Menschen anzog.[43]

Die Kaffeeproduktion in Asien büßte im Laufe der zweiten Hälfte des 19. Jahrhunderts in erheblichem Umfang Marktanteile ein, was aber nicht allein mit der Kaffeekrise auf Ceylon zu erklären ist, sondern auch mit dem stark wachsenden Anbau in Lateinamerika. In den ehemaligen spanischen Kolonien Lateinamerikas geht der Kaffeeanbau noch auf die Initiative der einstigen Kolonialobrigkeit zurück. In Guatemala entstanden durch eine königliche Verordnung bereits seit 1759 Kaffeegärten, während die Pflanze erst seit etwa 1795 in Mexiko kultiviert wurde.[44] Eine stetig wachsende Produktion in Verbindung mit fallenden Preisen generierte eine kontinuierlich steigende Nachfrage. Vor allem Brasilien profitierte von dieser Entwicklung So wuchsen Brasiliens Kaffeeexporte zwischen 1822, dem Jahr der Unabhängigkeit von Portugal, und 1899 um das Fünfundsiebzigfache.

Nach Brasilien kam die Pflanze nicht direkt aus dem Vorderen Orient, sondern sie machte einen Umweg über die niederländische, nordöstlich Brasiliens gelegene Kolonie Surinam und über Französisch-Guayana. Von hier aus verbreitete sich der Anbau ab 1727 in der brasilianischen Region Para und erst seit 1774 um Rio de Janeiro sowie 1790 um São Paulo. Die Einführung des Kaffees im Lande ist mit einer romantischen Legende verbunden, deren Wahrheitsgehalt heute indes kaum mehr überprüft werden kann: So bestand in jener Zeit ein Grenzkonflikt zwischen Französisch-Guayana und Surinam. Der brasilianisch-portugiesische Diplomat Francisco de Mello Palheta wurde als Vermittler eingeschaltet, soll aber neben seiner offiziellen Mission auch das ganz private Interesse der Gattin des französischen Gouverneurs erregt haben. Aus einer ersten Zuneigung entspann sich eine handfeste Affäre; und als Abschiedsgeschenk erhielt der Brasilianer einen üppigen Blumenstrauß. Dieser Strauß hatte es im wahrsten Sinne des Wortes in sich. Denn die vor Liebe entflammte Französin hatte angeblich darin Zweige des Kaffeestrauches mit reifen Kirschen einbinden lassen – zumindest der

Legende nach das Grundkapital der später so erfolgreichen brasilianischen Kaffeeproduktion.[45]

Von Beginn an wurde der Kaffee in Brasilien überwiegend durch Sklavenarbeit produziert. Offiziell bereits 1831 abgeschafft, war diese Regelung doch nicht einmal das Papier wert, auf dem sie stand. Denn gerade der Kaffeeboom in Paraíba an der Nordostspitze Brasiliens führte in den darauffolgenden Jahren zu einem massiv verstärkten Einsatz von Sklaven. Diese kamen wie seit Jahrhunderten aus Afrika; aber auch der Sklavenhandel ging mit der Zeit: Im Jahre 1848 fuhr das erste Dampfschiff von Angola nach Brasilien.[46] Während die afrikanischen Sklaven in der Regel unter erbärmlichen Bedingungen leben mußten, unter Folter ebenso wie unter sexueller Ausbeutung litten und nicht selten dem Hungertod nahe waren, erfreuten sich die Plantagenbesitzer eines heute noch legendären Reichtums. Noch zu Beginn der 1880er Jahre äußerte sich ein Mitglied des brasilianischen Parlaments: »Brasilien ist Kaffee, und Kaffee ist der Schwarze.«[47] Dazu zählten auch die zahllosen Kinder versklavter Eltern, die den Kaffee pflücken mußten.[48] Ihre umfassende Verfügbarkeit als billige Arbeitskräfte führte in Brasilien dazu, daß eine Technisierung des Landes etwa in Form der Dampfkraft nur vergleichsweise spät einsetzte. Erst im Jahre 1888 wurde die Sklaverei tatsächlich auch beendet. Seit dieser Zeit wurde jene durch aus Südeuropa einwandernde Tagelöhner ersetzt.[49]

Neben der menschlichen Katastrophe in Form der Sklaverei übten die Plantagenbesitzer auch massiven Raubbau an der Natur. Nachdem weite Kaffeeländereien im Süden Brasiliens ausgebeutet waren, wurden im Zuge großflächigen Brandrodungsfeldbaus in der zweiten Hälfte des 19. Jahrhunderts riesige Urwaldflächen nördlich Rio de Janeiros vernichtet. Land stand praktisch unbegrenzt zur Verfügung. War die dünne Humusschicht durch noch wenig nachhaltige Anbaumethoden ausgelaugt, zogen die Plantagenbesitzer weiter. Das ganze Land veränderte im Zuge dieses Umweltfrevels sein Gesicht.[50]

Gerade die scheinbar unermeßliche Größe der Ländereien machte den brasilianischen Kaffee zu einem weitgehend konkurrenzlosen Gut auf dem Weltmarkt. Die Ausdehnung des Anbaus vollzog sich in Brasilien fast ausschließlich durch die Expansion traditioneller Produktionsverfahren und kaum durch technische Innovationen oder neue Anbaumethoden. Anders als etwa beim Anbau von Kaffee und Tee in Süd- und Südostasien mangelte es lange Zeit an spezifischer Forschung und deren Institutionalisierung im Lande. Die erste botanische Forschungsstation entstand nur im Jahre 1887, wohingegen eine professionelle agrarökonomische Wissenschaft aber auch weiterhin fast vollständig fehlte. Der Pflanzer konnte sich lediglich auf einige wenige Handbücher stützen, und vieles geschah nach dem Prinzip des »trial and error«. Eine statistische Dokumentation fehlte lange Zeit ebenso wie ein höher entwickeltes Kreditwesen.[51] Man vertraute nach dem Motto »Deus é Brasiliero« (»Gott ist Brasilianer«) einfach auf die von Gott gegebene Fruchtbarkeit des Landes.

Vergleichsweise spät entwickelte sich mit dem Ausbau der Eisenbahnen und der Dampfschiffahrt zwischen den 1860er Jahren und 1900 die Infrastruktur. Diese ermöglichte dann aber doch die weitere Erschließung von Anbaugebieten durch die Kultivierung von Urwaldland in der Peripherie, allerdings oftmals um den Preis der Verdrängung indigener Bevölkerungsgruppen. Der nur allmähliche Ausbau des Eisenbahnnetzes beschleunigte den Transport des Kaffees in die Häfen letztlich dann aber doch beträchtlich. Da dafür allerdings in erheblichem Umfang Investitionen nötig waren, die zu einem großen Teil von den Produzenten selbst getragen wurden, verringerten sich die Transportkosten zunächst kaum. Andererseits hatte der Kaffeetransport auf dem Rücken von Maultieren zuvor etwa ein Fünftel der in der Kaffeewirtschaft eingesetzten Sklaven gebunden, was nun allmählich wegfiel und mehr Arbeitskraft für den Anbau selbst freisetzte. Der Eisenbahntransport führte darüber hinaus zu einer Verminderung von Transportverlusten und

Schäden. Insgesamt verbesserte sich dadurch die Qualität des Rohkaffees.[52]

Schon um 1850 produzierte Brasilien etwa die Hälfte der weltweiten Kaffeeernte, und zu Beginn des 20. Jahrhunderts lag der Anteil bei mehr als 80%. Im Zuge der weltweiten Kaffeekrise der 1930er Jahre und mit dem Aufstieg des benachbarten Kolumbien als bedeutender Anbaunation ging der Anteil bis zum Zweiten Weltkrieg aber wieder auf unter 50% zurück. Es verwundert nicht, daß die brasilianische Kaffeeproduktion trotz der Schwankungen stets einen erheblichen Einfluß auf die Entwicklung des Weltmarktpreises ausübte. So führten Rekordernten im Land in aller Regel zu einem weltweiten Preisverfall. Besonders dramatisch wirkte sich ein solcher meist für die Menschen in den brasilianischen Anbauregionen selbst aus, deren Wirtschaftsleistung teils zu 90% von der Kaffeeausfuhr abhing. Insgesamt zeigte sich im Laufe der Jahrzehnte im Zuge von Miß- und Rekordernten ein zyklisches Auf und Ab der Preise, das durchschnittlich in einem Siebenjahresrhythmus stattfand.

Um die Folgen des regelmäßig eintretenden massiven Preisverfalls abzumildern, entschloß sich die Provinzregierung von São Paulo zur sogenannten Kaffeevalorisation. So kaufte jene erstmals im Jahre 1906 im Zuge einer überreichlichen Ernte in großem Maße selbst Kaffee auf, was vor allem durch Staatsanleihen finanziert wurde. Der aufgekaufte Valorisationskaffee wurde größtenteils in amerikanischen und europäischen Häfen zwischengelagert und erst 1911/12 mit einem beträchtlichen Gewinn abgesetzt. Eine weitere Valorisation fand 1917/18 mit dem Ende des Ersten Weltkrieges statt, die sich im Zuge der darauffolgenden Mißernte schon 1918/19 mehr als überreichlich bezahlt machte. Die dritte Valorisation wurde 1924 ebenfalls mit großem Erfolg abgeschlossen. Erst 1929 geriet das System in die Krise, als sich durch mehrere aufeinanderfolgende Rekordjahre bereits zwei Ernten auf Lager befanden und die Weltwirtschaftskrise auch den Kaffeemarkt mit voller Wucht traf. Dieses Mal entschloß sich die brasilianische Bundesregierung, die vorhandenen Vorräte zu reduzieren und die Produktion durch Steuern auf neue Kaffeepflanzen und durch ein Verbot der Neuanlage ganzer Plantagen nachhaltig zurückzuführen. Als besonders drastische Maßnahme galt dabei die Vernichtung großer Kaffeemengen. So fielen bis 1945 insgesamt 90 Millionen Sack Kaffee á jeweils 60 kg dem Verbrennen oder dem Versenken im Meer zum Opfer. Darüber hinaus unternahm die brasilianische Regierung aber auch Werbemaßnahmen, um den weltweiten Kaffeekonsum zu stimulieren. Letztlich führten diese Maßnahmen auch zur Entwicklung des »Nescafé«, wie wir im folgenden Kapitel noch untersuchen werden.[53]

Gegen Ende des 19. Jahrhunderts kam der Kaffeeanbau wieder nach Afrika zurück, woher er ja ursprünglich stammte. Im Jahre 1894 wurde beispielsweise von europäischen Siedlern die *Coffea arabica* in Kenia eingeführt.[54] Auch nach der Unabhängigkeit in den 1960er Jahren blieb ein Großteil des Plantagenlandes in der Hand der europäischen Siedler; und Kenia produziert weiterhin hochwertige, international begehrte Qualitäten, was durch die entsprechenden Höhenlagen, die günstigen Niederschlagsverhältnisse sowie die geeigneten vulkanischen Böden begünstigt wird. Seit der Unabhängigkeit legte die kenianische Regierung vor allem großen Wert auf den Kaffeeanbau durch Einheimische, der seit den 1960er Jahren schwerpunktmäßig im Meru-Bezirk und um den Mount Elgon gefördert wurde.[55] In den vergangenen Jahrzehnten erzeugten nicht weniger als 250.000–300.000 Kleinbauern im Lande auf etwa 150.000 ha Kaffee. Insgesamt macht die Kaffeeausfuhr bis heute etwa ein Viertel der Gesamtexporte Kenias aus, was die Bohne zu den wichtigsten Exportprodukten macht. Dabei teilen sich heute Arabica- und Robusta-Sorten das Land. Während der teurere Arabica-Kaffee vor allem in den höhergelegenen Distrikten von Nyeri, Meru und Kirinyaga wächst, wird die Robusta-Sorte in den Küstenebenen, im Westen des Landes sowie um die Stadt Machakos angebaut.

Im südlich Kenias gelegenen Tanganjika, dem ehemaligen Deutsch-Ostafrika, wurde ebenfalls seit dem ausgehenden 19. Jahrhundert in den Höhenlagen des Nordens und Südens sowie um den Kilimanjaro und in anderen kleineren Regionen Kaffee angebaut. Das Beispiel Deutsch-Ostafrika zeigt dabei deutlich auf, daß Kaffee im kolonialen Kontext nicht notwendigerweise plantagenmäßig kultiviert zu werden brauchte, sondern daß auch erfolgreich auf traditionelle Anbaumethoden zurückgegriffen werden konnte. So glaubten die deutschen Kolonialbehörden, die für den Kaffee hervorragend geeigneten Gebiete westlich des Victoria-Sees in der Region Buhaya seien auf Grund der großen Entfernungen zur Küste und eines sehr großen erwarteten Investitionsbedarfs für europäische Siedler unattraktiv, weshalb verstärkt auf einen indigenen Anbau gesetzt wurde: Hier konnte der traditionelle, dort schon seit langer Zeit praktizierte Kaffeeanbau, der sehr stark demjenigen von Kaffa ähnelte (obwohl Robusta- und keine Arabica-Varietäten verwendet wurden), der kolonialen Macht nutzbar gemacht werden. Es bestand keine Notwendigkeit, Plantagen zu gründen. Stattdessen wurde der einheimische Anbau, der in Mischkultur mit Bananen im kleinbäuerlichen Kontext stattfand, forciert. Rodungskosten fielen entsprechend nicht an. Dabei vollzog sich die Integration der lokalen Bauern in den weltweiten Kaffeemarkt aber nicht ganz freiwillig. So erzwang die deutsche koloniale Obrigkeit durch erhöhte Steuerforderungen die Monetarisierung des lokalen wirtschaftlichen Lebens, um damit auch ein Einfallstor für Importgüter aus Deutschland zu öffnen.[56]

Bei den anfangs schlechten Verkehrswegen lohnte sich der Handel aber zunächst kaum und setzte in größerem Umfang erst ein, als die Gegend von Buhaya über die auf dem Victoria-See verkehrenden Dampfschiffe und die Uganda Railway verkehrstechnisch besser an die Küste angeschlossen wurde.[57] Im Jahre

1901 stellten die Briten die Uganda-Bahn von Mombasa bis Port Florence (Kisumu) fertig, von wo aus fortan regelmäßig Schiffe zu den in Deutsch-Ostafrika gelegenen Orten Shirati, Mwanza und Bukoba fuhren. Der Bau von Eisenbahnlinien entwickelte sich in der deutschen Kolonie hingegen nur schleppend. Erst 1912 hatte die von Dar-es-Salaam ins Landesinnere führende Bahn die auf halbem Wege zum Tanganjika-See gelegene Stadt Tabora erreicht.

Seit 1907 verkehrten insgesamt vier britische Dampfschiffe auf dem Victoria-See; einige Zeit später wurden weitere deutsche Schiffe eingesetzt. Auf diese Weise war die Gegend von Buhaya über Britisch-Ostafrika schließlich viel besser von der Küste aus zu erreichen als viele andere, weit näher am Indischen Ozean gelegene Orte Deutsch-Ostafrikas.[58] Den Handelsverkehr auf dem Victoria-See teilten sich nun europäische Dampfer mit den von Afrikanern oder Asiaten unterhaltenen Dhaus – Segelschiffen arabischer Bauart. Diese Dhaus existierten hier schon lange vor der europäischen Inbesitznahme des Schwarzen Kontinents. Der Transport von Waren auf einem solchen Schiff dauerte zwar länger als auf einem Dampfer, war dagegen aber deutlich billiger.[59]

Der Kaffeeanbau setzte sich in Tanganjika auch in der Zeit nach dem Ende des Ersten Weltkrieges fort, als das ehemalige Deutsch-Ostafrika als Treuhandgebiet des Völkerbundes unter der Verwaltung Großbritanniens stand. In zunehmendem Maße stiegen in dieser Zeit in den meisten Anbauregionen einheimische Kleinbauern in das Geschäft ein, die sich in der »Kilimanjaro Native Cooperative Union« genossenschaftlich organisierten und die um 1960 immerhin etwa 6.000 Tonnen jährlich produzierten. Aber auch am Vorabend der Unabhängigkeit im Jahre 1961 stellten noch ungefähr 240 europäische Pflanzer Kaffee her.[60]

Fragen wir nach der jüngsten Erfolgsgeschichte des weltweiten Kaffeeanbaus, so müssen wir unseren Blick wieder zurück nach Asien richten: nach Vietnam. Die Kaffeepflanze wurde vor etwa anderthalb Jahrhunderten von den französischen Kolonialherren ins Land gebracht; heute zählt Vietnam zu den größten Kaffeeproduzenten und steht seit einigen Jahren nach Brasilien an zweiter Stelle der Weltrangliste. Die Anfänge waren bescheiden; die ersten Pflanzungen stellten kaum mehr als kleine Kaffeegärten dar, und erst zu Beginn des 20. Jahrhunderts entstanden im Land größere, von Europäern geführte Plantagen. Einen schweren Einbruch erlebte die Produktion gut ein halbes Jahrhundert später infolge des Vietnamkrieges, obwohl die im zentralen Hochland gelegenen Anbauregionen selbst vom Krieg kaum betroffen waren. Der Sieg Nordvietnams führte zunächst in den im Süden gelegenen Kaffeegärten und -plantagen zu einer Zwangskollektivierung und zu einem auch in anderen Ländern im Zuge sozialistischer Planwirtschaft zu beobachtenden Rückgang der Agrarproduktion. Erst die Wirtschaftsreformen und eine seit 1989 allmählich einsetzende Liberalisierung der nationalen Wirtschaft zeitigten ein erneutes Wachstum. Insbesondere führte eine enge Kooperation zwischen den Bauern, den Produzenten und der vietnamesischen Regierung zu einer erheblichen Professionalisierung und zur Generierung eigenständiger, allseits etablierter Marken und insbesondere von Exportqualitäten. Dabei konzentriert sich das Land heute vor allem auf den Anbau von Robusta-Varietäten.

Betrug die Anbaufläche im Jahre 1980 kaum mehr als 22.000 ha, sind es heute um die 500.000 ha. Mehrere neue, größtenteils staatlich gelenkte Kaffeehandels- und Exportgesellschaften entstanden in den vergangenen Jahrzehnten und etablierten vietnamesischen Kaffee als eine feste Größe auf dem Weltmarkt. Mit gewissen, konjunkturbedingten Schwankungen liegt die jährliche Kaffeeproduktion Vietnams gegenwärtig bei mehr als 1 Million Tonnen. Um so massiver machen sich im Land die Preisschwankungen des Weltmarktes bemerkbar. Vor allem das Jahr 2009 zeitigte beim Kaffee einen teils dramatischen Preisverfall, der auch in Vietnam deutlich spürbar war. Der Preis pro

Tonne Rohkaffee fiel dabei von 2.620,-- US-Dollar im Februar auf 1.480,-- US-Dollar im November jenes Jahres.[61]

Alle Erfolge und die großen weltweiten Wachstumsraten dürfen uns heute aber nicht darüber hinwegtäuschen, daß vielerorts auf den Kaffeeplantagen rund um den Globus immer noch erschreckende und menschenunwürdige Arbeitsbedingungen herrschen. Die Löhne sind niedrig, und außerhalb der Erntesaison verdient der Tagelöhner oftmals nichts. Arbeiter auf den Kaffeeplantagen sind vielfach gezwungen, ihre Kinder zur Ernte mitzunehmen, um den kargen Tagelohn aufzubessern. Kinderarbeit zählt nicht allein in Guatemala, einem der ärmsten Anbauländer, zu den oft vom Westen übersehenen Schattenseiten des Kaffeegenusses.[62] In diesem mittelamerikanischen Land sollen bis zu 900.000 Kinder, die teilweise nicht einmal zehn Jahre alt sind, auf den Plantagen arbeiten. Jene werden nicht nur als Pflücker eingesetzt, sondern oft gehört auch das Tragen zentnerschwerer Säcke zu ihren Aufgaben. Trotz eines Verbots der Kinderarbeit aus dem Jahre 2002 sind es auch im benachbarten Nicaragua etwa 250.000 Kinder, die auf den Kaffeeplantagen arbeiten, da das Verbot nicht nur von den Betreibern, sondern oft auch von den durch Armut geplagten Eltern selbst unterlaufen wird.[63] In Tansania werden die Bohnen vielfach von zehn- bis dreizehnjährigen Kinderarbeitern, bei denen es sich in der Regel um Mädchen handelt, geerntet.[64] Die Wahrscheinlichkeit ist recht groß, daß das Kaffeepulver, welches wir morgens in den papiernen Filter schütten, auch durch Kinderarbeit hervorgebracht wurde. Erst sehr allmählich setzt sich in der Öffentlichkeit eine wachsende Sensibilität um diese Problematik durch, wie der steigende Absatz der Transfair-Kaffees zeigt.

X. Kaffeerevolutionen

Zu Recht können wir das 20. Jahrhundert als das Zeitalter der Kaffeerevolutionen bezeichnen. Während schon vorangegangene Epochen Trends und Modeerscheinungen hervorgebracht hatten – wir denken nur an die wie Pilze aus dem Boden schießenden Kaffeehäuser im Westeuropa des 17. Jahrhunderts – zeitigte keine andere Epoche gleich mehrere fundamentale Wandlungsprozesse. Dabei ging es nicht allein um die Einführung neuer Produkte, sondern auch um beträchtliche soziale Veränderungen, die den Kaffee zu dem machten, wie wir ihn heute kennen. Nicht nur das Getränk selbst wurde in Form von Dampfdruck, Schaum, Milch und chemischer Verfahren neu interpretiert, sondern auch das räumliche und gesellschaftliche Umfeld, in dem er genossen wurde. Vier Entwicklungen erwiesen sich dabei als besonders nachhaltig: Zu Beginn des 20. Jahrhunderts die Erfindung des koffeinfreien Kaffees im Kontext der Lebensreformbewegung, seit dem Ende der 1930er Jahre der Siegeszug des löslichen Kaffees, nach dem Zweiten Weltkrieg die »Espresso-Revolution« und in den vergangenen drei Jahrzehnten die Globalisierung und die damit verbundene Entstehung weltumspannender Kaffeebar-Ketten. Und vier Namen verbinden sich wie kaum andere mit diesen Kaffeerevolutionen: Ludwig Roselius, die Firma Henri Nestlé, Pino Riservato und Howard Schultz.

Die erste Revolution ging vom wilhelminischen Deutschland aus: Schon längst hatten sich um 1900 die beiden Hafenstädte Hamburg und Bremen zu den Zentren des Kaffeeumschlags für Mitteleuropa entwickelt. Noch existierten aber keine global operierenden Konzerne, sondern der Kaffeemarkt in den norddeutschen Seehäfen war größtenteils mittelständisch organisiert. Eine der herausragenden Unternehmergestalten war um diese Zeit der Bremer Kaufmann Ludwig Roselius (1874–1943). Nach Schulzeit und Ausbildung in Hannover stieg Roselius 1894 in das väterliche Handelsunternehmen in Bremen ein und avancierte schon bald zum Prokuristen, ehe er nach dem Tode seines Vaters und dem Geschäftsaustritt des Bruders Alleinherrscher über das unter anderem mit Kaffee handelnde Unternehmen Roselius & Co. wurde. Am Vorabend des Ersten Weltkrieges hatte der unermüdlich arbeitende Ludwig (fünfzehnstündige Arbeitstage waren keine Seltenheit) das Unternehmen zu einem der führenden Kaffeeimporteure des Landes gemacht – mit Beteiligungen an Kaffeeplantagen und mit Filialen in Hamburg, London, Amsterdam und Wien. Der Erfolg seiner Geschäftstätigkeit gründete sich auf das besondere Qualitätsmanagement, mit dem Roselius nie unbesehen ganze Partien erwarb, wie es damals sonst durchaus üblich war, sondern gezielt auswählte und so immer gleichbleibende Qualität gewährleisten konnte.[1]

Ludwig Roselius sollte die bahnbrechende Entwicklung des koffeinfreien Kaffees später dem frühen Tod des Vaters zuschreiben: Dieser habe durch die mehr als zahlreichen Kaffeeverkostungen zeit seines Lebens seine Gesundheit ruiniert. Bis zu einhundert Kaffeeproben habe der Vater täglich zu sich genommen; und allein das Koffein sei Schuld an seinem frühen Dahinscheiden. Tatsächlich hatte sich nach der Obduktion der Leiche des Vaters herausgestellt, daß jener mit großer Wahrscheinlichkeit durch seinen überreichlichen Kaffeekonsum die Blutbahnen irreparabel geschädigt hatte, was zu seinem Ableben führte. Zur Bildung einer Legende in der ohnehin legendenreichen Geschichte des Kaffees taugte dieser Befund allemal.

Noch eher ist aber die wachsende Bedeutung der Lebensreformbewegung um die Jahrhundertwende, mit der Ersatzkaffees aus Malz, Getreide oder Zichorien hoch im Kurs standen, als Impuls zu sehen.[2] Mit dem auch über das Deutschland des 19. Jahrhunderts hereinbrechenden Zeitalter der Industrialisierung erlangten nämlich das Koffein und der Kaffee in der öffentlichen Debatte einen ganz anderen Stellenwert. Noch um 1820 von Goethe als Kuriosum betrachtet, wurde das Koffein gegen Ende des 19. Jahrhunderts als Ausdruck für ein allgemein verbreitetes Übel der Zeit verstanden: die Nervosität. Und um 1900 war das »Zeitalter der Nervosität«, begründet durch den Rhythmus der Maschinen, festgelegte Arbeitsabläufe und die wachsende Beschleunigung des Alltags, zu einem festen Topos der Zeit geworden. Auch der Kaffee wurde als Mitverursacher dieses Gefühls der Unbehaglichkeit angeprangert, beispielsweise vom berühmten Rudolf Virchow (1821–1902), der das Getränk als Gift und, in größeren Mengen konsumiert, als gesellschaftlich ebenso schädlich wie den Alkohol verurteilte. Dagegen halfen seiner Ansicht nach allein aus Rüben, Weizen, Mohrrüben oder anderen heimischen Gewächsen hergestellte Surrogate – von denen in Deutschland um 1900 jährlich immerhin um die 10.000 Tonnen konsumiert wurden – oder kalte Bäder. Es ist offensichtlich, weshalb die Erfindung des koffeinfreien Kaffees im Kontext der Lebensreformbewegung gerade in diese Zeit fällt.

Die Grundidee konnte kaum prägnanter formuliert werden als in einer Rede des Vegetariers Benno Buerdorff 1899 in Leipzig: »Die Garantie des Glücks ist Gesundheit, vollkommene Kerngesundheit nach jeder Richtung hin: gesunder Leib, gesunde Sittlichkeit, gesunder Geist, gesunde wirtschaftliche und soziale Verhältnisse.«[4] In ein solches ganzheitliches Erneuerungskonzept sollte sich der koffeinfreie Kaffee trefflich einfügen. Denn ein gesünderes Leben bedeutete zwar den Verzicht auf gesundheitsschädliche Nahrungsmittel, wie es der koffeinhaltige Kaffee in der zeitgenössischen Wahrnehmung durchaus darstellte. Mit dem Koffeinfreien sollte dann aber wiederum eine akzeptable Alternative zur Verfügung stehen – denn damit konnte der lebensreformbewegte Konsument gesund leben, seine Nerven schonen und mußte keinen Verzicht üben.

Ludwig Roselius sammelte ein kleines Team aus Kaffeespezialisten und Chemikern um sich, die es sich zum Ziel gesetzt hatten, auf chemischem Wege der Kaffeebohne das Koffein zu entziehen, jene anschließend von sämtlichen chemischen Rückständen wieder zu befreien und dabei auch noch das charakteristische Aroma des Getränks zu erhalten. Nachdem das chemische Geheimnis des Koffeins 1895 durch die Forschungen Emil Fischers (1852–1919) vollständig entschlüsselt worden war, hatten die Chemiker schon vor Roselius versucht, dem Kaffee jenes Alkaloid mithilfe verschiedener organischer Lösungsmittel zu entziehen, waren aber gescheitert. Roselius experimentierte hingegen nicht nur mit potentiellen Lösungsmitteln, sondern auch mit der Beschaffenheit der Kaffeebohne selbst. Dabei stellte er fest, daß das Koffein am ehesten bei einer erhöhten Bohnenfeuchtigkeit von 20–25% löslich sei. Durch die Feuchtigkeitszufuhr mittels heißen Wassers oder Wasserdampfs dehnt sich die eigentlich in der Anbauregion schon getrocknete Bohne wieder aus. Die damit verbundene Oberflächenvergrößerung böte, wie Roselius glaubte, dem Lösungsmittel eine größere Angriffsfläche. Später fanden die Forscher heraus, daß die Erhöhung der Feuchtigkeit vor allem eine chemische Veränderung bewirkt, die zu einer höheren Löslichkeit des Koffeins führt.

Als Lösungsmittel verwandte Roselius das zu seiner Zeit als unbedenklich geltende Benzol; später wurden chlorierte Kohlenwasserstoffe, Dichlormethan und in geringerem Umfange Ethylacetat verwendet. Seit den 1980er Jahren existiert eine Methode, das Koffein mittels Wasser und Aktivkohle zu entziehen, ebenso ein Verfahren mit Kohlendioxid. Nach der Extraktion des Koffeins gleich mit welchem Lösungsmittel erfährt der Kaffee eine erneute Trockung.[5]

1905 war Roselius' Verfahren zur Patentreife gelangt. Auch wenn die neue Methode zu diesem Zeitpunkt noch kaum das

Forschungsstadium verlassen hatte und an einen industriellen Einsatz noch nicht zu denken war, zog sie unter Fachleuten und Investoren sogleich großes Interesse auf sich. Schon im Juni 1906 gründete sich auf Roselius' Initiative in Bremen die »Kaffee-Handels-Aktiengesellschaft« unter dem bekannten Kürzel »HAG« mit einem für die Gründungsumstände erstaunlich hohen Anfangskapital von 1,5 Millionen Goldmark, was zeigt, welch großes Vertrauen auch von örtlichen Bankhäusern in diese Geschäftsidee gesetzt wurde.[6]

Mit autoritärem Führungsstil, aber auch sozialem Verantwortungsbewußtsein gegenüber seinen Mitarbeitern, leitete Roselius, der nominell lediglich Aufsichtsratsvorsitzender der HAG war, praktisch als Alleinherrscher die Alltagsgeschäfte der neuen Handelsgesellschaft. Sich selbst wie seine Mitarbeiter forderte er nicht selten bis an die physische Grenze. Als er sich etwa bei einem Freund nach einem geeigneten Privatsekretär erkundigte, lieferte er gleich eine bezeichnende Arbeitsplatzbeschreibung mit: »Ich brauche einen Mann, der restlos sich zu meiner Verfügung stellt und keine Nebengedanken hat. Arbeit gibt es vom frühen Morgen manches Mal bis spät in die Nacht hinein. Ich stelle ungewöhnlich hohe Anforderungen.«[7]

Investitionen in die Fabrik und Werbemaßnahmen erwiesen sich als teuer, und der Kaffee HAG etablierte sich auch nicht sofort als allseits akzeptiertes Markenprodukt. Als im Jahre 1907 nach erstaunlich kurzer Bauzeit die erste Verarbeitungsanlage in Bremen fertiggestellt war, galt es, die Tagesproduktion von beinahe 13.000 Pfund an den Mann oder die Frau zu bringen. Und es sollten entsprechend noch fünf weitere Jahre vergehen, ehe erstmals eine kleine Dividende ausgeschüttet werden konnte. Spätestens am Vorabend des Ersten Weltkrieges hatte sich die Marke aber etabliert, und ein Tagesausstoß von bis zu 25.000 Pfund war üblich.[8]

Einen großen Anteil am bemerkenswerten Erfolg der Kaffee-Handels-Aktiengesellschaft besaßen Roselius' moderne Vermarktungsstrategien, die noch lange vor der Geburt einer systematischen Marktforschung und wissenschaftlich betriebener Kundenwerbung höchst professionell umgesetzt wurden. Um den Wiedererkennungswert zu steigern, wurde mit dem roten Rettungsring ein Markenzeichen erfunden, das sich nicht allein auf den Packungen fand, sondern auch auf dem reichlich zirkulierenden Werbematerial, an Messeständen sowie auf Tassen und Kännchen in Gasthöfen und Cafés. Wer sich als Gastwirt nicht an das vorgeschriebene Geschirr hielt, wurde von Roselius schlichtweg nicht mehr beliefert. Hinzu kam ein hochentwickeltes Qualitätsmanagement, wie es der Unternehmer schon bei seinem Vater kennengelernt hatte. Rohe Kaffeebohnen wurden sogleich nach der Ankunft mit dem Schiff in Bremen entkoffeiniert, geröstet und meist nur innerhalb eines Tages in einheitlicher Verpackung an die Zwischenhändler ausgeliefert. Hierzu stand später ein großer Fuhrpark an Transportern zur Verfügung, die in ihrer eingängigen Firmenlackierung ebenfalls als Werbemedium dienten. Vergleichbare Methoden hatte Roselius während mehrerer Besuche in den Vereinigten Staaten kennengelernt. Seine Leistung bestand nunmehr darin, diese auch in Deutschland umzusetzen, was dazu beitrug, den Bekanntheitsgrad der HAG enorm zu steigern und letztlich das Überleben des Betriebs auch während des Ersten Weltkrieges zu sichern.[9] Gezielt wurde dabei ganz im Sinne der Lebensreformbewegung auf den Gesundheitsaspekt gesetzt, und noch in den 1950er Jahren trug die Marke die Werbebotschaft »Für die Gesundheit – schont Herz und Nerven« durch das Land.

Die Geschichte der HAG reflektiert die Zeitläufte deutscher Geschichte: Während des Ersten Weltkrieges galt der Kaffee als nicht notwendiges Luxusgut, und die Einfuhr der Bohnen aus Übersee war zur Schonung der Devisenbestände streng reglementiert. Zeitweise war »Kaffee HAG« nur auf ärztliches Attest zu bekommen, und die soeben erst durchgeführte Betriebserweiterung mit neuen Verarbeitungsanlagen erwies sich einstweilen als nutzlos. Die Lage verbesserte sich auch in den ersten Nachkriegsjahren kaum, und zeitweise sah sich die HAG gezwungen, sich auf andere Gewerbe zu konzentrieren, wie beispielsweise auf die Holzveredelung. Erst mit der Währungsreform von 1923 stieg der Verbrauch des Produkts wieder deutlich an, und Roselius konnte wieder an seine frühen Vorkriegserfolge anknüpfen; und auch in den USA wie in vielen europäischen Ländern war der Koffeinfreie aus Bremen bald in Gestalt der Zweitmarke SANKA (sans caféine) zu haben.[10]

Mit dem Ausbruch des Zweiten Weltkrieges geriet die Kaffeeproduktion erneut in die Krise. Wieder einmal war das Getränk streng rationiert. Auch der 1929 von HAG auf den Markt gebrachte »Kaba«-Kakao war während des Krieges nur auf Bezugsschein zu haben. Die Kaffee-HAG Aktiengesellschaft (wie sie sich seit 1933 nannte) wurde statt einer zivilen Produktion damit beauftragt, aus den sich in Deutschland befindenden Restbeständen an Rohkaffee einen hochkonzentrierten Tubenkaffee für Flugzeugpiloten und U-Boot-Besatzungen zu produzieren. Sonst schwenkte man auf Ersatzprodukte wie die HAG-Cola um. 1944 wurden die Bremer Produktionsanlagen im Bombenkrieg zerstört, was der im Jahr zuvor verstorbene Roselius nicht mehr erlebte.[11]

Ludwig Roselius war zeit seines Lebens nicht nur ein hochprofessioneller Unternehmer, sondern auch ein politisch denkender Mensch gewesen. Nach seinem persönlichen Umzug von Bremen nach Berlin schon im Jahre 1912 beteiligte er sich finanziell an Tageszeitungen, am Aufbau einer professionellen Presseagentur und am damals noch in den Kinderschuhen steckenden Rundfunk. Seine breiten Vermarktungskenntnisse stellte er aber auch dem Auswärtigen Amt zur Verfügung, indem er sich anbot, dessen Öffentlichkeitsarbeit zu professionalisieren. Die diesbezüglichen außenpolitischen Ambitionen fanden mit dem Titel des Generalkonsuls von Bulgarien eine Krönung.[12] Trotz seiner dabei immer stärker heraustretenden national-völkischen Weltanschauung gelang es den Nationalsozialisten gleichwohl nicht, den unabhängigen Roselius vor den parteipolitischen Karren zu spannen, was ihm nach 1933 einige Probleme bereiten sollte. Die ihm aus dem Kaffeegeschäft zufließenden beträchtlichen Gewinne investierte Roselius zu einem großen Teil in Kunst und Architektur. Zu seinem kulturellen Lebenswerk gehört an erster Stelle die Schaffung der Bremer Böttcherstraße als architektonische Symbiose traditioneller norddeutscher Baukunst mit damals modernsten Bauformen. Auch heute noch stellt die später als »entartete Kunst« verfemte Böttcherstraße eine erstrangige Touristenattraktion dar.

Als Ludwig Roselius mit der HAG noch ein mittelständisches Unternehmen mit einem überschaubaren Angebotsprofil führte, setzte einige hundert Kilometer weiter südlich, im schweizerischen Vevey, ein Nahrungsmittelunternehmen gerade zum großen Sprung in die Weltliga an. Die zweite Kaffeerevolution, die im Jahre 1939 in den Nestlé-Labors ihren Anfang nahm, ist untrennbar mit dem Namen »Nescafé« verbunden, auch wenn der Siegeszug des Löslichen ebenso von anderen Produzenten mitgetragen wurde und wird. Heute werden allein in Deutschland jährlich aus etwa 42.000 Tonnen Rohkaffee ungefähr 16.000 Tonnen löslicher Kaffee hergestellt.[13]

Beim Instantkaffee handelt es sich nicht etwa um die festen Bestandteile der gemahlenen Kaffeebohne, sondern um einen hochkonzentrierten, getrockneten Extrakt aus aufgebrühtem Kaffee.[14] Ein solcher wurde schon in den 1860er Jahren entwickelt; aber erst der »Nescafé« begründete seit den Jahren des Zweiten Weltkrieges den unvergleichlichen Siegeszug dieses Produkts.[15] Überhaupt machte der Lösliche in erster Linie in Kriegszeiten Karriere: noch in bescheidener Form während des Amerikanischen Bürgerkrieges und später im Ersten und Zweiten Weltkrieg. So hatte bei der Armee der amerikanischen Nordstaaten ursprünglich Rohkaffee zur täglichen Verpflegungsration der Soldaten gezählt. Dieser mußte allerdings vor dem Aufbrühen geröstet und gemahlen werden, ein während der Kampfhandlungen unpraktisches wie bisweilen auch nicht ungefährliches Verfahren. 1861 wurde entsprechend der texanische Unternehmer Gail Borden, der bereits durch die Entwicklung eines haltbaren Milchkonzentrats von sich reden gemacht hatte, mit der Herstellung eines Instantkaffees beauftragt. Das Ergebnis seiner Bemühungen bestand in einer in Dosen lieferbaren Kaffeepaste aus Kaffeekonzentrat, Milch und Zucker, die offenbar ein eher gewöhnungsbedürftiges Aussehen hatte, aber geschmacklich von den Soldaten angenommen wurde. Einige Jahre später tauchte auf dem amerikanischen Markt auch ein zu Tafeln gepreßter Kaffee-Extrakt auf.[16]

Zur besseren Handhabung und Dosierung dieser Produkte durch den Konsumenten war die Mischung des reinen Kaffee-Extrakts mit sogenannten Trägerstoffen nötig. Während diese in der Anfangszeit meist Zucker oder Milchpulver darstellten und daher einen Eigengeschmack besaßen, wurde zu Beginn des 20. Jahrhunderts ein erster, allein mit geschmacklosen Kohlenhydraten als Trägerstoff versehener löslicher Kaffee angeboten und 1901 auf der Panamerikanischen Ausstellung in Buffalo mit viel Werbeaufwand der zivilen Bevölkerung präsentiert. Später fanden auch Polysaccharide als Träger der Aromastoffe Verwendung.[17] Der Erste Weltkrieg bescherte jenen frühen löslichen Kaffees in Form amerikanischer Truppenverpflegung einen erneuten Boom.[18]

In dieser Zeit blickte die Firma Nestlé bereits auf eine jahrzehntelange (zunächst kaffeelose) Geschichte zurück. So hatte sich der aus Frankfurt am Main stammende Apotheker Heinrich (Henri) Nestlé im Jahre 1830 als Drogist in dem schweizerischen, am Genfer See liegenden Ort Vevey niedergelassen, der auch heute noch Hauptsitz des mittlerweile milliardenschweren Unternehmens ist. Nestlé expandierte und gründete bereits 1847 ein eigenes Labor, in dem der Firmengründer persönlich mit verschiedenen Nahrungsmitteln experimentierte. 1857 schloß sich der kleine Betrieb unter seinem Namen mit mehreren anderen örtlichen Unternehmen zusammen, um gemeinsam Flüssiggas und Kunstdünger zu produzieren. Neun Jahre später folgte Nestlés erster großer Wurf – die Erfindung einer künstlichen Muttermilch für Neugeborene, die unter der Bezeichnung »Kindermehl« auf den Markt kam. Die besondere Innovation bestand dabei darin, daß mittels eines eigens entwickelten Trocknungsverfahrens aus Milch, Getreide und Zucker ein Produkt hergestellt wurde, bei dem die natürlichen Nährstoffe weitgehend erhalten blieben. In der Zwischenzeit war Heinrich Nestlé schon mehr als sechzig Jahre alt und hatte keinen Nachfolger. So wandelte er schließlich sein überaus erfolgreiches Unternehmen in eine Aktiengesellschaft um, die »Farine Lactée Henri Nestlé«.[19]

In den darauffolgenden Jahrzehnten investierte das aufstrebende Unternehmen erhebliche Summen in die Forschung und die Weiterentwicklung einer immer breiteren Produktpalette. Ein Coup gelang dabei dem Unternehmen 1905 mit der Übernahme der »Anglo-Swiss Condensed Milk Co.«, die zuvor in der Weiterverarbeitung von Milch eine erhebliche Konkurrenz dargestellt hatte. 1929 kaufte Nestlé darüber hinaus die Schokoladenproduzenten Peter, Cailler und Kohler und stieg damit erfolgreich auch in das Süßwarengeschäft ein.[20] Am Vorabend des Zweiten Weltkrieges war aus der kleinen Drogerie am Genfer See ein weltumspannendes Unternehmen geworden, das bald nach Kriegsende in allen Erdteilen insgesamt 107 Produktionsstätten betrieb. Viele der von Nestlé angebotenen Produkte basierten dabei auf eigens entwickelten Trocknungstechnologien, die auch dem löslichen Kaffee zugutekommen sollten.

Noch im Jahre 1947 erweiterte Nestlé seine Produktpalette im Bereich der Suppen und Würzmittel, indem es die schweizerische Firma »Alimentana« übernahm, die unter dem Markennamen »Maggi« eine weithin bekannte und beliebte Produktpalette offerierte. Vor allem aber die 1950er Jahre brachten dem Unternehmen ein außerordentlich starkes Wachstum mit der Verdoppelung des Umsatzes innerhalb nur eines Jahrzehnts. Seit den 1960er Jahren kaufte Nestlé wiederum in großem Maße Unternehmen auf und erweiterte sein Angebot um Konserven, Speiseeis, Tiefkühlkost, Wein und Restaurants beträchtlich. So folgte beispielsweise auf eine Beteiligung an Libby 1963 dessen vollständige Übernahme im Jahre 1976. Das Jahr 1968 brachte eine Minderheitsbeteiligung bei Chambourcy und bei Vittel. 1974 erwarb Nestlé die Blauen Quellen, im selben Jahr eine Minderheitsbeteiligung bei L'Oreal und 1992 das Unternehmen Perrier.[21]

Mit kaum einem Produkt wird der Konzern aber heute enger verbunden als mit dem »Nescafé«. Den Anstoß zu dessen Entwicklung hatten eigentlich Brasilien und die dortige Kaffeevalorisation gegeben. So verzeichnete Brasilien seit dem beginnenden 20. Jahrhundert immer wieder Rekordernten, die in keiner Weise mit einer konstanten weltweiten Nachfrage korrespondierten. Um einen Preisverfall zu verhindern, ließ Brasilien, wie bereits dargestellt, in dieser Zeit immer wieder große Mengen an Rohkaffee horten, verbrennen oder im Meer verklappen. Mit dem Scheitern der Valorisation seit 1929 wurden in Brasilien nunmehr Möglichkeiten erörtert, die Lagerfähigkeit des Kaffees zu erhöhen. 1930 wandte sich die brasilianische Regierung mit diesem Ansinnen an die schweizerische Nestlé AG, die mit der Konservierung von Lebensmitteln schon jahrzehntelange Erfahrungen besaß. Mit einer zweijährigen Pause wurde bis 1938 unter der Leitung des Lebensmittelchemikers Max Morgenthaler geforscht, ehe ein neues Produkt zur Marktreife gelangte: der »Nescafé«. Damit war nicht nur das Ziel der Brasilianer erreicht, den Kaffee künftig in Form von Extrakt länger haltbar zu machen, sondern es war endlich auch möglich geworden, ein Instantprodukt in großer Menge und bei annähernder Bewahrung des charakteristischen Kaffeearomas zu produzieren. Jener wurde zunächst in der Schweiz auf den Markt gebracht, bald darauf aber auch in anderen Ländern.

Der »Nescafé« wurde wie seine Vorgängerprodukte im wesentlichen in vier Arbeitsschritten produziert: Auf die Extraktion von Aromastoffen aus den Kaffeebohnen durch Wasser folgten die Konzentration und anschließend die Trocknung. Bei der sogenannten »Sprühtrocknung« wurde dabei das Konzentrat in großen Behältern unter Zufuhr heißer Luft versprüht. Durch die Wärme entzog man jenem die Feuchtigkeit, wodurch die getrockneten Extrakt-Partikel zu Boden fielen und weiterverarbeitet werden konnten. Mit der sogenannten Agglomeration wurden schließlich die Partikel unter Zuhilfenahme von Trägerstoffen schließlich zu größeren Teilchen zusammengefügt.[22]

Noch im Jahr der Markteinführung brach der Zweite Weltkrieg aus. Um das neue Produkt aber nicht nur zur Versorgung von Truppen, sondern vor allem beim zivilen Konsumenten zu platzieren, wurden innerhalb kürzester Zeit in den Vereinigten Staaten, Großbritannien und Frankreich eigenständige Produktionsstätten errichtet. Aber auch mit dem nationalsozialistischen Deutschland suchte die Nestlé AG die Zusammenarbeit. Als deutscher Ableger des Konzerns fungierte die »Deutsche Aktiengesellschaft für Nestlé Erzeugnisse« (DAN), die sich sogleich darum bemühte, auch den »Nescafé« zu vermarkten. Die zivilen Reichsbehörden sahen in Anbetracht des Krieges allerdings keinen Bedarf für dieses Produkt, da Kaffee prinzipiell als devisenabträgliches Luxusgut galt. Daraufhin nahm der Konzern Kontakt zur Wehrmacht auf; und einmal mehr sollte sich der Instantkaffee als leistungsförderndes und konzentrationssteigerndes Mittel um den Kriegserfolg verdient machen. Oberkommando des Heeres und der Marine wurden überzeugt und erwogen zunächst einen Direktimport des Produktes aus der Schweiz, was die dortigen Behörden aber rigoros ablehnten. So entschied sich Nestlé dafür, ein gerade im Aufbau befindliches Werk des Unternehmens im schleswig-holsteinischen Kappeln, das eigentlich für die Herstellung von Milchpulver vorgesehen war, für die Produktion von »Nescafé« einzurichten.

1942 erteilte auch das Reichswirtschaftsministerium hierzu die Genehmigung; allerdings sollte der Absatz allein auf die Angehörigen der Wehrmacht beschränkt bleiben. Diese wiederum sicherte die Versorgung des Kappelner Werkes mit Kaffee und anderen für die Herstellung nötigen Grundstoffen zu. Die Produktion des deutschen »Nescafé« blieb während des Krieges aber gering und geschah unter Einsatz von Zwangsarbeitern.[23] Bis 1999 gehörte das Kappelner Werk zum Nestlé-Konzern.

In der Nachkriegszeit hatte Nestlé konkrete zivile Konsumentengruppen für den praktischen und schnell zuzubereitenden Instantkaffee im Blick, insbesondere Singles, Studierende und Sportler.[24] Die Tatsache, daß der Lösliche auf einen geschmacksneutralen Trägerstoff angewiesen war, brachte dem Produkt dabei in den ersten Nachkriegsjahren gleich einen handfesten, von den Produzenten des Bohnenkaffees weidlich ausgekosteten Skandal ein. Mit großen Lettern ließ der Konzern 1947 den »Nescafé« in der Schweiz auf Werbeplakaten nämlich als »Extrakt aus reinem Kaffee« anpreisen. Nur auf der Dose selbst fand sich der Hinweis, daß jener »auch natürliche Aromaträger«, also billige Kohlenhydrate, enthalte, die in Wahrheit etwa die Hälfte des gesamten Volumens ausmachten. Die Schweizer Konkurrenz ließ den »Nescafé« chemisch untersuchen und reichte schließlich Klage ein. Nestlé mußte eine für heutige Verhältnisse wohl eher niedrige Geldstrafe von 8.600 Schweizer Franken berappen und die Plakate wieder entfernen lassen.[25]

Während der »Nescafé« in den Anfangsjahren eine quasi monopolartige Stellung beim Löslichen behauptete, bildete sich in den USA, aber auch in Europa, seit Mitte der 1950er Jahre ein stärkerer Wettbewerb heraus. Um die Machstellung des »Nescafé« in Deutschland zu brechen, gründete sich 1955 durch Initiative von Walter Jacobs (Jacobs Kaffee), Max Herz (Tchibo), Eduard Schopf (Eduscho) und Bernhard Rothfos (Kord) in Hamburg die »Deutsche Extrakt Kaffee« (DEK) als Interessengemeinschaft deutscher Kaffee-Hersteller.[26] Der Produkt-

und Marketingerfolg der DEK war in Deutschland beträchtlich. Während der »Nescafé« noch 1955 de facto ein Monopol über den Löslichen in Deutschland besessen hatte, lag dessen Marktanteil zehn Jahre später nur noch bei etwa 40%.[27] Zu den entschiedensten Wettbewerbern auf dem deutschen Markt gehört seit dieser Zeit die Hamburger Kord-Gruppe. Diese produziert heute um die 3.000 verschiedene Kaffeeprodukte, die sie weltweit in 85 Länder exportiert. Auch in zahllosen deutschen Marken befinden sich Kord-Produkte. Seit 1958 ist etwa auch Aldi Kunde bei diesem Hersteller.[28]

1955 setzte aber nicht allein die »Deutsche Extrakt Kaffee« zum Gegenschlag gegen Nestlé an, sondern auch der amerikanische Lebensmittelkonzern General Foods. Ebenso wie Nestlé war General Foods dereinst unter seinem Gründer Charles William Post ein mittelständischer Betrieb gewesen, der durch den Zukauf von Marken, Fabriken und Firmenanteilen zu einem Giganten der amerikanischen Lebensmittelbranche heranwuchs. Statistiker haben errechnet, daß eine amerikanische Hausfrau in den 1950er Jahren jährlich etwa 1.700 verschiedene »Päckchen, Dosen und Tuben mit vorfabrizierten Mittagessen, Desserts und sonstigen Präparaten, die der Hausfrau die Arbeit erleichtern«, verbrauchte, von denen etwa 70% von General Foods stammten.[29] Seit 1949 bemühte sich der Konzern mit teils aggressiven Werbemethoden, Nestlé in den Vereinigten Staaten seiner führenden Stellung bei vielen Produkten zu berauben.[30] 1955 griff General Foods in Hinblick auf den Löslichen auch nach Deutschland aus, zunächst mit einer vorbereitenden Werbekampagne, wie der »Spiegel« in jenem Jahr berichtet:

»Vor einigen Monaten klingelten in Hamburg an zahlreichen Wohnungstüren gutaussehende junge Männer und zungenfertige Damen, um die Hausfrauen zu fragen: ›Was halten Sie von löslichem Extraktkaffee?‹ Die meisten Hausfrauen mußten erst eine Weile nachdenken, ehe ihnen einfiel:

›Sie meinen wahrscheinlich Nescafé.‹ Das war genau die Antwort, die den Marktforschern interessant erschien.
Dann packten sie Probedosen aus, auf denen allerdings nicht ›Nescafé‹, sondern ›Instant Maxwell House Coffee‹ stand. Die Hausfrauen sollten sich selbst davon überzeugen, daß dieser ›Instant Coffee‹ (›Augenblickskaffee‹) eigens für den deutschen Geschmack abgestimmt und mindestens so gut wie Nescafé sei.«[31]

Die erste Tuchfühlung mit dem deutschen Kunden erwies sich offenbar als erfolgreich, denn nur wenig später eröffnete General Foods in Frankfurt am Main eine Dependance, die die Produktion von auf den deutschen Gaumen abgestimmten Fertigprodukten in der Bundesrepublik vorbereiten sollte. Die Werbemethoden stießen jedoch nicht überall auf Entgegenkommen, wie der »Spiegel« weiter informiert:

»In Hamburg wunderten sich vor kurzem die Lebensmittel-Einzelhändler, als ihnen per Einschreiben unbestellte Päckchen mit Maxwell-Extraktkaffee ins Haus geliefert wurden, die ihnen schon vorher durch einen geheimnisvollen Werbeprospekt avisiert worden waren, in dem es hieß: ›Sie bekommen ein Päckchen, das Gewinn bedeutet‹.
Die General-Foods-Sendung enthielt noch den Vermerk, daß die Rechnung für den unbestellt übersandten Extraktkaffee erst in 60 Tagen bezahlt zu werden brauche, und den Zusatz: ›Falls Sie von diesem ungewöhnlich günstigen Angebot aber keinen Gebrauch machen wollen, dann geben Sie das Päckchen bitte gleich dem Postboten zurück.‹ Viele Einzelhändler gaben das Päckchen in der Tat gleich zurück, weil ihnen diese aufdringliche Werbemethode nicht behagte.«[32]

Allein dieses Beispiel zeigt uns, welch große unternehmerische Dynamik der bequeme Lösliche in den 1950er Jahren, kaum zwei Jahrzehnte nach seiner Einführung als Massenprodukt für breitere Bevölkerungsschichten, entfaltete.

Eine einschneidende Veränderung verzeichnete der Markt für den Instantkaffee Mitte der 1960er Jahre mit der Einführung der wesentlich aromaschonenderen Gefriertrocknung. Ebenso wie bei der herkömmlichen Sprühtrocknung wird der Kaffee zunächst zu einem Konzentrat aufgebrüht. Anschließend erfährt dieses jedoch keine Verdampfung bei großer Hitze, sondern wird, im Gegenteil, auf bis zu -50°C tiefgefroren. Dabei wird das fertige Kaffeekonzentrat in einem ersten Schritt zu einem zähen Brei vorgefroren, anschließend erfolgt das Tiefkühlen. Das Tiefkühlgut wird gemahlen und schließlich in einer Vakuumkammer getrocknet, wobei die Feuchtigkeit sublimiert, bis das Produkt eine Restfeuchte von kaum mehr als 5% aufweist.[33]

Den Beginn mit der Gefriertrocknung machte General Foods mit seiner etablierten Marke »Maxwell«, die sich 1965 in der Testphase befand; aber auch die »Deutsche Extrakt Kaffee« forschte an der neuen Technik. Allerdings erwiesen sich die Marketingstrategen von Nestlé als geschickter und erfolgreicher, als sie ebenfalls 1965 den »Nescafé Gold« mit großem Werbeaufwand als ihren ersten Gefriergetrockneten herausbrachten. Mit der Werbebotschaft »So schmeckt nur gefilterter Bohnenkaffee« machte Nestlé auf die neue Errungenschaft aufmerksam: »Statt mit Hitze machen wir es mit Kälte. Blitzschnell wird der filterfrische Kaffee tiefgefroren. Auf über minus 40 Grad. Dann entziehen wir ihm das Wasser (genauer: das Eis). Wir lassen es verdunsten. Im Vakuum.«[34]

Während der Lösliche vor allem schnellen Kaffeegenuß versprach, ging es in der dritten Kaffeerevolution um Verfeinerung und ein gehobenes Ambiente. Schon Jahrzehnte vor Erfindung des »Nescafé« war in Italien der Grundstein für eine weitere nachhaltige Veränderung gelegt worden, die aber erst in den 1950er Jahren ihre volle Kraft entfalten sollte: die Entwicklung der Espressomaschine und der damit einhergehende Aufstieg der Kaffeebar. Schon in der ersten Hälfte des 19. Jahrhunderts wurden in England und Frankreich Filtrierautomaten für Kaffee erfunden, die mit Wasserdampf und Überdruck funktionierten.[35] Der Vorteil dieser Apparate bestand darin, daß der Kaffee tassenweise und jeweils frisch aufgebrüht werden konnte, was ihn aromatischer und insgesamt hochwertiger machte. Karriere erfuhren jene Geräte aber erst nach der Jahrhundertwende in Italien. 1902 meldete der Unternehmer Luigi Bezzerra das Patent auf eine von ihm entwickelte Dampfdruckmaschine an, und bald wurde im Lande ein neues Getränk unter der Bezeichnung caffè espresso populär. Das Funktionsprinzip seines Gerätes bestand darin, daß Wasser bis weit über den Siedepunkt erhitzt wurde, und dann der Dampf durch eine Schicht gemahlenen Kaffees und einen Filter gepresst wurde. Da aber extrem heißer Wasserdampf verwendet wurde, lösten sich in der Anfangszeit in größerem Maße auch die im Kaffeepulver enthaltenen Bitterstoffe, die das Getränk zunächst recht bitter machten. Auf der anderen Seite reizten die Aura des Neuen ebenso wie die besondere Atmosphäre, die die dampfspeienden neuen Geräte ausstrahlten, was letztlich nicht unerheblich zu ihrem Erfolg beitrug.

1946 gelang dem italienischen Anbieter Archille Gaggia eine patentfähige Verbesserung, mit der das Wasser nur noch auf etwa 90°C erhitzt wurde, was den Espresso deutlich milder machte und schließlich die Grundlage für die Espresso-Revolution der 1950er Jahre bildete. Bald schon zogen andere Firmen in Italien, dann aber auch Rowenta und WMF in Deutschland, mit eigenen Maschinen nach.[36]

Die Innovation der Espressomaschine fiel in weiten Teilen der westlichen Welt auf fruchtbaren Boden. Gerade die vom Krieg gezeichnete europäische Bevölkerung dürstete nach dem viele Jahre entbehrten schwarzen Trank. So hatte der Kaffee mit dem Ausbruch des Zweiten Weltkrieges praktisch überall in Europa eine strenge Rationierung erfahren. Als nicht kriegswichtiges Gut, das darüber hinaus vollständig importiert werden mußte, fiel es schon bald den strengen Regularien der Kriegswirtschaft zum Opfer. In Deutschland und Italien wurde der Kaffeegenuß

1939 Opfer der Mangelwirtschaft, in Großbritannien im Januar 1940. Stattdessen hielten die ungeliebten Ersatzkaffees Einzug, hergestellt aus Zichorien und anderen heimischen Gewächsen und nicht immer wohlschmeckend. Auch unmittelbar nach dem Ende des Krieges erlebte der Kaffeekonsum wider Erwarten nicht eine sofortige Renaissance, sondern es sollte bis weit in die 1950er Jahre hinein dauern, ehe in den meisten Ländern das Vorkriegsniveau wieder erreicht war. Allein in Großbritannien hatte der Krieg in dieser Hinsicht eine ganz eigene Dynamik entfaltet: Denn gerade während der langen Kriegsjahre fanden die sonst teetrinkenden Briten immer mehr Geschmack am streng rationierten Kaffee. Ausgehend von einem vergleichsweise geringen Konsum in der Vorkriegszeit verdreifachte sich der Kaffeeverbrauch in Großbritannien bis 1950.[37]

Mit Hilfe der italienischen Espressomaschine eroberte der Kaffee schließlich in den 1950er Jahren das als Tee-Metropole ausgewiesene London. Den Anfang machte 1951 der Besuch eines Agenten der italienischen Firma Gaggia namens Pino Riservato in der britischen Hauptstadt. Dieser fand die Kaffeezubereitung in London antiquiert und außerordentlich unattraktiv vor. In großen Behältnissen, den sogenannten Urnen (die es schon seit dem 18. Jahrhundert gab), wurde der Kaffee stundenlang warmgehalten – eine in Anbetracht des damit verbundenen geringeren Kaffeeverbrauchs zweifellos ökonomische, aber nicht unbedingt dem Aroma förderliche Methode. Anfangs bewiesen die Briten aber Beharrungsvermögen, und Riservato stieß mit seinem Angebot an Gaggia-Espressomaschinen bei der etablierten Londoner Gastronomie zunächst auf kollektive Ablehnung. Mit fünf eingeschmuggelten Geräten (denn nach wie vor galten die strengen Handelsgesetze der Kriegszeit) gründete Riservato dennoch voller Optimismus, der auf lange Sicht nicht enttäuscht werden sollte, in der Dean Street unter dem Namen Riservato Partners Ltd. eine eigene Vertriebsfirma für die Maschine aus Italien. Und im Erdgeschoß unter den Geschäftsräumen entstand die erste original italienische Kaffeebar in der britischen Hauptstadt – die »Gaggia Experimental Coffee Bar«. Der schon im Namen angedeutete Experimentiercharakter äußerte sich nicht allein in der Verwendung der technischen Innovation aus Italien. Im Gegensatz zur Plüsch- und Teak-Atmosphäre traditioneller britischer Etablissements zog Riservato die Gäste mit glänzendem Chrom, modernen Möbeln und mit Kunst in den Bann – alles von einer gezielten Beleuchtung in Szene gesetzt. Die von Riservato erfundene Kaffeebar war sogleich ein voller Erfolg und zog schon bald Nachahmer an.[38]

Seit der Mitte der 1950er Jahre vollzog sich in London schließlich ein ähnlicher Trend wie schon in der zweiten Hälfte des 17. Jahrhunderts mit der Ausbreitung der Kaffeehäuser: Förmlich an jeder Straßenecke schossen nun neue Kaffeebars »wie Pilze« (»The Times«) aus dem Boden. Und bald schon fiel es den Besitzern schwer, für ihre Häuser bezeichnende, individuelle Namen zu erfinden wie etwa »Il Capuccino«, »Rocola«, »Gondola« oder »Arabica«. Schon 1956 gab es in London 475 dieser Kaffeebars, später verlangsamte sich das Tempo, und 1960 konkurrierten etwa 500 Häuser miteinander um die Kundschaft. Um die neue Modeerscheinung etablierte sich ein profitabler Kommerz. Das Fachjournal »Coffee Bar and Coffee Lounge« schaltete Anzeigen für Espressomaschinen, Musikboxen, Zigarettenautomaten und vielerlei Zubehör mehr, und auf der jährlichen Messe im Stadtteil Soho wurde schließlich das »perfect coffee girl« erkoren.[39]

Gleichwohl blieb die Espressomaschine das Herzstück jeder Kaffeebar. Ihr brodelndes Dampfen war Attraktion an sich, wie 1956 das amerikanische Journal »Esquire« dokumentiert:

> »Man bestellt seinen Espresso oder Cappuccino und beobachtet dann voller Ehrfurcht, wie das Ungeheuer ihn produziert. Wie ein stolzer Ingenieur legt der Mann hinter dem Monster die Hebel für den Dampf um; sogleich beginnt die gigantische Maschine zu pochen und zu zischen. Und in dem-

selben Moment, in dem Du denkst, die Explosion stehe unmittelbar bevor, beginnt der braune Nektar sanft in die kleine, weiße Tasse hinabzutropfen. Du schlürfst den delikaten Trank, seufzt anerkennend und denkst: ›Was für eine Schow für das Geld.‹ «[40]

Voller Bewunderung und Ehrfurcht stand (oder saß) der Kunde vor der dampfenden Maschine, die Attraktion an sich bedeutete. Aber der Wunderapparat konnte noch mehr. So hatten schon die Italiener in der Vorkriegszeit herausgefunden, daß mit dem überschüssigen Dampf Milch zu einem zarten Schaum aufgeschäumt werden könne, der aus einem einfachen Milchkaffee einen Cappuccino zauberte.[41]

Nachdem sich die Kaffeebar in London fest etabliert hatte, begann schon bald mit italienischen Migranten ihr Siegeszug um den Rest der Welt. So entstanden 1957 die ersten sogenannten »Espresso-Bars« in Sydney und Melbourne, und im neuseeländischen Wellington gründete sich eine solche im Design des österreichischen Architekten Ernst Plischke in einer großen Buchhandlung. Auch das der Buchhandlung angeschlossene Café machte Schule und hat sich bis heute bewährt. Bald zogen auch die Vereinigten Staaten, Deutschland und andere Länder nach. In die Metropolen der westlichen Welt hielt mit dem Espresso ein neues Lebensgefühl Einzug. Kaum etwas erinnerte mehr an das gediegene Understatement des traditionellen Kaffee- oder Teehauses; ebenso fühlte sich der Besucher wohl meilenweit von der rauchigen, gedämpften Atmosphäre gewöhnlicher Bars und Gaststätten entfernt.

Entsprechend nahmen bald auch die Reichen und Schönen diese neue Form der Gastlichkeit an. Edles Design und kostbare Materialien kennzeichneten etwa das 1954 in London gegründete »Mocamba« mit seiner bald schon legendären Bambusdekoration, Edelholzmöbeln und einer ledernen Bar. Noch extravaganter war da vielleicht nur das »El Cubano« in der Londoner Brompton Road mit Bambusmatten, tropischen Pflanzen und einem üppigen Textildekor, das schon bald einen festen Platz auch im Londoner Nachtleben eroberte. Eine solch überbordende Inneneinrichtung fand natürlich auch ihre Kritiker, die den europäisch-orientalischen Materialmix bisweilen als Ausbund an Geschmacklosigkeit und billige Imitation geißelten. Für die satirische Zeitschrift »Punch« avancierten Gummibaum, Bambusmatte und Fischernetz mithin zu einer Karikatur modernistischen Geschmacks. Aber auch in politischer Hinsicht fanden viele Kritiker die Kaffeebar nicht korrekt. Sowohl von konservativer als auch von linker Seite hagelte die Häme hernieder; während die letztere damit keineswegs die vermeintliche Egalität einer Arbeiterklassen-Kultur repräsentiert sah, bedeutete jene für die erstere eine Aufgabe traditioneller Werte und Normen.[42]

Mit den Kaffeebars entstand in vielen Ländern gleichwohl eine ganz neue Schicht oftmals junger, enthusiastischer Unternehmer, die von der Goldgräberstimmung der späten 1950er Jahre profitierten. Auch wenn die chromblitzende Espressomaschine aus Italien teuer war, machte sie mit ihrer repräsentativen Rückfront optisch durchaus etwas her und versprach zudem in aller Regel eine rasche Amortisation. Mit ein wenig Glück konnte mit einer solchen Maschine viel Geld verdient werden.[43]

Die Kaffeebar-Revolution bildete den Nährboden für eine weitere epochale Veränderung, die den Konsum der vergangenen Jahrzehnte prägte: Den Aufstieg der global operierenden Kaffeehaus-Ketten. Kaum ein Name verdeutlicht diesen Wandel mehr als »Starbucks«, dem heute weltumspannenden Konzern mit dem Firmenlogo einer aus dem Wasser aufsteigenden Meerjungfrau. Die Geschichte von Starbucks geht auf die Mitte der 1960er Jahre zurück, als der aus den Niederlanden stammende Einwanderer Alfred Peet im amerikanischen Berkeley eine Kaffeebar eröffnete. Wie damals keineswegs üblich, röstete jener die aus renommierten Anbaugebieten stammenden, frischen Bohnen selbst und bereitete aus ihnen einen starken wie gleichzeitig milden Kaffee. Damit traf er in Berkeley, eines der

Zentren der Hippie-Bewegung der 1960er Jahre, auf den damals herrschenden Zeitgeist. Schon längst hatten sich nämlich in den Vereinigten Staaten viele Cafés zu Keimzellen des Protests gegen das Establishment etabliert, wie etwa die legendären GI-Coffee-Houses außerhalb von Kasernen, in denen die amerikanischen Soldaten durch allerlei Broschüren mit den Ideen der Friedensbewegung konfrontiert wurden.

Im Gegensatz zur politischen Agitation ging es Peet aber vor allem um den Genuß und um die Etablierung seines Geschäfts in einer Nische der Feinschmecker. Vier Jahre nach Gründung, im Jahre 1970, fand seine Idee Nachahmer, indem drei College-Absolventen am Pike Place Market in Berkeley nach seinem Vorbild ein Café gründeten und diesem den Namen »Starbucks« gaben – einen mehr oder weniger zufällig gewählten Namen. Auch hier wurden die Bohnen kräftig selbst geröstet. Ein Jahrzehnt später war aus dem kleinen Café bereits ein mittelgroßes Unternehmen geworden, das im Bundesstaat Washington zehn Filialen betrieb und hier ebenso zum größten Kaffeeröster avanciert war.

Der Aufstieg zum Weltunternehmen war dann aber das Verdienst von Howard Schultz. Schultz entstammt einfachen sozialen Verhältnissen, und sein Vater arbeitete als Fahrer für einen Windelproduzenten. Als jener infolge einer Verletzung arbeitslos wurde, stand die Familie praktisch vor dem Nichts. Dem als Football-Spieler begabten Sohn öffneten sich aber schon bald die Tore der Universität von North Michigan. Nach dem Studium gelang es Schultz, erste Erfahrungen in einem amerikanischen Großunternehmen zu sammeln.

In seinen Memoiren beschreibt Schultz den Besuch eines jener frühen »Starbucks«-Cafés Anfang der 1980er Jahre geradezu als Initialzündung für seinen weiteren unternehmerischen Werdegang: Es war nicht nur das freundliche »Buon Giorno«, das ihn beim Betreten grüßte, sondern ebenso beeindruckten ihn die kleine, mit dampfendem Espresso gefüllte Porzellantasse und der Cappuccino mit einer Haube aus »perfektem weißem Schaum« nachhaltig: »Ich entdeckte das Ritual und die Romantik italienischer Kaffeebars.«[44] Voller Begeisterung ob des guten Kaffees gab er seinen gut dotierten Job auf, um bei »Starbucks« einzusteigen. 1983 bot sich ihm die Chance, eine Reise nach Italien zu unternehmen. Dieser Besuch vermittelte Schultz einen Eindruck davon, daß ein italienisches Café nicht allein dem Konsum koffeinhaltiger Getränke diente, sondern daß es einen ganz eigenen sozio-kulturellen Kosmos mit seinem eigenen Publikum und seinen eigenen Kommunikationsmechanismen darstellte.[45]

Schultz drängte die Inhaber von »Starbucks«, die in Italien kennengelernten Eigenheiten der dortigen Kaffeebars mit ihrer Opernmusik und den im Stehen eingenommenen Getränken auch in ihrem Unternehmen durchzusetzen, d.h. also »Starbucks« ein Stück italienischer zu machen, wogegen sich die Betreiber wehrten. Der zielstrebige Schultz, der sich nicht durchsetzen konnte, beschloß stattdessen, im Zentrum Seattles sein eigenes Café namens »Il Giornale« zu gründen. Nicht nur setzte er bei der Einrichtung auf italienisches Flair, sondern auch bei den Kaffeespezialitäten: So führte er, wie in Italien kennengelernt und bis dahin in den USA nur wenig verbreitet, die Milch als Zutat ein und bot eine breite Palette an Milchkaffees und Cappuccinos an. Anstelle einer Steh-Bar, wie er sie nach italienischem Vorbild eigentlich avisiert hatte, erkannte er bald, daß seine Kunden lieber in ungezwungener Atmosphäre sitzen wollten. Dazu gehörte bald Jazz-Musik (statt der in Italien kennengelernten Opern) ebenso wie das T-Shirt des Bedienpersonals anstelle formaler Kleidung. Mit neuen Kaffeespezialitäten hielt also gleichzeitig ein modernes visuelles und akustisches Umfeld Einzug in die amerikanischen Kaffeebars.

Schultz agierte derart erfolgreich, daß er sich schließlich im Jahre 1987 in der Lage sah, »Starbucks« selbst zu übernehmen.[46] Mit fremdem Kapital setzte jener sogleich einen systematischen Expansionskurs durch. Schon bald wurden Filialen in Vancouver, Portland, San Francisco und Los Angeles gegründet. Aber auch weiter östlich, in Chicago, New York und Denver, war »Starbucks« bald präsent. Die Grundlage dieser Expansion stellte ein gemeinsam mit Experten von McDonald's, Pepsi, Kentucky Fried Chicken und Taco Bell entwickeltes Franchise-Modell dar, mit dem »Starbucks« schließlich gegen eine Lizenzgebühr seinen Namen und Geschäftskonzept an selbständige Unternehmer verpachtete. Dabei ging es nicht allein um die Frage, wie in allen Filialen dieselbe Qualität und dieselbe Umgebung kreiert werden könnten, sondern auch darum, einen Prozeß zu implementieren, mit dem sich der Expansionsvorgang praktisch von selbst fortsetzte. Dazu gehörten etwa auch die ständige Suche nach geeigneten Standorten und das Training des Personals.

Auf dieser Grundlage gelang 1994 mit Filialen in Singapur und in Japan der Sprung nach Asien. Zehn Jahre später existierten »Starbucks«-Cafés bereits in etwa dreißig Ländern außerhalb der USA, und das Unternehmen machte einen jährlichen Umsatz von mehr als 4,1 Milliarden US-Dollar.[47] Auch in einigen Ländern außerhalb der Vereinigten Staaten ist der Konzern in der Zwischenzeit zur umsatzstärksten Kaffeehauskette aufgestiegen, beispielsweise in Großbritannien und Japan. Auch wenn andere Ketten in der Folgezeit ebenfalls stark expandierten, ist keine so groß und mächtig wie »Starbucks«. Zu nennen ist etwa das bereits 1971 von den Brüdern Sergio und Bruno Costa gegründete »Costa«-Unternehmen, das seit 1978 Kaffeehäuser betreibt und 2003 auf etwa 300 Cafés kam, während »Caffè Nero« im selben Jahr 130 Filialen zählte. Seit 1998 behauptet sich das von Vanessa Kullmann in Hamburg gegründete Unternehmen »Balzac Coffee« mit heute insgesamt 30 Filialen auf dem deutschen Markt.[48]

Was gleich nach der Jahrhundertwende mit der Erfindung des koffeinfreien Kaffees begann, scheint auch heute noch nicht beendet: ein epochaler Prozeß der Globalisierung des Kaffeegeschmacks und der Herausbildung ganz neuer Trends und Moden. Auch wenn diese Entwicklung in vielerlei Hinsicht (und vielleicht nicht ganz zu Unrecht) Kritik erfährt, darf darüber nicht vergessen werden, daß der Markt zu keiner anderen Zeit eine solch breite Palette unterschiedlicher Kaffeespezialitäten bereithielt.

XI. Deutschland – Kaffeeland

Kaffee zählt heute zu den beliebtesten Getränken der Deutschen, noch vor dem Wasser und dem Bier. Im Durchschnitt nimmt jeder Einwohner hiervon jährlich 180 Liter zu sich. Das Getränk hat unseren Alltag fest im Griff, sei es im Büro, daheim oder im Urlaub. Dabei steht uns eine geradezu unvorstellbare Breite an Produkten – vom klassischen gerösteten Bohnenkaffee über den Löslichen und zahllose Mischgetränke bis hin zu den Kaffeepads – zur Verfügung. Während der eine Konsument stets nach dem günstigsten Angebot Ausschau hält, beweist der andere über Jahrzehnte hinweg Markentreue, wohingegen der Connaisseur viel Geld für Edelprodukte ausgibt. Dazu gehört beispielsweise auch jener legendäre indonesische »Kopi Luwak«, der aus dem Kot von Schleichkatzen hergestellt wird; diese verzehren mit Vorliebe Kaffeekirschen, und der aus ihren Ausscheidungen gewonnene Kaffee bringt es heute auf mindestens 200,-- EUR je Kilo.

Auch wenn Deutschland nicht den Spitzenreiter beim globalen Kaffeekonsum bildet, können wir dennoch mit gutem Recht feststellen, daß unser Land sehr wohl seit Generationen Kaffeeland ist. Vor allem die Zeit seit dem Ende des Zweiten Weltkrieges erlebte eine unvergleichliche Blüte. Dabei war der Kaffee lange Jahrzehnte teuer, und eine Tasse des schwarzen Tranks war der kleine, alltägliche Luxus, den sich der einfache Arbeitnehmer gerade noch leisten konnte. Für viele unbezahlbar war hingegen die Kaffeemaschine, die etwa Melitta im Jahre 1965 auf den Markt brachte und die damals für stolze 120,-- DM zu haben war.[1]

Sowohl östlich als auch westlich von Mauer und Stacheldraht stellte der Kaffee in der Zeit des Kalten Krieges Pausen-Muntermacher und Identifikationsobjekt ersten Ranges dar. Und gerade in der DDR erwies er sich bisweilen als Indikator für die inneren Befindlichkeiten der Republik: War die Führung des Landes nicht in der Lage, ihn in ausreichender Menge und zu angemessener Qualität im Tausch gegen knappe Devisen zu importieren und fehlte er während der Werkspause, so galt das in der Öffentlichkeit als Zeichen des politischen Scheiterns. Wie seit Jahrhunderten gehörte zum Kaffee hüben wie drüben ein materieller Rahmen, der sich in gediegener Kaffeehaus-Dekoration ebenso zeigte wie im privaten Kaffeeservice in modernstem Design.

Der jährliche Pro-Kopf-Verbrauch stieg in der Bundesrepublik Deutschland zwischen 1953 und 2010 von 1,5 Kilogramm auf 6,4 Kilogramm pro Person an. Dabei erlebt das Getränk heute noch nicht einmal seine beste Zeit, denn der Höhepunkt war in den Jahren zwischen 1987 und 1989 mit jeweils 7,9 Kilogramm jährlich erreicht. Insgesamt verbannt uns die europäische Statistik auf Platz sieben. Die Spitzenposition nimmt Luxemburg mit beachtlichen 27,4 Kilogramm im Jahre 2010 ein, die Schweiz liegt mit 7,6 Kilogramm an vierter Stelle. Die übrigen höheren Ränge teilen sich die nordischen Länder, allen voran Finnland (11,9 Kilogramm), gefolgt von Norwegen (8,9 Kilogramm), Dänemark und Schweden (jeweils 7,4 Kilogramm). Noch mehr als in Deutschland zählt der Kaffee also in Nordeuropa zum kulturellen Gemeingut, woran uns nicht nur Siegfried Lenz' Ode an die jütländischen Kaffeetafeln erinnert, sondern auch beim Nordlandurlaub der allenthalben in den Hotels umsonst angebotene schwarze Trank.[2]

Für den starken Anstieg des westdeutschen Kaffeekonsums seit den 1950er Jahren zeichnete sich unter anderem das Kaffeesteuer-Gesetz von 1953 verantwortlich, das vor der Bundestagswahl öffentlichkeitswirksam für eine erhebliche Senkung der auf den Kaffee fälligen Steuer sorgte. Während diese in den ersten Jahren nach der Währungsreform im Westen neben dem üblichen Zoll bei enormen 10,-- DM je Kilogramm lag, wurde sie nun auf 3,-- DM gesenkt. Der dadurch sprunghaft steigende Absatz führte letztlich dazu, daß die Steuereinnahmen aus dem Kaffee trotz des wesentlich niedrigeren Satzes schon nach kurzer Zeit höher lagen als vor der Absenkung.

Zur selben Zeit vollzog sich auch eine Liberalisierung der Importpolitik. Während zuvor nur die im »Verein der am Caffeehandel beteiligten Firmen«, die ihren Sitz in Hamburg oder Bremen hatten, die begehrten Bohnen aus dem Ausland einführen durften, setzte Wirtschaftsminister Ludwig Erhard eine signifikante Ausweitung der Einfuhrlizenzen durch.[3] Auf diese Weise konnten nun auch die Röstereien in das Importgeschäft einsteigen, wobei sich jene in der Regel von professionellen Importagenten beraten ließen. Dieser Trend führte aber auch zu einem ersten Konzentrationsprozeß in der westdeutschen Kaffeewirtschaft. Nicht nur kleinere Importeure, sondern auch viele weniger kapitalkräftige und umsatzstarke Röstereien mußten aufgeben.[4] Auf der anderen Seite stiegen aber auch vermehrt Großimporteure in den Detailhandel ein, wie beispielsweise das Unternehmen von Bernhard Rothfos (dem Gründer der »Deutschen Extrakt Kaffee«), das schon seit 1948 die Vertriebsorganisation »Arko« (»Arbeitsgemeinschaft für den Vertrieb von Konsumgütern«) aufbaute.[5] Anfangs allein auf Schleswig-Holstein konzentriert, expandierte »Arko« später in andere Regionen Deutschlands.

Der stark wachsende Kaffeemarkt führte in der jungen Bundesrepublik zur Etablierung eines dreistufigen Anbietersystems. So standen die Großröstereien und Abpacker, die den Einzelhandel mit bekannten Marken belieferten, neben den Filialunternehmern und Versandhändlern. Viele Großröstereien haben ihre Wurzeln in der Kaiserzeit und konnten sich auch durch die beiden Weltkriege und die Weltwirtschaftskrise hindurch behaupten, wie etwa die bereits vorgestellte HAG AG. Kaum ein Name prägt unser Bild vom Markenprodukt aber in solchem Maß wie die Firma Jacobs, was nicht zuletzt in jahrzehntelang beharrlich übermittelten Werbebotschaften seine Ursache hat. Die Geschichte des Unternehmens geht auf das Jahr 1895 zurück, als in Bremen Johann Jacobs ein »Specialgeschäft« gründete, in dem er fortan »Caffee, Thee, Cacao, Chocoladen, Biscuits« an den Kunden brachte, wie er in einer Anzeige in den »Bremer Nachrichten« verkünden ließ.[6] Eigentlich hatte Jacobs nach Amerika auswandern wollen, war aber letztlich »hinter dem Tresen eines Bremer Kolonialwarengeschäfts« gelandet.[7] Nach einem ersten Fehlschlag mit dem eigenen Unternehmen gründete Jacobs in besserer Verkaufslage 1897 ein neues Geschäft. Seit 1907 betrieb jener zudem eine kleine Hinterhof-Rösterei und bot seinen Kunden fertig gerösteten Kaffee an – in Zeiten der privaten Röstpfannen und Kaffeetrommeln eine Novität, die sich erst allmählich durchsetzte. Im Laufe der 1920er Jahre stieg »Jacob's Kaffee« dann zu einem allseits bekannten Markenprodukt auf. Das lag nicht zuletzt daran, daß das stetig wachsende Unternehmen seit 1927 den »Norddeutschen Lloyd« zu seinen Kunden zählte, und dessen Kaffee auch an Bord der großen Bremer Ozeanriesen wie der »Bremen«, der »Europa« oder der »Columbus« angeboten wurde.[8]

Einige Zeit später brachte Neffe Walter J. Jacobs aus den USA moderne Vermarktungsmethoden mit an die Weser, die sich in Werbebotschaft und neuem Verpackungsdesign äußerten. Der Erfolg setzte sich nach überstandenem Zweiten Weltkrieg fort. Seit den 1950er Jahren wirkten kostspielige wie effektive Werbekampagnen in den Druckmedien verkaufsfördernd; und im darauffolgenden Jahrzehnt kam das Fernsehen hinzu, wozu Jacobs bekannte Stars wie etwa Vico Torriani vor die Kamera holte. Frau Karin Sommer aus den 1970er Jahren mag vielen ebenfalls noch in lebhafter Erinnerung sein.[9] Die »Krönung« avancierte in dieser Zeit nicht allein zum Zugpferd des Jacobs-Konzerns, sondern entwickelte sich zum Inbegriff gepflegten Kaffeegenusses im Kreis der Familie schlechthin.[10]

Auch die Ursprünge des nach beinahe anderthalb Jahrhunderten immer noch sehr erfolgreich agierenden Hamburger Unternehmens Johann Joachim Darboven gehen auf ein Einzelhandelsgeschäft zurück, das im Jahre 1866 vom gleichnamigen Firmengründer in der Hamburger Straße Brandsende eröffnet wurde. Zunächst gingen hier Brot, Kaffee, Gewürze und andere Kolonialwaren über die Theke. Schon früh fand dann aber eine Konzentration auf den Kaffee statt, und bereits drei Jahre nach Gründung war Darboven auf der Internationalen Gartenbauausstellung in der Elbmetropole mit insgesamt 144 verschiedenen Kaffeesorten vertreten. Nur kurze Zeit später begann Darboven, ähnlich wie später auch Jacobs, einzelne Kaffeepartien selbst zu rösten. Der Geschäftserfolg ermöglichte nicht nur die Erweiterung des Stammhauses, sondern auch die Gründung von Filialen an repräsentativen Orten in der Hamburger Innenstadt. Vor allem das Geschäft an der Ecke Neuer Wall/Poststraße, welches im Stil eines indischen Teesalons aufgemacht war, zog das elitäre Hamburger Publikum an. Der große Wurf gelang dem Unternehmen im Jahre 1927 mit der Patentierung des magenfreundlichen, aber gleichwohl koffeinhaltigen »Idee-Kaffees«, der sogleich erfolgreich in die deutschen Haushalte einzog. Auch nach dem Zweiten Weltkrieg war der »Idee-Kaffee« wichtigstes Produkt des Unternehmens, das sich übrigens bis heute unter Albert Darboven im Familienbesitz befindet.[11] Aber auch an Darboven ging der Wandel des Kaffeemarktes in den vergangenen Jahrzehnten nicht vorbei. Im Jahre 1987 erwarb das Unternehmen die Marke »Eilles« mit 50 betriebseigenen Filialen, und 2003 gründete Darboven den ersten Coffee-Shop in Leipzig. Mittlerweile zählen wie bei den meisten anderen Anbietern auch fair gehandelter Kaffee und Bio-Kaffee zum Angebot. Immer wieder bringt sich Albert Darboven sehr engagiert mit seiner Person ein, sei es im Rahmen der eingängigen Darboven-

Fernsehspots oder durch sein kulturelles und soziales Engagement für die Stadt Hamburg.

Vergleichsweise spät stieg hingegen der Filterhersteller Melitta in die Kaffeeproduktion ein. Erst 1962 nahm das Unternehmen, das seit langem eine breite Palette nicht nur an Filtern, sondern auch an Geschirr und Keksen (»Zu einer guten Tasse Kaffee gehört auch gutes Gebäck«) auf den Markt brachte, die Kaffeeverarbeitung auf. Die Motivation für diesen Einstieg lag in der Tatsache begründet, daß der Filterverkauf in jener Zeit kaum mehr expandierte, da die Melitta-Schnellfilter in vielen deutschen Haushalten noch nicht akzeptiert wurden. Entweder war der Kaffee zu grob gemahlen und entfaltete im Filter nur wenig Aroma oder er war zu fein und verstopfte die Poren des Papiers. Die Lösung schien hier der »filterfein« gemahlene Kaffee von Melitta, den Unternehmensführer Horst Bentz auf den Markt brachte. Mit der richtigen Beschaffenheit des Pulvers kam gleichzeitig ein neues Verpackungsverfahren auf: die bis dahin in Deutschland weitgehend unbekannte Vakuumverpackung. Aber auch davon mußten die Hausfrauen – nach wie vor die Entscheidungsträger beim bundesdeutschen Einkauf – mit subtilen Werbesprüchen überzeugt werden: »Was Sie beim Einkauf an Aroma nicht riechen, davon haben Sie später umso mehr in der Tasse«.[12] Im Jahre 1966 kaufte Melitta schließlich die Bremer Kaffeerösterei Carl Ronning und damit gleichzeitig einen etablierten Markennamen, der das Kaffeegeschäft des Unternehmens weiter voranbrachte.[13]

Ebenso gehört das Münchner Unternehmen Dallmayr eher zu den Nachzüglern. Gegründet bereits im 17. Jahrhundert und im Jahre 1870 von Alois Dallmayr übernommen, stieg der Feinkostbetrieb 1933 durch Initiative des Bremer Kaufmanns Konrad Werner Wille in größerem Umfang in das Kaffeegeschäft ein. Erst 1985 wurden Kaffeeröstung und -vertrieb in ein eigenes Unternehmen ausgegliedert, das sich auch heute noch zu einem großen Teil in Händen der Familie Wille befindet.

Das Herz all dieser Großröstereien waren und sind die oft hochbezahlten Kaffeekoster. Denn gerade bei den bekannten Markenmischungen kommt es auf stets gleichbleibende Qualität und Geschmack an. Da die Kaffeebohne indes ein Naturprodukt darstellt und auch die Partien ein und derselben Anbauregion von Jahr zu Jahr unterschiedlich ausfallen können, gilt es, durch jeweils mildere oder schärfere Röstung oder durch ein anderes Mischungsverhältnis stets einen mehr oder weniger identischen Kaffee zu kreieren. Mithilfe zahlloser Tassen, Kännchen, Probepackungen und des stets obligatorischen Spucknapfes verbringt der Kaffeekoster einen Großteil seines Arbeitstages mit der Verkostung von Kaffeeproben. Aber nicht nur die eigene Mischung, sondern auch das Angebot der Konkurrenz wird gelegentlich zu Vergleichszwecken probiert.

Im Westen Deutschlands war die Wirtschaftswunderzeit neben dem Aufstieg der Großröstereien und Abpacker auch durch die Blüte der Filialunternehmen gekennzeichnet, von denen bis heute längst nicht alle überlebt haben: Neben Marken wie Tchibo, Eduscho oder Arko bestimmten auch Namen wie Frielo, Nörenberg oder Übersee-Kaffee das Bild der bundesdeutschen Städte in der Nachkriegszeit.[14] Zum Konzept der Kaffee-Filialisten gehörte und gehört nach wie vor nicht nur der Verkauf von Kaffee, sondern vielerorts auch der Probierausschank des frisch gebrühten Getränks. Geworben wurde durch Abgrenzung vom Lebensmittel-Einzelhandel, wie ein Prospekt aus der Zeit um 1960 verlauten läßt:

> »Die Zeiten, in denen Röstkaffee zusammen mit Seife, Petroleum und Heringen beim ‚Kaufmann an der Ecke' verkauft wurde, sind endgültig vorbei. Modernste amerikanische Verteilermethoden wurden übernommen und dem deutschen Konsumenten nutzbar gemacht, der nun Marken-Kaffee mit garantierter Frische kauft.«[15]

Amerika diente also wie seinerzeit schon während der Weimarer Republik bei der Vermarktung des Kaffee HAG als das Maß aller Dinge – Argumente, die heute möglicherweise beim Konsumenten eher weniger Wirkmächtigkeit entfalten würden.

Dabei griffen die Filialisten aber auch unter Zuhilfenahme amerikanischer Werbemethoden letztlich nur auf Altbekanntes zurück: Denn schon im Jahre 1885 hatte Josef Kaiser in Duisburg eine erste Filiale seines Unternehmens »Kaiser's Kaffee« gegründet. Die Keimzelle des Betriebs war das kleine Viersener Kolonialwarengeschäft der Eltern, zu dessen Erfolg auch der Hausierhandel mit Rohkaffee beitrug, der damals meist noch daheim auf dem Herd geröstet wurde. Auch Josef Kaiser begann schließlich mit der Röstung im Unternehmen und traf damit offenbar den Geschmack der Konsumenten der Gründerzeit. Anders als Jacobs und Darboven nutzte er die sich daraus ergebende Chance aber nicht zur Etablierung einer Kaffeemarke für den Einzelhandel, sondern stieg in das Filialgeschäft ein. Schon bald verfügte »Kaiser's Kaffee« nicht nur über eine Zweigniederlassung in Berlin, sondern auch in vielen anderen Orten des Deutschen Reiches. Im Jahre 1898 betrieb man bereits 250 Filialen, in denen nicht nur Kaffee aus der eigenen »Dampf-Kaffee-Rösterei« angeboten wurde, sondern ebenso auch Gebäck, Schokolade, andere Süßwaren und Tee – ein Konzept, das auf lange Sicht Schule machte. Am Vorabend des Zweiten Weltkriegs erstreckte sich ein Netz von etwa 1.900 Filialen über ganz Deutschland, das nach erheblichen Kriegsverlusten seit Anfang der 1950er Jahre wieder aufgebaut wurde.

Die dritte Form der Kaffeevermarktung, der Versandhandel, erlebte vor allem in den 1950er Jahren eine Blüte; aber es steht zu vermuten, daß die gegenwärtigen Möglichkeiten des Online-Shopping diesem Geschäftszweig in Zukunft zu einem erneuten Aufschwung verhelfen werden. Zu einem der größten Versandhändler der Wirtschaftswunderzeit stieg das Hamburger Unternehmen Tchibo auf. Schon in den 1920er Jahren betätigte sich der spätere Tchibo-Mitbegründer Max Herz in den Fußstapfen seines Vaters als Kaffeeimporteur. Die väterliche Firma überlebte die Folgen der Weltwirtschaftskrise von 1929 nur durch das beherzte Eingreifen des Sohnes. Dieser rettete das Unternehmen durch ein von der Verwandtschaft zur Verfügung gestelltes Darlehen, und zu seinem Glück gelang es ihm auch, gleichzeitig eine Filiale der Hamburger Klassenlotterie zu übernehmen. Mit ihrer Hilfe überstand der Betrieb selbst die Mangelwirtschaft in der Zeit des Zweiten Weltkrieges und danach.

Schon früh erkannte Herz die Chancen des Direktvertriebs, die er nach Kriegsende sogleich zu nutzen beabsichtigte. Doch sollte es noch einige Jahre bis zur Währungsreform dauern, ehe sich solche damals ambitiösen Pläne tatsächlich auch realisieren ließen. Der Importeur Herz war in der unmittelbaren Nachkriegszeit nämlich angehalten, die ihm zugestandenen geringen (und darüber hinaus oft auch qualitativ minderwertigen) Importe nach einem festen Schlüssel an die Röstereien in Hamburg und Bremen zu verkaufen. Entgegen der behördlichen Vorgaben entschied er sich aber schon jetzt, einen Teil der Partien selbst zu rösten und direkt zu vermarkten, um auf diese Weise seine Gewinnmargen zu erhöhen. Ein solches, von einem Importeur betriebenes Unternehmen war in der Zeit der Zwangsbewirtschaftung aber noch höchst problematisch und lief Gefahr, ganz untersagt zu werden. Aus diesem Grunde suchte sich Herz einen Strohmann, den er in dem armenischen Unternehmer Carl Tchilinghiryan fand. Dieser handelte mit Datteln, Feigen und Studentenfutter und gründete schließlich gemeinsam mit Herz die Firma »Frisch-Röst-Kaffee Carl Tchilling«. Auf Umwegen und oftmals mittels Kompensationsgeschäften brachte Herz mit seinem Partner in immer größerem Maße per Versand die Tchilling-Bohne an den Kunden, seit 1949 unter dem auch heute noch gängigen Kürzel »Tchibo«.[16]

Durch die verschlungenen wie effizienten Geschäfte verfügte der Importeur Herz stets über mehr Rohkaffee als die Hamburger oder Bremer Konkurrenz, was ihm bis zur Lockerung der strengen Importregeln 1953 einen entscheidenden Marktvorteil verschaffte. Dazu trugen aber auch Werbemaßnahmen bei, die sich damals beinahe schon am Rande des Legalen bewegten. Beliebt waren Zugaben zu den einzelnen Kaffeepäckchen, etwa Blechdosen mit Etiketten, die sich als praktische Haushaltshelfer erwiesen, oder das »Tchibo Magazin«, das bald schon in Millionenauflage erschien und dessen Wildwest-Geschichten die Mütter dazu bewegen sollten, regelmäßig den Tchibo-Kaffee zu bestellen. In den Genuß solcher Gaben kam der Konsument indes nur, wenn er zuverlässig zahlte, denn der legendäre »Gold Mocca« wurde von der Bundespost nur gegen Nachnahme ausgeliefert. Aber auch mit Nostalgie wurde Stimmung gemacht. So warb Tchibo nach dem Erwerb einer Kaffeeplantage in Tanganjika um 1960 etwa mit der Aussage: »Erwähnenswert ist, daß das Hamburger Stammhaus eine eigene Plantage in der ehemaligen Kolonie Deutsch-Ostafrika besitzt.«[17]

Schon bald gelang es Herz, den armenischen Partner, der zusehends mit dem Verkauf seines Studentenfutters Schiffbruch erlitt, sukzessive aus dem Unternehmen zu drängen. Als immer offensichtlicher wurde, daß der Versandhandel keine großen Wachstumschancen mehr bot, gründete Herz seit 1957 Filialen. Schon 1962 bestritt Tchibo ein Siebtel des deutschen Kaffeeabsatzes, und ein Netz von mehr als 250 Filialen überzog die alte Bundesrepublik – alles unterstützt durch kostspielige wie effiziente Werbemaßnahmen und Slogans wie »von der Plantage direkt zu Ihnen«.[18] Heute beschäftigt Tchibo rund um den Globus etwa 12.500 Mitarbeiter bei einem Jahresumsatz von 3,6 Milliarden Euro. Seit 1997 zählt auch der einstige Konkurrent Eduscho (Eduard Schopf) zum Unternehmen.[19]

Die feste Institutionalisierung des Kaffeeabsatzes seit der Nachkriegszeit darf nicht über die Tatsache hinwegtäuschen, daß jener stets in großem Maße von der globalen Preisentwicklung abhing. Im schlimmsten Fall entschied ein Starkfrost in

Brasilien über das Schicksal eines Unternehmens hierzulande. Herbe Einbrüche in der Erfolgsgeschichte der westdeutschen Kaffeeverarbeitung zeigten sich vor allem in den 1970er Jahren. Wachsende gegenseitige Konkurrenz bremste zunächst den Absatz der großen Traditionsmarken. Im Jahre 1977 führten schließlich starke Fröste in Brasilien zu Mißernten und damit zu einem massiven Anstieg der Preise für Rohkaffee. Während Anfang der 1970er Jahre eine Tonne Rohkaffee noch etwa 1.000,-- US-Dollar kostete, lag der Preis 1976 durchschnittlich bei nahezu 3.000,-- US-Dollar, um im April 1977 auf einen Höchststand von 7.380,-- US-Dollar zu klettern. Die Preiserhöhungen mußten größtenteils an die Kunden weitergegeben werden, was zwangsläufig zu einem Absatzrückgang führte.[20]

Auch wenn viele traditionsreiche Marken in Deutschland dem Namen nach weiterbestehen, gingen die Zeichen der Globalisierung im Zuge der Kaffeekrise nicht spurlos an den bundesdeutschen Herstellern vorbei. Durch Initiative des Gründersohnes Ludwig Rosilius jun. wurde beispielsweise die HAG AG im Jahre 1979 an den amerikanischen Nahrungsmittelkonzern General Foods verkauft. Dieser ging wiederum sechs Jahre später an Philip Morris über, der seinerseits 1988 von Kraft übernommen wurde. Kraft erwarb schließlich 1990 ebenso Jacobs Suchard.[21] Auch der ehrwürdige »Kaiser's Kaffee« überlebte den Zug der Zeit nicht als eigenständiges Unternehmen, sondern wurde schon im Jahre 1971 von der Tengelmann-Gruppe übernommen. Im Jahre 1997 schluckte Tchibo, wie bereits erwähnt, schließlich das Bremer Unternehmen Eduscho.[22] Aber nicht alle Fusionen gelangen. So scheiterte 1974 praktisch im letzten Augenblick der Zusammenschluß von Jacobs mit dem niederländischen Unternehmen Douwe Egberts zu einem marktbeherrschenden Kaffee- und Teegiganten am Widerstand niederländischer Aktionäre.[23] Jacobs tat sich stattdessen 1982 mit dem Schweizer Interfood-Konzern (Suchard, Tobler) zusammen.

Der wachsende Wettbewerbsdruck äußerte sich vereinzelt auch in steigenden Leistungsanforderungen gegenüber den Mitarbeitern der Produzenten. Im Jahre 1972 deckte Günter Wallraff, der sich als Arbeitssuchender in den Melitta-Konzern eingeschleust hatte, erhebliche Mißstände, von einer partiellen NS-Gesinnung der Geschäftsleitung bis hin zu massivem psychologischem Druck gegenüber den Mitarbeitern, auf. Die Reportage »Brauner Sud im Filterwerk. Melitta-Report« zeitigte Wirkung; denn nach einer entsprechenden Medienresonanz und zahllosen Boykott-Schreiben der Kunden bewirkte der Bericht ein Umdenken der Unternehmensführung und die Durchsetzung von Arbeitserleichterungen, wie etwa der 40-Stunden-Woche.[24]

Die Großröstereien versuchten der Krise aber auch durch Einführung neuer Verarbeitungsmethoden Herr zu werden, die jedoch nicht in allen Fällen vom Kunden angenommen wurden. Zu Beginn der 1980er Jahre kam es zu einem herben Fehlschlag, als einige Unternehmen ein neues Röstverfahren einführten, bei dem sich die Bohnen überdurchschnittlich aufblähten, womit auch das Volumen des gerösteten Kaffees beträchtlich zunahm. Die neue, voluminösere »Turboröstung« wurde in 400-Gramm-Verpackungen abgefüllt, die sich äußerlich kaum von den traditionellen 500-Gramm-Päckchen unterschieden. Auch wenn der Preis der neuen Packungen ein wenig gesenkt wurde, empfanden die meisten Verbraucher das Angebot gleichwohl als versteckte Preiserhöhung. Die Kunden reagierten zu einem erheblichen Teil mit Kaufverweigerung, und die Unternehmen sahen sich schon nach wenigen Monaten gezwungen, das kostspielige Experiment zu beenden und zu den alten Verfahren zurückzukehren.[25]

Wenn wir über Deutschland als Kaffeeland sprechen, so gehörte vier Jahrzehnte lang auch die Deutsche Demokratische Republik dazu. Wie in der Bundesrepublik Deutschland, zählte ebenso in der DDR der Kaffeegenuß zu den kleinen Freuden eines vielleicht manchmal eher tristen Alltags. Noch stärker als im Westen gehörte die Kaffeetafel zu den Institutionen des geselligen und gesellschaftlichen Austausches. Und auch aus der Arbeitspause war die in der Werkskantine genossene Tasse Kaffee nicht wegzudenken.

Der großen Beliebtheit des Getränks stand die latente Devisenknappheit des ostdeutschen Staates gegenüber, die sich bei der Einfuhr von Rohkaffee besonders stark bemerkbar machte: Denn die Importe stammten in aller Regel aus dem nichtsozialistischen Ausland und mußten mit harten US-Dollar bezahlt werden. Gerade in Zeiten hoher Weltmarktpreise sah sich die DDR-Führung immer wieder vor Herausforderungen gestellt, denen sie mit einer gewissen kreativen Phantasie begegnete.

Das durch die Devisenknappheit der DDR bedingte schmale Angebot und der hohe Verkaufspreis führten von Beginn an zu einem privaten und teilweise illegalen Transfer großer Mengen im Westen produzierten Kaffees über den Eisernen Vorhang. Vor dem Bau der Mauer war es noch möglich, Kaffee im Westen zu erwerben und ihn per S-Bahn nach Ostberlin zu bringen, auch wenn ein solcher Transport seitens der DDR-Behörden mit hohen Strafen geahndet werden konnte. Nach dem Mauerbau gingen Jahr für Jahr zahllose Kaffeepackungen in Form von Geschenken in die DDR.[26]

Trotz allem konnte auch in der DDR eine gewisse Kaffeevielfalt angeboten werden, die aber ihren Preis hatte. So waren die Edelmarke »Mona«, das Produkt »Rondo«, seit 1959 der »Kosta« und auch Malzkaffee zu haben. Dabei kostete 1 Kilogramm »Mona« in den 1970er Jahren 80 Mark, »Rondo« 70 Mark und der »Kosta« 60 Mark. Demgegenüber war ein Kilo Malzkaffee für nur eine Mark zu haben. Eingedenk der Tatsache, daß ein durchschnittlicher Arbeitnehmer in dieser Zeit etwa 500 Mark monatlich verdiente und ein Rentner 180 Mark erhielt, wird rasch deutlich, daß es sich beim Kaffee um ein Luxusgut handelte. Doch war er ein Luxus, den sich breite gesellschaftliche Kreise gönnten. Ermöglicht wurde dieser durch die gängigen Viertelpfundpackungen, die eine einzelne Packung wiederum durchaus erschwinglich machten.[27]

Bei der Kaffeeherstellung in der DDR spielte die Stadt Magdeburg eine wichtige Rolle, die sie auch nach der deutschen Wiedervereinigung bewahren konnte. Schon seit Beginn des 20. Jahrhunderts befand sich in Magdeburg eine Fabrikationsstätte der »Kathreiners Malzkaffee-Fabriken«. Hier wurde der Kathreiner Malzkaffee, der den Namen des berühmten Pfarrers Sebastian Kneipp trug, für den nord- und mitteldeutschen Markt produziert. Ende der 1920er Jahre betrug der Jahresausstoß der Produkte »Kneipp-Malzkaffee« und »Linde« immerhin schon 14.000 Tonnen. Das Magdeburger Werk überstand den Zweiten Weltkrieg und setzte die Produktion fort. Gleich nach Kriegsende wurde der Betrieb aber enteignet und unter der Bezeichnung »Konsum Kaffeewerk« fortgeführt. Im Jahre 1958 erhielt die Fabrik den etwas ansprechenderen Namen »Röstfein«, den sie auch heute noch trägt.[28] Bereits vier Jahre zuvor hatte das Werk erstmals den Auftrag erhalten, in kleinerem Umfang Bohnenkaffee zu rösten. Mit Maschinen, die im gesamten Gebiet der DDR aufgetrieben wurden, begann eine bescheidene Kaffeeproduktion, die rasch einen größeren Umfang erreichte. Gemeinsam mit sechs anderen Röstereien verarbeiteten die Magdeburger zu Beginn der 1970er Jahre schließlich an die 50.000 Tonnen Bohnenkaffee jährlich.

Seit dem Sturz Walter Ulbrichts und dem VIII. Parteitag der DDR, der eine Verbesserung des Lebensniveaus der Menschen im Lande avisierte, entwickelte sich der Kaffee beinahe zu einer Selbstverständlichkeit.[29] Die Alltäglichkeit wird beispielsweise in dem 1977 fertiggestellten Roman »Transportpaule« von Paul Gratzik deutlich:

> »Der Lebensrhythmus der Menschen zwischen ihren alten und neuen Mauern richtet sich nach ihren Kaffeepausen. Sie trinken ihn süß, heiß und

in ziemlichen Mengen. Man könnte, wäre man Anarchist, die Menschen allesamt demoralisieren, würde man die Zufuhr des geliebten Kaffees sperren. Die Arbeitermacht bei uns darf sich Fehler erlauben, nur den nie, das Herbeischaffen des Kaffees auch nur einen Moment lang zu vergessen.«[30]

Der Kaffee hatte sich entsprechend zu einem Symbol des relativen Wohlstands und des politischen Einflusses der Arbeiterschicht in der DDR entwickelt.

Im Jahre 1977 geriet aber auch die DDR-Kaffeewirtschaft in gehörige Unordnung, als, wie bereits dargestellt, die Weltmarktpreise scheinbar ins Unermeßliche stiegen. Zu dieser Zeit sah die staatliche Planung eine jährliche Einfuhr von 51.900 Tonnen Rohkaffee in die DDR vor, was bei der massiven Preissteigerung die Devisenkasse der im Ausland ohnehin stark verschuldeten DDR zu sprengen drohte. Das Politbüro wurde rasch auf den sich abzeichnenden Ernst der Lage aufmerksam und beauftragte im Frühjahr 1977 den Vorsitzenden der »Kommerziellen Koordinierung«, Alexander Schalck-Golodkowski, mit der Ausarbeitung eines Krisenszenarios. Nach einem Besuch im Westen und inspiriert von Gesprächen mit dortigen Kaffeeproduzenten schlug dieser eine signifikante Reduzierung des Bohnenanteils in den gängigen DDR-Marken vor. Schließlich entschied sich das Politbüro für eine massive wie möglichst heimliche Verschlechterung des gesamten Kaffeeangebotes. So sollten fortan für die Marken »Mona« und »Rondo« nur noch die billigsten auf dem Markt erhältlichen Rohkaffeesorten verwendet und der in praktisch allen Haushalten zu findende »Kosta« ganz abgeschafft werden. Als Ersatz beschloß die DDR-Führung, als neues koffeinhaltiges Volksgetränk die Marke »Kaffee-Mix« einzuführen, die nur noch zu 51% aus Bohnenkaffee, im übrigen hingegen aus heimischen Ersatzstoffen bestehen sollte. In Kantinen und vielen anderen öffentlichen Orten wurde der Ausschank von reinem Bohnenkaffee untersagt.[31]

Die Einführung des »Kaffee-Mix« entwickelte sich zu einem völligen Fiasko. Der verfälschte Kaffee war geschmacklich enttäuschend, verstopfte gerade bei größeren, in der Gastronomie verwendeten, Kaffeemaschinen die Filter, und der Plan, das Getränk durch eine künstliche Aromatisierung aufzuwerten, scheiterte an den technischen Möglichkeiten. Bald schon ergossen sich Hohn und Spott über die im Volksmund als »Erichs Krönung« bezeichnete Marke. Die Konsumenten griffen zunächst statt des abgeschafften »Kosta« auf den teureren »Rondo« zurück, bis dieser auf dem DDR-Markt fast vollständig vergriffen und nur noch unter dem Ladentisch zu haben war. Verheerend war das öffentliche Echo: So wurde die Kaffeeverschlechterung gemeinhin als versteckte Preiserhöhung begriffen, die in der DDR an sich verboten war. Eine besondere Enttäuschung zeigte sich insbesondere über die Heimlichtuerei der Staatsführung, die die Menschen nicht durch entsprechende Pressemitteilungen auf die Maßnahmen vorbereitet hatte. Das Ergebnis bestand in einem weitgehenden Boykott des »Kaffee-Mix«, der noch Ende 1977 stillschweigend vom Markt genommen wurde. Große Restbestände von »Erichs Krönung« fielen der Vernichtung anheim.[32]

Das Scheitern der staatlichen DDR-Kaffeepolitik führte zu einer gewissen Liberalisierung, mit der die Kaffeeröstereien in begrenztem Umfang unternehmerische Freiheiten gewannen. Anfang der 1980er Jahren konnten auf diese Weise technische Innovationen für eine effizientere und ergiebigere Produktion umgesetzt werden, wie insbesondere das sogenannte »Wirbelschichtverfahren«, das von »Röstfein« gemeinsam mit der Technischen Hochschule Magdeburg entwickelt worden war.[33] Ein effizientes Management sicherte schließlich auch den Übergang von »Röstfein« in ein wiedervereinigtes Deutschland unter dem heutigen Dach des ostdeutschen »Konsumverband eG«. Nach einigen Jahren der Unterbrechung sind heute »Rondo«, »Kosta« und »Mona« wieder auf dem deutschen Markt zu haben.[34]

Der Vergleich zwischen der Bundesrepublik Deutschland und der DDR zeigt deutlich auf, daß kapitalistische und sozialistische Wirtschaftsordnungen in der Zeit der Kaffeekrise in gleichem Maße mit steigenden Rohkaffeepreisen zu kämpfen hatten, daß aber zur Lösung der damit verbundenen Probleme gleichwohl unterschiedliche Antworten gefunden wurden. Mit der Wiedervereinigung entstand ein gesamtdeutscher Kaffeemarkt. Dieser leidet seit den 1990er Jahren zunehmend unter einem Preiskampf, der zunächst von Aldi angeführt, später auch von anderen Discountern zusätzlich angeheizt wurde. Bei diesen konnte sich der Kaffee zu einem Lockvogelangebot gerieren, um potentielle Kunden in die Läden zu ziehen. Darunter litten vor allem die Anbieter der etablierten Kaffeemarken, die, wie schon zwei Jahrzehnte zuvor, unter erheblichen Preisdruck gerieten. Um dieser Entwicklung entgegenzusteuern, stiegen einzelne Markenröstereien selbst in das Geschäft mit den Discount-Handelsmarken ein.[35] Die Filialisten, allen voran Tchibo, konterten mit einem starken Ausbau des bereits seit den 1970er Jahren betriebenen Non-Food-Bereiches und bieten bis heute ein attraktives Angebot von Textilien bis hin zu Haushaltsgeräten an.[36] Der wachsende Druck führte aber auch zu illegalen Preisabsprachen unter mehreren Anbietern, die 2009 vom Bundeskartellamt mit Geldbußen in dreistelliger Millionenhöhe geahndet wurden.[37]

Gegenwärtig scheint sich der in den 1950er Jahren mit der Liberalisierung des Kaffeeimportes eingeleitete Konzentrationsprozeß zumindest im kleineren Rahmen wieder umzukehren. So prägen heute nicht mehr allein die Filialen der großen Kaffeeanbieter das Bild unserer Städte, sondern immer mehr auch kleinere, private Röstereien, die ihre frisch gerösteten Bohnen einem lokalen Publikum anbieten. Gelegentlich verbindet sich dabei der Kaffeeverkauf mit sozialem Engagement, wie beispielsweise bei der »Eckernförder Kaffeerösterei«. Gerade solche karitativen Projekte zeigen uns deutlich auf, wie fest verwurzelt der

Kaffee heute in unserer Gesellschaft ist. Die Verbundenheit mit dem schwarzen Trank kommt nicht von ungefähr, sondern hat sich in drei langen Jahrhunderten herausgebildet und aus unserem Land ein wahrhaftes Kaffeeland gemacht. Wenn wir gelegentlich wieder einmal eine Tasse Kaffee trinken, sollten wir uns dieser Tradition bewußt werden. In jedem Schluck verbirgt sich ein Stück Weltgeschichte.

Anmerkungen

I. Kaffee: Eine Weltgeschichte

1 Siegfried Lenz, Jütländische Kaffeetafeln. Mit Illustrationen von Kirsten Reinhold, 3. Auflage, Hamburg 2009, S. 8.

2 Tania [Karen] Blixen, Afrika. Dunkel lockende Welt, 17. Auflage, Zürich 1989, S. 15.

3 Multatuli, Max Havelaar. Oder die Kaffeeversteigerungen der niederländischen Handelsgesellschaft, 2. Auflage, Köln 1993; hierzu auch: Sibylle Cramer, Der Kulturhumorist, in: »Die Zeit«, 41/8. Oktober 1993, S. 18.

4 Multatuli, Max Havelaar, S. 454.

5 Brian Cowan, The Social Life of Coffee. The Emergence of the British Coffeehouse, New Haven-London 2005, S. 6.

6 C. Coolhaas, H. J. de Fluiter und Herbert P. Koenig, Kaffee, [Tropische und subtropische Wirtschaftspflanzen. Ihre Geschichte, Kultur und volkswirtschaftliche Bedeutung, Teil 3, Bd. 2], 2. Auflage, Stuttgart 1960; Jean Nicolas Wintgens (Hg.), Coffee. Growing, Processing, Sustainable Production. A Guidebook for Growers, Processors, Traders and Researchers, Weinheim 2009.

7 Heinrich Eduard Jacob, Kaffee. Die Biographie eines weltwirtschaftlichen Stoffes, [Stoffgeschichten, Bd. 2, hg. von Armin Reller und Jens Soentgen], München 2006.

8 Vgl. hierzu das Nachwort von Reller und Soentgen, ebd., S. 341–48.

9 Bonnie K. Bealer und Bennett Alan Weinberg, The World of Caffeine. The Science and Culture of the World's most Popular Drug, New York-London 2001.

10 Wolfgang Jünger, Herr Ober, ein' Kaffee! Illustrierte Kulturgeschichte des Kaffeehauses, München 1955; Ulla Heise, Kaffee und Kaffeehaus. Eine

Geschichte des Kaffees, Frankfurt am Main 2002; Cowan, Social Life of Coffee.

11 Kristof Glamann, Dutch-Asia Trade. 1620–1740, Kopenhagen-Den Haag 1958; Kirti Narayan Chaudhuri, The Trading World of Asia and the English East India Company 1660–1760, Cambridge-London-New York-Melbourne 1978.

12 Gervase Clarence-Smith und Steven Topik (Hgg.), The Global Coffee Economy in Africa, Asia, and Latin America, 1500–1989, Cambridge 2003.

II. Was ist Kaffee?

1 [Jacob Spon], Drey Neue Curieuse Tractätgen von dem Trancke Cafe, Sinesischen The, und der Chocolata, Bautzen 1686 (Neudruck, mit einem Nachwort von Ulla Heise, Leipzig, 1986), S. 3.

2 Ebd.

3 John Ovington, A Voyage to Suratt in the Year 1689, London 1696, S. 466: »It is ripe at a proper Season of the Year, and is Subject to Blasts, as our Corn and Fruits are. It thrives near the Water, and grows in Clusters like our Holly-Berries; the Berry it self resembles a Bay-Berry; two of which are inclos'd in one Shell, which separates when it is broken. The Leaf of it is like a Laurel's in bigness, but very thin. The tree it self neither shoots out in largeness, nor is very long productive of Fruit, but is still supplied by new planting of others.«

4 A Voyage to Arabia Fœlix through the Eastern Ocean and the Streights of the Red-Sea, being the First made by the French in the Years 1708, 1709, and 1710, London 1710, S. 234–37.

5 Wintgens, Coffee, S. 56.

6 Ebd., S. 3.

7 Ebd., S. 51.

8 Ebd., S. 174.

9 Friedlieb Ferdinand Runge, Hauswirthschaftliche Briefe, Drittes Dutzend, Sechsunddreißigster Brief, Weinheim 1988, S. 165f.

10 Bealer/Weinberg, World of Caffeine, S. XVII-XX.

11 Ebd., S. 216f., 233.

12 Ebd., S. 219, 221.

13 Wintgens, Coffee, S. 29f.

14 Ebd., S. 39ff., 61.

15 Ebd., S. 397.

16 Steven Topik, The Integration of the World Coffee Market, in: William Gervease Clarence-Smith und Steven Topik (Hgg.), The Global Coffee Economy in Africa, Asia, and Latin America, 1500–1989, Cambridge 2003, S. 35.

17 Wintgens, Coffee, S. 168f.

18 Ebd., S. 359f.

19 Ebd., S. 636f.

20 Topik, Integration, S. 35.

21 Wintgens, Coffee, S. 169.

22 A Voyage to Arabia Fœlix, S. 238f.: »... these Trees are found planted under other Trees, said to be a Kind of Poplar, which serve to shade and shelter them from the excessive Heat of the Sun. 'Tis probable, that without this Shelter, which keeps it cool underneath, the Flower of the Coffee wou'd be quickly burnt, and never produce any Fruit, as appears by some situated in the same Place, which want those beneficial Neighbours.«

23 Wintgens, Coffee, S. 403.

24 Judith Thurman, Tania Blixen. Ihr Leben und Werk, Reinbek 1991, S. 168.

25 Wintgens, Coffee, S. 611–16.

26 Ebd., S. 610f., 616–21.

27 Ebd., S. 634–62.

28 Chaudhuri, Trading World of Asia, S. 360.

29 Ebd., S. 367.

30 Übers. n.: Michel Tuchscherer, Coffee in the Red Sea Area from the Sixteenth to the Nineteenth Century, in: William Gervease Clarence-Smith und Steven Topik (Hgg.), The Global Coffee Economy in Africa, Asia, and Latin America, 1500–1989, Cambridge 2003, S. 64.

III. Kaffa – Die Heimat des Kaffees

1 Cowan, Social Life of Coffee, S. 22.

2 A Voyage to Arabia Fœlix, S. 246.

3 Paul B. Henze, Layers of Time. A History of Ethiopia, New York 2000.

4 Dieter Woelk, Agarthachides von Knidos. Über das Rote Meer. Übersetzung und Kommentar, Diss. Phil., Bamberg 1966; Wilfred H. Schoff (Hg.), The Periplus of the Erythræan Sea. Travel and Trade in the Indian Ocean by a Merchant of the First Century, London-Bombay-Calcutta 1912.

5 Woelk, Agarthachides, S. 23f.

6 C. F. Beckingham und G. W. B. Huntingford (Hgg.), The Prester John of the Indies. A True Relation of the Lands of the Prester John being the Narrative of the Portuguese Embassy to Ethiopia in 1520 written by Father Francisco Alvares, 2 Bde., Cambridge 1961; Ulrich Knefelkamp, Die Suche nach dem Reich des Priesterkönigs Johannes, dargestellt anhand von Reiseberichten und anderen ethnographischen Quellen des 12. bis 17. Jahrhunderts, Gelsenkirchen 1986.

7 Reiner Klingholz, Wo die wilde Bohne wächst, in: Geo 1/2003, S. 49f.

8 Max Grühl, Vom heiligen Nil. Im Reich des Kaisergottes von Kaffa, Berlin 1929, S. 254f.

9 Ebd. S. 255.

10 Klingholz, Wo die wilde Bohne wächst, S. 49.

11 Werner J. A. Lange, A History of the Southern Gonga (Southwestern Ethiopia), Wiesbaden 1982, S. 180.

12 Ebd., S. 188. Lange verwendet die Schreibweise »Minǧiločči«.

13 Ebd., S. 299f.

14 Lewis J. Krapf, Travels, Researches, and Missionary Labors, during an Eighteen Years' Residence in Eastern Africa ..., Boston 1860, S. 46.

15 Beckingham / Huntingford, Prester John of the Indies, S. 458.

16 Derick Garnier, Ayutthaya. Venice of the East, Bangkok 2004, S. 111–32.

17 Antoinette Schnyder-von Waldkirch, Wie Europa den Kaffee entdeckte. Reiseberichte als Quellen zur Geschichte des Kaffees, Zürich 1988, S. 210f.

18 Charles Jacques Poncet, A Voyage to Aethiopia, London 1709.

19 Zit. n.: Schnyder-von Waldkirch, Wie Europa den Kaffee entdeckte, S. 94.

20 A Voyage to Arabia Fœlix, S. 246: »... but that Description, where the Plant in Question is compar'd to the Myrtle, is so different from the Coffee-Tree, which our People have seen in Arabia, that there must be some Mistake in the Matter; ...«.

21 Krapf, Travels, S. 49.

22 Friedrich J. Bieber, Kaffa. Ein altkuschitisches Volkstum in Inner Afrika. Nachrichten über Land und Volk, Brauch und Sitte der Kaffitscho oder Gonga und das Kaiserreich Kaffa, Bd. 1, Münster 1920, S. 9f.

23 Lange, History of the Southern Gonga, S. 306f.

24 Ebd., S. 11.

25 Ebd., S. VIII.

26 Grühl, Vom Heiligen Nil, S. 263.

27 Ebd.

28 Ebd., S. 241.

29 Ebd, S. 244.

30 Ebd., S 242.

31 Ebd., S. 242f.

32 Krapf, Travels, S. 47.

33 Bealer / Weinberg, World of Caffeine, S. 4.

34 Grühl, Vom Heiligen Nil, S. 251.

35 Klingholz, Wo die wilde Bohne wächst, S. 50.

36 Coolhaas / de Fluiter / Koenig, Kaffee, S. 286.

37 Klingholz, Wo die wilde Bohne wächst, S. 48, 58.

38 Krapf, Travels, S. 55.

39 Bieber, Kaffa, S. 377.

40 Ebd., S. 376ff.

41 Klingholz, Wo die wilde Bohne wächst, S. 50f.

42 Bealer / Weinberg, World of Caffeine, S. 3.

43 Zit. n.: Bealer / Weinberg, World of Caffeine, S. 4: »The Gallæ is a wandering nation of Africa, who in their incursions to Abyssinia, are obliged to traverse immense deserts, and being desirous of falling on the towns and villages of that country without warning, carry nothing to eat with them but the berries of the Coffee tree roasted and pulverized, which they mix with grease to a certain consistency that will permit of its being rolled into masses about the size of billiard balls and then put in leathern bags until required for use.«

44 Ralph Hattox, Coffee and Coffeehouses. The Origins of a Social Beverage in the Medieval Near East, Seattle 1985, S. 16.

45 Ebd., S. 17.

46 Schnyder-von Waldkirch, Wie Europa den Kaffee entdeckte, S. 94.

47 Richard Francis Burton, First Footsteps in East Africa. Or, an Exploration of Harar, London 1856, S. 353: »In the best coffee countries, Harar and Yemen, the berry is reserved for exportation. The southern Arabs use for economy and health – the bean being considered heating – the kishr or follicle. This in Harar is a woman's drink. The men considering the berry too dry and heating for their arid atmosphere, toast the leaf on a girdle, pound it and prepare an infusion ... . The boiled coffee-leaf has been tried and approved of in England; we omit, however, to toast it.«

48 Grühl, Vom heiligen Nil, S. 264.

49 Ebd., S. 265f.

50 Bieber, Kaffa, S. 254.

51 Ulrike Schuerkens, Geschichte Afrikas, Köln-Weimar-Wien 2009, S. 106.

52 Henze, Layers of Time, S. 20.

53 Heise, Kaffee und Kaffeehaus, S. 11.

54 Tuchscherer, Coffee in the Red Sea Area, S. 51.

55 Ebd., S. 52.

56 Zit. n.: Schnyder-von Waldkirch, Wie Europa den Kaffee entdeckte, S. 94.

57 Tuchscherer, Coffee in the Red Sea Area, S. 65f.

58 Ebd., S. 55f.

59 Coolhaas / de Fluiter / Koenig, Kaffee, S. 286.

60 Wintgens, Coffee, S. 397.

61 Klingholz, Wo die wilde Bohne wächst, S. 51f.

IV. Arabia Felix

1 Horst Kopp (Hg.), Länderkunde Jemen, Wiesbaden 2005, S. 141.

2 1. Buch der Könige 10:1–13; 2. Buch der Chronik 9:11–13; Matthäus 12:42, Lukas 11:31; Sure 27.

3 Kopp, Jemen, S. 142.

4 Ebd., S. 143.

5 Ulrich Haarmann (Hg.), Geschichte der Arabischen Welt, München 1987, S. 326.

6 Ebd., S. 331.

7 Kopp, Jemen, S. 156.

8 Hattox, Coffee and Coffeehouses S. 12.

9 Ebd., S. 18.

10 Tuchscherer, Coffee in the Red Sea Area.

11 A Journall kept by John Jourdain, zit. n.: Schnyder-von Waldkirch, Wie Europa den Kaffee entdeckte, S. 78.

12 Ebd., S. 161f.

13 A Voyage to Arabia Fœlix.

14 Carsten Niebuhr, Reisebeschreibung nach Arabien und andern umliegenden Ländern. Mit einem Vorwort von Stig Rasmussen und einem biographischen Porträt von Barthold Georg Niebuhr, Zürich 1992, S. 891.

15 Ebd., S. 382.

16 Ebd., S. 335.

17 Ovington, A Voyage to Suratt, S. 466.

18 Carsten Niebuhr, Beschreibung von Arabien. Aus eigenen Beobachtungen und im Lande selbst gesammleten Nachrichten, Kopenhagen 1772, S. 144.

19 Ebd., S. 156.

20 Kopp, Jemen, S. 109f.

21 Ebd., S. 110.

22 Ebd., S. 111.

23 Ebd., S. 13, 36.

24 Niebuhr, Reisebeschreibung, S. 398.

25 Tuchscherer, Coffee in the Red Sea Area, S. 54.

26 A Voyage to Arabia Fœlix, S. 246.

27 Ebd., S. 238f.

28 Ebd., S. 242.

29 Ebd., S. 241f.

30 Niebuhr, Reisebeschreibung, S. 330.

31 Chaudhuri, Trading World of Asia, S. 381ff.

32 Kopp, Jemen, S. 77.

33 Niebuhr, Beschreibung von Arabien, S. 247.

34 Kopp, Jemen, S. 5.

35 Ebd., S. 31ff.

36 Niebuhr, Reisebeschreibung, S. 316f.

37 Ebd., S. 348.

38 Ebd., S. 317.
39 Ebd., S. 335.
40 Ebd., S. 317f.
41 Ebd., S. 318.
42 Ebd.
43 Chaudhuri, Trading World of Asia, S. 381ff.
44 Ebd., S. 374.
45 Ebd., S. 377.
46 Peter Boxhall, The Diary of a Mocha Coffee Agent, in: Arabian Studies, 1/1974, S. 102.
47 Niebuhr, Reisebeschreibung, S. 432.
48 Ebd.
49 Ebd., S. 433.
50 Ebd.
51 Ebd.
52 Ebd., S. 433f.
53 Ovington, A Voyage to Suratt, S. 460.
54 Chaudhuri, Trading World of Asia, S. 374; Kopp, Jemen, S. 99.
55 Ovington, A Voyage to Suratt, S. 461
56 Hans Becker, Volker Höhfeld und Horst Kopp, Kaffee aus Arabien. Der Bedeutungswandel eines Weltwirtschaftsgutes und seine siedlungsgeographische Konsequenz an der Trockengrenze der Ökumene, Wiesbaden 1979, S. 27.
57 Ovington, A Voyage to Suratt, 461.
58 Chaudhuri, Trading World of Asia, S. 371.
59 Ebd., S. 372f.
60 Niebuhr, Reisebeschreibung, S. 355 f.
61 Ebd., S. 360.
62 Ebd., S. 363.
63 Ebd.
64 Tuchscherer, Coffee in the Red Sea Area, S. 58.
65 Kopp, Jemen, S. 100.

V. Kaffeelust im Orient

1 Annemarie Schimmel, Sufismus. Eine Einführung in die islamische Mystik, 4. Auflage, München 2008, S. 19f.

2 Hattox, Coffee and Coffeehouses, S. 74.

3 Ebd., S. 75f.

4 A Voyage to Arabia Fœlix, S. 244f.

5 Bealer / Weinberg, World of Caffeine, S. 11.

6 Martin Krieger, Geschichte Asiens, Köln-Weimar-Wien 2003, S. 128–33.

7 Zit. n.: Schnyder-von Waldkirch, Wie Europa den Kaffee entdeckte, S. 50.

8 Tuchscherer, Coffee in the Red Sea Area, S. 51.

9 Zit. n.: Schnyder-von Waldkirch, Wie Europa den Kaffee entdeckte, S. 51.

10 Ebd..

11 Zit. n.: Becker / Höhfeld / Kopp, Kaffee aus Arabien, S. 9.

12 Bealer / Weinberg, World of Caffeine, S. 14.

13 Hattox, Coffee and Coffeehouses, S. 86.

14 Zit. n.: Schnyder-von Waldkirch, Wie Europa den Kaffee entdeckte, S. 59.

15 A Voyage to Arabia Fœlix, S. 242: » ... their Manner is just the same as that all over the Levant, which we imitate daily in France, with, this Difference, that the Arabs take it the Moment it is boil'd, without letting it stand to settle, always without Sugar, and in very small cups. There are some among them, who, in drawing the Coffee-Pot from the Fire, wrap wet Cloth about it; this causes the Grounds to fall immediately to the Bottom, and clears the Liquor; by this Means also there rises a Sort of Cream a-top, and, when 'tis pour'd into the Cups, it steams a great deal more, diffusing a kind of oily Vapour, which they take a Delight in smelling to, because of the good Quantities they attribute to it.«

16 A Voyage to Arabia Fœlix, S. 243: »They take the Husk or Bark of the Coffee perfectly ripe, grind and put it in a little Skibbet, or earthen Pan, over a Charcole-fire keep it constantly stirring, that it might not burn like the Coffee, but only get a Colour, in the mean Time they have a Coffee-Pot of Water boiling, and when the Husk is ready throw it with a fourth Part, at least, of the outer Skin, letting it boil like ordinary Coffee, The colour of this Liquor like that of the better sort of English Beer. These Husks are

kept in Places very dry, and close shut up, for the Moisture gives them an ill Taste.«

17 Niebuhr, Reisebeschreibung, S. 323.

18 Tuchscherer, Coffee in the Red Sea Area, S. 53.

19 Hattox, Coffee and Coffeehouses, S. 7.

20 Haarmann, Geschichte der Arabischen Welt, S. 337.

21 Hattox, Coffee and Coffeehouses, S. 72.

22 Tuchscherer, Coffee in the Red Sea Area, S. 53.

23 Ebd., S. 52–55.

24 Adam Olearius, Vermehrte Newe Beschreibung der Muscowitischen und Persischen Reyse, Schleswig 1656, S. 558.

25 Ebd.

26 Thomas Bowrey, A Geographical Account of Countries Round the Bay of Bengal, 1669 to 1679, hg. von Richard Carnac Temple, Neudruck der Ausgabe von 1905, New Delhi 1997, S. 96f.: »They Seldome or Never accustome themselves to Walkinge for recreations Sake, as wee Europeans doe, but if they hold any Conversation it must be Sittinge, and not Upon Chairs, Stools, or benches, but Upon Carpets or Matts Spread Upon the ground, and on them they Sit crosse legged with much facilitie, Often Smoakinge their Hoocars as they call [them] of tobacco, drinke[ing] much Coffee and often chawinge Betelee Areca, which they call Paune.«

27 Ovington, A Voyage to Suratt, S. 456.

28 Ebd., S. 458f.

29 Niebuhr, Reisebeschreibung, S. 438.

30 Glamann, Dutch-Asia Trade, S. 190.

31 Hattox, Coffee and Coffeehouses, S. 73.

32 Ebd.

33 Niebuhr, Reisebeschreibung, S. 311f.

34 Ebd., S. 316.

35 Ebd., S. 312.

36 Ebd., S. 346.

37 Bealer / Weinberg, World of Caffeine, S. 13f.

38 Ebd., S. 14.

39 Zit. n.: Schnyder-von Waldkirch, Wie Europa den Kaffee entdeckte, S. 47.

40 Ebd.
41 Hattox, Coffee and Coffeehouses, S. 109f.
42 Niebuhr, Reisebeschreibung, S. 190.
43 Hattox, Coffee and Coffeehouses, S. 3f.
44 Bealer / Weinberg, World of Caffeine, S. 14f.
45 Ebd., S. 12–14.
46 Ebd., S. 15.

VI. Der Kaffee erreicht Europa

1 Cowan, Social Life of Coffee, S. 17.
2 Ebd.
3 Zit. n. Schnyder- von Waldkirch, Wie Europa den Kaffee entdeckte, S. 38.
4 Ebd.
5 Ebd., S. 40.
6 Zit. n.: Bealer / Weinberg, World of Caffeine, S. 69.
7 Chaudhuri, Trading-World of Asia, S. 360.
8 Cowan, Social Life of Coffee, S. 5.
9 Ebd., S. 18.
10 Vgl. Nachwort von Ulla Heise, in: Spon, Drey Neue Curiose Tractätgen.
11 John Coackley Lettsom und John Ellis, Geschichte des Thees und Koffees, Leipzig 1776 (Neudruck: Leipzig 1985).
12 Francis Bacon, Der utopische Staat, in: Der utopische Staat, hg. v. Klaus J. Heinisch, Reinbek 2005, S. 207.
13 Cowan, Social Life of Coffee, S. 21.
14 Ebd., S. 21.
15 Ebd., S. 25.
16 Ebd., S. 22.
17 Ebd.
18 Ebd., S. 6–10.
19 Vgl. allg.: Steven Shapin, Social History of Truth, Civility and Science in 17th-Century England, Chicago 1994.
20 Cowan, Social Life of Coffee., S. 10–14.
21 Zit. n.: ebd., S. 26: »... this variety ... may bee a meanes to put drunkenness out of countenance, which in these wilde parts too prevalent.«

22 Cowan, Social Life of Coffee, S. 28f.

23 Bealer / Weinberg, World of Caffeine, S. 69.

24 A Voyage to Arabia Fœlix, S. 241: »The Curious in observing this Bough, the Leaves and the Fruit of which are drawn of the Natural Size, will easily perceive how very different this is from all those, which we have seen in many Books, where the Authors have pretended to represent the Bough of the Coffee-Tree.«

25 A Voyage to Arabia Fœlix, S. 249.

26 Monique Lansard, Der Kaffee in Frankreich im 17. und 18. Jahrhundert. Modeerscheinung oder Institution?, in: Daniela U. Ball (Hg.), Kaffee im Spiegel europäischer Trinksitten. Coffee in the Context of European Drinking Habits, Zürich 1991, S. 128f.

27 Cowan, Social Life of Coffee, S. 25.

28 Glamann, Dutch-Asiatic Trade, S. 184.

29 Zit. n.: Bealer / Weinberg, World of Caffeine, S. 67.

30 Michael North, Genuß und Glück des Lebens. Kulturkonsum im Zeitalter der Aufklärung, Köln-Weimar-Wien 2003, S. 196.

31 Hans-Jürgen Gerhard, Entwicklungen auf europäischen Kaffeemärkten 1735–1810. Eine preishistorische Studie zur Geschichte eines Welthandelsgutes, in: Rainer Gömmel und Markus A. Denzel (Hgg.), Weltwirtschaft und Wirtschaftsordnung. Festschrift für Jürgen Schneider zum 65. Geburtstag, Stuttgart 2002, S. 154.

32 North, Genuß und Glück des Lebens, S. 206.

33 Ebd., S. 207.

34 Johann Christian Müller, Meines Lebens Vorfälle und Neben-Umstände, Bd. 1, hg. von Katrin Löffler und Nadine Sobirai, Leipzig 2007, S. 275.

35 Jünger, Herr Ober, S. 170.

36 Müller, Vorfälle und Neben-Umstände, S. 271f.

37 Zit. n.: North, Genuß und Glück des Lebens, S. 209.

38 Zit. n.: Jünger, Herr Ober, S. 162.

39 North, Genuß und Glück des Lebens, S. 200.

40 Ebd., S. 200f.

41 Müller, Vorfälle und Neben-Umstände, S. 275.

42 Zit. n.: Jünger, Herr Ober, S. 168.

43 Zit. n.: ebd., S. 172.

44 Bealer / Weinberg, World of Caffeine, S. 75.

45 Zit. n.: ebd., S. 70: »On bended knee, the black slaves of the Ambassador, arrayed in the most gorgeous costumes, served the choicest Mocha coffee in tiny cups of egg-shell porcelain, but, strong and fragrant, poured out in saucers of gold and silver, placed on embroidered silk doylies fringed with gold bullion, to the grand dames, who fluttered their fans with many grimaces, bending their piquant faces – be-rouged, be-powdered, and be-patched – over the new and steaming beverage.«

46 Bealer / Weinberg, World of Caffeine, S. 70f.

47 Ebd., S. 71.

48 Jünger, Herr Ober, S. 159ff.

49 Bealer / Weinberg, World of Caffeine, S. 67f.

50 Zit. n.: Jünger, Herr Ober, S. 162f.

51 Zit. n.: North, Genuß und Glück des Lebens, S. 209.

52 Ebd., S. 210f.

53 Ebd., S. 211.

54 Mats Essemyr, Prohibition and Diffusion. Coffee and Coffee Drinking in Sweden, in: Daniela U. Ball (Hg.), Kaffee im Spiegel europäischer Trinksitten. Coffee in the Context of European Drinking Habits, Zürich 1991, S. 84.

55 Zu einer knappen Übersicht zur Entwicklung der Kaffee-Surrogate vgl.: Hans-Jürgen Teuteberg, Zur Kulturgeschichte der Kaffee-Surrogate, in: Daniela U. Ball (Hg.), Kaffee im Spiegel europäischer Trinksitten. Coffee in the Context of European Drinking Habits, Zürich 1991, S. 169–99.

VII. Das Kaffeehaus

1 Heise, Kaffee und Kaffeehaus, S. 155–161.

2 Jünger, Herr Ober, S. 163.

3 Heise, Kaffee und Kaffeehaus, S. 159.

4 Markman Ellis, The Coffee House. A Cultural History, London 2004, S. 62.

5 Zit. n.: Jünger, Herr Ober, S. 118.

6 Glamann, Dutch-Asia Trade, S. 186.

7 Zit. n.: Christian Hochmuth, Globale Güter – lokale Aneignung. Kaffee, Tee, Schokolade und Tabak im frühneuzeitlichen Dresden, Konstanz 2008, S. 169.

8 Ebd.

9 Ellis, Coffee House, S. 67.

10 Hochmuth, Globale Güter, S. 155f.

11 Peter Burke, Städtische Kultur in Italien zwischen Hochrenaissance und Barock. Eine historische Anthropologie, Berlin 1988, S. 111–29.

12 North, Genuß und Glück des Lebens, S. 196.

13 Jünger, Herr Ober, S. 32.

14 Bealer / Weinberg, World of Caffeine, S. 71.

15 Ebd., S. 64, 71f.

16 Ebd., S. 72.

17 Ebd., S. 73f.

18 Hochmuth, Globale Güter, S. 171.

19 Charles de Montesquieu, Perserbriefe, übers. von Jürgen von Stackelberg, Frankfurt am Main 1988, S. 66f.

20 North, Genuß und Glück des Lebens, S. 196.

21 Zit. n.: Ellis, Coffee House, S. 59.

22 Zit. n.: ebd., S. 60.

23 Ebd., S. 56.

24 Zit. n.: ebd., S. 56: » ... sat in good discourse with some gentlemen concerning the Roman Empire ... .«

25 Ebd., S. 56f.

26 Ebd., S. 78.

27 Hochmuth, Globale Güter, S. 172.

28 Jünger, Herr Ober, S. 163.

29 Hochmuth, Globale Güter, S. 156ff., 162f.

30 Ebd., S. 158.

31 Ebd., S. 158f.

32 Zit. n.: Wolfgang Nahrstedt, Die Entstehung der »Freizeit« zwischen 1750 und 1850. Dargestellt am Beispiel Hamburgs. Ein Beitrag zur Strukturgeschichte, Diss. Phil., Hamburg 1972, S. 176.

33 Ebd., S. 177f.

34 Martin Krieger, Geschichte Hamburgs, München 2006, S. 70.

35 Jünger, Herr Ober, S. 163f.
36 Ebd., S. 165.
37 Heise, Kaffee und Kaffeehaus, S. 132.
38 Zit. n.: ebd., S. 134.
39 Zit. n.: ebd., S. 133.
40 Ebd., S. 134.
41 Jünger, Herr Ober, S. 165.
42 Zit. n.: Ebd., S. 167.
43 Hochmuth, Globale Güter, S. 156.
44 Heinz Schilling, Höfe und Allianzen. Deutschland 1648–1763, Berlin 1998, S. 356f.
45 Ebd., S. 244–50.
46 Jünger, Herr Ober, S. 116, bezeichnet ihn als Serben.
47 Ebd., S. 116f.
48 Bealer / Weinberg, World of Caffeine, S. 77.
49 Jünger, Herr Ober, S. 117.
50 Ebd., S. 117f.
51 North, Genuß und Glück des Lebens, S. 197.
52 Ebd., S. 198f.
53 Zit. n.: Gerhard, Entwicklungen auf europäischen Kaffeemärkten, S. 153.
54 Müller, Meines Lebens Vorfälle und Neben-Umstände, S. 209.

VIII. Kaffee und koloniale Expansion

1 S. allgemein: Holden Furber, Rival Empires of Trade in the Orient 1600–1800, Minneapolis 1976.
2 Zit. n.: Becker / Höhfeld / Kopp, Kaffee aus Arabien, S. 9: »… the seedes and the huske, both which are useful in making the drinke, were found only at Moka, although the beverage is used in Turkey and in other parts of Arabia, Persia and India.«
3 Ovington, A Voyage to Suratt, S. 460.
4 Ebd., S. 461.

5 Bowrey, Geographical Account, S. 104: »The Cables, Strapps, &c. are made of Cayre, vizt. The Rhine of Coco nuts very fine Spun, the best Sort of which is brought from the Maldiva Isles.«

6 Becker / Höhfeld / Kopp, Kaffee aus Arabien, S. 10.

7 Chaudhuri, Trading-World of Asia, S. 369.

8 Ebd.

9 Ebd., S. 360.

10 Ebd., S. 370.

11 Ebd., S. 360f.

12 Ovington, A Voyage to Suratt, S. 464: »The Natives [of Mokka] were very civil and courteous to the English, especially 'till the Year 1687, when the War commenc'd between the English and the Mogul, which was so severe among the poor Moor merchants, and such a disturbance and loss to the Innocent Indians that Traded hither, that it has quite (in a Manner) destroy'd the Traffick of this Port, and driven the Trade to several other parts in this Sea. This War has since occasion'd the utter Ruin of several Indian, Turkey, and Arabic Merchants.«

13 Chaudhuri, Trading-World of Asia, S. 361.

14 Ebd., S. 362.

15 Bealer / Weinberg, World of Caffeine, S. 67.

16 Chaudhuri, Trading-World of Asia, S. 363.

17 Ebd., S. 363f.

18 Zit. n.: ebd., S. 365: »You must take the properest and wisest measures to purchase our Coffee on the cheapest terms possible, which of late years has been but a dull Commodity in Europe, occasioned by the excessive large Imports of the Dutch from Java, the French also bring some from the island of Bourbon, and our Plantations in the West Indies are likely fallen into the method of raising it ...«.

19 Glamann, Dutch-Asia Trade, S. 183f.

20 Ebd.

21 Ebd., S. 186.

22 Ebd., S. 190, 193.

23 Ebd., S. 186ff.

24 Ebd., S. 194.

25 Ebd., S. 188, 201.

26 Ebd., S. 195f.

27 Topik, Integration, S. 28.

28 Krieger, Kaufleute, Seeräuber und Diplomaten. Der dänische Handel auf dem Indischen Ozean (1620–1868), Köln-Weimar-Wien 1998, S. 86.

29 Ebd.

30 Ebd., S. 142, 172.

31 Ebd., S. 183.

32 Heise, Kaffee und Kaffeehaus, S. 49.

33 Zit. n.: Cowan, Social Life of Coffee, S. 27: »I should rather wish our supply [of coffee came] from our own plantations, than from Turkye.«

34 Ebd.

35 A Voyage to Arabia Fœlix, S. 247, »... that the Arabs, jealous of a Benefit which is found only among themselves, suffer no Coffee-Beans to be, carry'd out of their Contry, which have not first pass'd thro' the Fire, or boiling Water, to cause the Bud, as they say, to dye; to the End that, if any should think to sow it elsewhere, it might be to no purpose.«

36 Topik / Clarence-Smith, The Global Coffee Economy, S. 5.

37 Heise, Kaffee und Kaffeehaus, S. 47.

38 Coolhaas / de Fluiter / Koenig, Kaffee, S. 288.

39 Glamann, Dutch-Asia Trade, S. 192.

40 Anthony Wild, Black Gold. The Dark History of Coffee, London 2005, S. 98f.

41 A Voyage to Arabia Fœlix, S. 246.

42 Chaudhuri, Trading-World of Asia, S. 359.

43 Topik, Integration, S. 27.

44 A Voyage to Arabia Fœlix, S. 248.

45 Heise, Kaffee und Kaffeehaus, S. 49.

46 Wild, Black Gold, S. 99.

47 Ebd.

48 Ebd., S. 99.

49 Ebd., S. 100.

50 Heise, Kaffee und Kaffeehaus, S. 49.

51 Wild, Black Gold, S. 99.

52 K. M. De Silva, A History of Sri Lanka, London-Berkeley-Los Angeles 1981, S. 167.
53 Ebd., S. 168f.
54 Wild, Black Gold, S. 102f.
55 Ebd., S. 103.
56 Heise, Kaffee und Kaffeehaus, S. 50.
57 Topik, Integration, S. 28.
58 Tuchscherer, Red Sea Area, S. 56.
59 Ebd., S. 56f.

IX. Welthandelsgut Kaffee

1 Topik, Integration, S. 31.
2 Coolhaas / de Fluiter / Koenig, Kaffee, S. 4f., S. 231.
3 De Silva, Sri Lanka, S. 273.
4 Ebd., S. 34.
5 Ebd., S. 270.
6 Krieger, Hamburg, S. 92.
7 Topik, Integration, S. 33f.
8 Ebd., S. 32.
9 Coolhaas / de Fluiter / Koenig, Kaffee, S. 245.
10 Ellis, Coffee House, S. 226.
11 Topik, Integration, S. 36.
12 Clarence-Smith / Topik, The Global Coffee Economy, S. 11.
13 Ebd., S. 3.
14 Ebd., S. 11.
15 Ray Desmond, Kew. The History of the Royal Botanic Gardens, 2. Auflage, London 1998, S. 252.
16 Ebd., S. 252f.
17 Clarence-Smith / Topik, The Global Coffee Economy, S. 10.
18 Wintgens, Coffee, S. 397f.
19 Tuchscherer, Coffee in the Red Sea Area, S. 57.
20 Ebd., S. 57f.
21 Ebd., S. 59.
22 Ebd., S. 58f.

23 Topik, Integration, S. 29.

24 Tuchscherer, Coffee in the Red Sea Area, S. 63f.

25 Zit. n.: ebd., S. 64.

26 Becker / Höhfeld / Kopp, Kaffee aus Arabien, S. 52.

27 Ebd.

28 Ebd.

29 Coolhaas / de Fluiter / Koenig, Kaffee, S. 257ff.

30 Christian Degn, Die Schimmelmanns im atlantischen Dreieckshandel. Gewinn und Gewissen, 3. Auflage, Neumünster 2000, S. 385–94.

31 Krieger, Geschichte Asiens, S. 238f.

32 Clarence-Smith / Topik, The Global Coffee Economy, S. 9.

33 Michael North, Geschichte der Niederlande, 2. Auflage, München 2003, S. 89f.

34 Eduard Douwes-Dekker (Multatuli), Max Havelaar. Oder die Kaffeeversteigerungen der niederländischen Handelsgesellschaft, 2. Auflage, Köln 1993, S. 303f.

35 Cramer, Kulturhumorist, S. 18.

36 Krieger, Geschichte Asiens, S. 178.

37 De Silva, Sri Lanka, S. 268f.

38 Ebd., S. 272.

39 Ebd., S. 269f.

40 Ebd., S. 286.

41 Ebd., S. 286f.

42 Ebd., S. 273f.

43 Ebd., S. 284.

44 Coolhaas / de Fluiter / Koenig, Kaffee, S. 252f.

45 Wild, Black Gold, S. 172f.

46 Ebd., S. 174.

47 Ebd., S. 173.

48 Ebd., S. 175.

49 Clarence-Smith / Topik, The Global Coffee Economy, S. 6ff.

50 Wild, Black Gold, S. 175.

51 Clarence-Smith / Topik, The Global Coffee Economy, S. 8.

52 Topik, Integration, S. 32.

53 Coolhaas / de Fluiter / Koenig, Kaffee, S. 259–62.
54 Clarence-Smith / Topik, The Global Coffee Economy, S. 10.
55 Coolhaas / de Fluiter / Koenig, Kaffee, S. 282ff.
56 Markus Boller, Kaffee, Kinder, Kolonialismus. Wirtschafts- und Bevölkerungsentwicklung in Buhaya (Tansania) in der deutschen Kolonialzeit, Münster-Hamburg 1994, S. 120.
57 Ebd., S. 135f.
58 Ebd., S. 122f.
59 Ebd., S. 123f.
60 Coolhaas / de Fluiter / Koenig, Kaffee, S. 284f.
61 Wirtschaft.t-online, 16. Januar 2009.
62 Andreas Boueke, Kleine Hände ernten Kaffee, in: Mitteldeutsche Kirchenzeitungen, Online-Ausgabe, 6. März 2010.
63 Kaffee aus Nicaragua, Spiegel-Online, 19. August 2010.
64 Unicef-Pressenotiz zum Welttag gegen Kinderarbeit am 12. Juni 2007, Online-Version.

X. Kaffeerevolutionen

1 Lars Oldenbüttel, Ludwig Roselius. Kaufmann und Visionär, in: Kraft Foods Deutschland (Hg.), 100 Jahre Kaffee HAG. Die Geschichte einer Marke, Bremen 2006, S. 10ff.
2 Ebd., S. 12; Alexander Schug, 100 Jahre Kaffee-Handels-Aktiengesellschaft, in: Kraft Foods Deutschland (Hg.), 100 Jahre Kaffee HAG. Die Geschichte einer Marke, Bremen 2006, S. 34.
3 Florentine Fitzen, Gesünder Leben. Die Lebensreformbewegung im 20. Jahrhundert, Stuttgart 2006, S. 336f.
4 Zit. n.: ebd., S. 182.
5 Hans Lange und Jan Beernd Rothfos (Hgg.), Kaffee. Die Zukunft, Hamburg 2005, S. 89–96.
6 Oldenbüttel, Ludwig Roselius, S. 13f.
7 Zit. n.: ebd., S. 15.
8 Schug, Kaffee-Handels-Aktiengesellschaft, S. 39f.
9 Oldenbüttel, Ludwig Roselius, S. 17–22.
10 Schug, Kaffee-Handels-Aktiengesellschaft, S. 40–47.

11 Ebd., S. 47–53.

12 Oldenbüttel, Ludwig Roselius, S. 22–30.

13 Lange / Rothfos, Kaffee, S. 245.

14 Ebd., S. 148.

15 Coolhaas / de Fluiter / Koenig, Kaffee, S. 222.

16 Lange / Rothfos, Kaffee, S. 149.

17 Ebd., S. 149f.

18 Ebd.

19 Friedhelm Schwarz, Nestlé. Macht durch Nahrung, Stuttgart-München 2000, S. 22f.

20 Ebd., S. 24.

21 Ebd., S. 24ff.

22 Lange / Rothfos, Kaffee, S. 150–59.

23 Roland Peter, Myriam Reis-Liechti und Christian Ruch, Geschäfte und Zwangsarbeit. Schweizer Industrieunternehmen im »Dritten Reich«, Zürich 2001.

24 Lange / Rothfos, Kaffee, S. 150.

25 Nur 50 Prozent Bohnenkaffee, in: Der Spiegel, 47/1947, S. 14.

26 Hamburger Abendblatt, Online, 29. März 2003.

27 Gold entdeckt, in: Der Spiegel, 32/1965, S. 42.

28 Hamburger Abendblatt, Online, 29. März 2003.

29 General Foods greift an, in: Der Spiegel, 37/1955, S. 14f.

30 Ebd., S. 14.

31 Ebd.

32 Ebd., S. 16.

33 Lange / Rothfos, Kaffee, S. 158f.

34 Gold entdeckt.

35 Wild, Black Gold, S. 272.

36 Ellis, Coffee House, S. 237.

37 Ebd., S. 225f.

38 Ebd., S. 227f.

39 Ellis, S. 228f.

40 Zit. n. ebd., S. 229: »You order your Espresso or Cappuccino and then fearfully watch the monster produce same. Like a proud engineer the man

behind the monster turns his steam levers; the great machine begins to throb and hiss, and just as you begin to think the explosion is inevitable, it starts to drip the brown nectar gently into the tiny white cup awaiting it. You sip the delicious brew, sigh appreciatively and think, ›What a show for the money!‹ «.

41 Ellis, Coffee House, S. 230.

42 Ebd., S. 231, 234f.

43 Ebd., S. 230.

44 Zit. n.: ebd., S. 248.

45 Ellis, S. 248.

46 Spiegel-Online, 12. März 2007.

47 Ellis, Coffee House, S. 248f.

48 Hannah Beitzer, Ready to Go, in: Süddeutsche Zeitung, 15. Juli 2011, S. 18.

XI. Deutschland – Kaffeeland

1 Mechthild Hempe, 100 Jahre Melitta. Geschichte eines Markenunternehmens, Köln 2008, S. 86.

2 Quelle: Deutscher Kaffeeverband, Pressemitteilungen.

3 Heiß wie die Hölle, in: Der Spiegel, 42/1962, S. 40.

4 Ebd.

5 Ebd., S. 43.

6 Henner Alms, Hermann Pölking-Eiken und Rolf Sauerbier u.a., 100 Jahre Jacobs Café, Bremen 1994, S. 11.

7 Zit. n.: ebd., S. 12.

8 Ebd., S. 23f.

9 Ebd., S. 54, 62.

10 Ebd., S. 56.

11 J. J. Darboven (Hg.), Ein Jahrhundert im Zauber einer Kaffeestunde, Darmstadt 1966, o.S.

12 Zit. n.: Hempe, 100 Jahre Melitta, S. 81.

13 Ebd., S. 82.

14 Heiß wie die Hölle, S. 38f.

15 Zit. n.: ebd., S. 40.

16 Ebd., S. 44.

17 Zit. n.: ebd., S. 55.

18 Ebd., S. 38f.

19 Gerald Drissner, Business mit der Bohne, in: Merian 11/2008, S. 107.

20 Schug, Kaffee-Handels-Aktiengesellschaft, S. 57f.

21 Ebd., S. 58ff.

22 Dietmar H. Lamparter, Hanseatische Melange, Zeit Online, 20. Dezember 1996.

23 100 Jahre Jacobs Kaffee, S. 60.

24 Günter Wallraff, Brauner Sud im Filterwerk, in: ders., Neue Reportagen, Untersuchungen und Lehrbeispiele, Reinbek 1974, S. 7–29.

25 Hempe, 100 Jahre Melitta, S. 110f.

26 Alms / Pölking-Eiken / Sauerbier, 100 Jahre Jacobs Café, S. 47.

27 Volker Wünderlich, Die »Kaffeekrise« von 1977. Genussmittel und Verbraucherprotest in der DDR, in: Historische Anthropologie, 11/2003, S. 242f.

28 Röstfein Kaffee (Hg.), Hundert Jahre röstfeiner Geschmack, Magdeburg 2008, S. 9–13.

29 Wünderlich, Kaffeekrise, S. 241f.

30 Paul Gratzik, Transportpaule, oder wie man über den Hund kommt, Berlin 1977, S. 45, zit. n.: Wünderlich Kaffeekrise, S. 244.

31 Wünderlich, Kaffeekrise, S. 247.

32 Ebd., S. 253–57.

33 Röstfein Kaffee, Hundert Jahre röstfeiner Geschmack, S. 20.

34 Ebd., S. 60f.

35 Vgl. hierzu: »Kaffeeröster führen barbarischen Wettbewerb«, Interview mit Albert Darboven, in: Handelsblatt Online, 5. November 2009.

36 Lamparter, Hanseatische Melange.

37 Hohe Geldbußen gegen deutsche Kaffeeröster, in: Welt Online, 21. Dezember 2009.

Literaturverzeichnis

Gedruckte Quellen

A Voyage to Arabia Fœlix through the Eastern Ocean and the Streights of the Red-Sea, being the First made by the French in the Years 1708, 1709, and 1710, London 1710.

Bacon, Francis, Neu-Atlantis, in: Der utopische Staat, hg. v. Klaus J. Heinisch, Reinbek 2005, S. 171–215.

Beckingham, C.F. / Huntingford, G.W.B. (Hgg.), The Prester John of the Indies. A True Relation of the Lands of the Prester John being the Narrative of the Portuguese Embassy to Ethiopia in 1520 written by Father Francisco Alvares, 2 Bde., Cambridge 1961.

Blixen, Karen, Afrika. Dunkel lockende Welt, 17. Auflage, Zürich 1989.

Bowrey, Thomas, A Geographical Account of Countries Round the Bay of Bengal, 1669 to 1679, hg. von Richard Carnac Temple, Neudruck der Ausgabe von 1905, Neu Delhi 1997.

Burton, Richard Francis, First Footsteps in East Africa. Or, an Exploration of Harar, London 1856.

Douwes-Dekker, Eduard (Multatuli), Max Havelaar. Oder die Kaffeeversteigerungen der niederländischen Handelsgesellschaft, 2. Auflage, Köln 1993.

Krapf, J. Lewis, Travels, Researches, and Missionary Labors, during an Eighteen Years' Residence in Eastern Africa ..., Boston 1860.

Lenz, Siegfried, Jütländische Kaffeetafeln. Mit Illustrationen von Kirsten Reinhold, 3. Auflage, Hamburg 2009.

Lettsom, John Coackley / Ellis, John, Geschichte des Thees und Koffees, Leipzig 1776 (Neudruck: Leipzig 1985).

Montesquieu, Charles de, Perserbriefe, übers. von Jürgen von Stackelberg, Frankfurt am Main 1988.

Müller, Johann Christian, Meines Lebens Vorfälle und Neben-Umstände, Bd. 1, hg. von Katrin Löffler und Nadine Sobirai, Leipzig 2007.
Niebuhr, Carsten, Beschreibung von Arabien. Aus eigenen Beobachtungen und im Lande selbst gesammelten Nachrichten, Kopenhagen 1772.
Ders., Reisebeschreibung nach Arabien und andern umliegenden Ländern. Mit einem Vorwort von Stig Rasmussen und einem biographischen Porträt von Barthold Georg Niebuhr, Zürich 1992.
Olearius, Adam, Vermehrte Newe Beschreibung der Muscowitischen und Persischen Reyse, Schleswig 1656.
Ovington, John, A Voyage to Suratt in the Year 1689, London 1696.
Poncet, Charles Jacques, A Voyage to Ethiopia in the Years 1698, 1699 and 1700, London 1709.
Runge, Friedlieb Ferdinand, Hauswirthschaftliche Briefe. Erstes bis drittes Dutzend. Mit einem Nachwort von Heinz H. Bussemas und Günther Harsch, Weinheim 1988.
Schoff, Wilfred H. (Hg.), The Periplus of the Erythræan Sea. Travel and Trade in the Indian Ocean by a Merchant of the First Century, London-Bombay-Kalkutta 1912.
[Spon, Jacob], Drey Neue Curiose Tractätgen. Von dem Trancke Café, Sinesischen The, und der Chocolata, [Neudruck der Ausgabe Bautzen 1686, mit einem Nachwort von Ulla Heise], Leipzig 1986.
Woelk, Dieter (Hg.), Agarthachides von Knidos. Über das Rote Meer. Übersetzung und Kommentar, Diss. Phil., Bamberg 1966.

Literatur

Alms, Henner / Pölking-Eiken, Herrmann / Sauerbier, Rolf u.a., 100 Jahre Jacobs Café, Bremen 1994.
Bealer, Bonnie K. / Weinberg, Bennett Alan, The World of Caffeine. The Science and Culture of the World's most Popular Drug, New York-London 2001.
Becker, Hans / Höhfeld, Volker / Kopp, Horst, Kaffee aus Arabien. Der Bedeutungswandel eines Weltwirtschaftsgutes und seine siedlungsgeographische Konsequenz an der Trockengrenze der Ökomene, Wiesbaden 1979.

Becker, Ursula, Kaffee-Konzentration. Zur Entwicklung und Organisation des hanseatischen Kaffeehandels, Stuttgart 2002.

Bieber, Friedrich J., Kaffa. Ein altkuschitisches Volkstum in Inner Afrika. Nachrichten über Land und Volk, Brauch und Sitte der Kaffitscho oder Gonga und das Kaiserreich Kaffa, Bd. 1, Münster 1920.

Boller, Markus, Kaffee, Kinder, Kolonialismus. Wirtschafts- und Bevölkerungsentwicklung in Buhaya (Tansania) in der deutschen Kolonialzeit, Münster-Hamburg 1994.

Boueke, Andreas, Kleine Hände ernten Kaffee, in: Mitteldeutsche Kirchenzeitungen, Online-Ausgabe, 6. März 2010.

Boxhall, Peter, The Diary of a Mocha Coffee Agent, in: Arabian Studies, 1/1974, S. 102–18.

Burke, Peter, Städtische Kultur in Italien zwischen Hochrenaissance und Barock. Eine historische Anthropologie, Berlin 1988.

Chaudhuri, Kirti Narayan, The Trading World of Asia and the English East India Company 1660–1760, Cambridge-London-New York-Melbourne 1978.

Clarence-Smith, Gervase / Topik, Steven (Hgg.), The Global Coffee Economy in Africa, Asia, and Latin America, 1500–1989, Cambridge 2003.

Coolhaas, C. / de Fluiter H. J. / Koenig, Herbert P., Kaffee, [Tropische und subtropische Wirtschaftspflanzen. Ihre Geschichte, Kultur und volkswirtschaftliche Bedeutung, Teil 3, Bd. 2], 2. Auflage, Stuttgart 1960.

Cowan, Brian, The Social Life of Coffee. The Emergence of the British Coffeehouse, New Haven-London 2005.

Cramer, Sibylle, Der Kulturhumorist, in: Die Zeit, 41, 8. Oktober 1993, S. 18.

Darboven, J. J. (Hg.), Ein Jahrhundert im Zauber einer Kaffeestunde, Hamburg 1966.

De Silva, K. M., A History of Sri Lanka, London-Berkeley-Los Angeles 1981.

Degn, Christian, Die Schimmelmanns im Atlantischen Dreieckshandel. Gewinn und Gewissen, 3. Auflage, Neumünster 2000.

Desmet-Grégoire, Hélène, Die Ausbreitung des Kaffees bei den Gesellschaften des Vorderen Orients und des Mittelmeerraums. Übernahme und Herstellung von Gegenständen, Anpassung der Sitten, in: Daniela U. Ball (Hg.), Kaffee im Spiegel europäischer Trinksitten. Coffee in the Context of European Drinking Habits, Zürich 1991, S. 103–26.

Desmond, Ray, Kew. The History of the Royal Botanic Gardens, 2. Auflage, London 1998.

Drissner, Gerald, Business mit der Bohne, in: Merian 11/2008, S. 102–8.

Ellis, Markman, The Coffee House. A Cultural History, London 2004.

Essemyr, Mats, Prohibition and Diffusion. Coffee and Coffee Drinking in Sweden, in: Daniela U. Ball (Hg.), Kaffee im Spiegel europäischer Trinksitten. Coffee in the Context of European Drinking Habits, Zürich 1991, S. 83–92.

Fitzen, Florentine, Gesünder Leben. Die Lebensreformbewegung im 20. Jahrhundert, Stuttgart 2006.

Furber, Holden, Rival Empires of Trade in the Orient 1600–1800, Minneapolis 1976.

Garnier, Derick, Ayutthaya. Venice of the East, Bangkok 2004.

Gerhard, Hans-Jürgen, Entwicklungen auf europäischen Kaffeemärkten 1735–1810. Eine preishistorische Studie zur Geschichte eines Welthandelsgutes, in: Rainer Gömmel / Markus A. Denzel (Hgg.), Weltwirtschaft und Wirtschaftsordnung. Festschrift für Jürgen Schneider zum 65. Geburtstag, Stuttgart 2002, S. 151–68.

Glamann, Kristof, Dutch-Asia Trade. 1620–1740, Kopenhagen-Den Haag 1958.

Grühl, Max, Vom heiligen Nil. Im Reich des Kaisergottes von Kaffa, Berlin 1929.

Haarmann, Ulrich (Hg.), Geschichte der Arabischen Welt, München 1987.

Hattox, Ralph, Coffee and Coffeehouses. The Origins of a Social Beverage in the Medieval Near East, Seattle 1985.

Heise, Ulla, Kaffee und Kaffeehaus. Eine Geschichte des Kaffees, Frankfurt am Main 2002.

Hempe, Mechthild, 100 Jahre Melitta. Geschichte eines Markenunternehmens, Köln 2008.

Henze, Paul B., Layers of Time. A History of Ethiopia, New York 2000.

Hochmuth, Christian, Globale Güter – lokale Aneignung. Kaffee, Tee, Schokolade und Tabak im frühneuzeitlichen Dresden, Konstanz 2008.

Jacob, Heinrich Eduard, Kaffee. Die Biographie eines weltwirtschaftlichen Stoffes, [Stoffgeschichten, Bd. 2, hg. von Armin Reller und Jens Soentgen], München 2006.

Jünger, Wolfgang, Herr Ober, ein' Kaffee! Illustrierte Kulturgeschichte des Kaffeehauses, München 1955.

Klingholz, Reiner, Wo die wilde Bohne wächst, in: Geo 1/2003, S. 44–60.

Knefelkamp, Ulrich, Die Suche nach dem Reich des Priesterkönigs Johannes, dargestellt anhand von Reiseberichten und anderen ethnographischen Quellen des 12. bis 17. Jahrhunderts, Gelsenkirchen 1986.

Kopp, Horst (Hg.), Länderkunde Jemen, Wiesbaden 2005.

Krieger, Martin, Kaufleute, Seeräuber und Diplomaten. Der dänische Handel auf dem Indischen Ozean (1620–1868), Köln-Weimar-Wien 1998.

Ders., Geschichte Asiens, Köln-Weimar-Wien 2003.

Ders., Geschichte Hamburgs, München 1996.

Lamparter, Dietmar H., Hanseatische Melange, in: Zeit Online, 20. Dezember 1996.

Lange, Hans / Rothfos, Jan Beernd (Hgg.), Kaffee. Die Zukunft, Hamburg 2005.

Lange, Werner J., A History of the Southern Gonga (Southwestern Ethiopia), Wiesbaden 1982.

Lansard, Monique, Der Kaffee in Frankreich im 17. und 18. Jahrhundert. Modeerscheinung oder Institution?, in: Daniela U. Ball (Hg.), Kaffee im Spiegel europäischer Trinksitten. Coffee in the Context of European Drinking Habits, Zürich 1991, S. 127–43.

Lengerke, Hans J. von, The Nilgiris. Weather and Climate of a Mountain Area in South India, Wiesbaden 1977.

Nahrstedt, Wolfgang, Die Entstehung der »Freizeit« zwischen 1750 und 1850. Dargestellt am Beispiel Hamburgs. Ein Beitrag zur Strukturgeschichte, Diss. Phil., Hamburg 1972.

N.N., Heiß wie die Hölle, in: Der Spiegel, 42/1962, S. 38–56.

North, Michael, Genuß und Glück des Lebens. Kulturkonsum im Zeitalter der Aufklärung, Köln-Weimar-Wien 2003.

Ders., Geschichte der Niederlande, 2. Auflage, München 2003.

Oldenbüttel, Lars, Ludwig Roselius. Kaufmann und Visionär, in: Kraft Foods Deutschland (Hg.), 100 Jahre Kaffee HAG. Die Geschichte einer Marke, Bremen 2006, S. 9–31.

Röstfein Kaffee (Hg.), Hundert Jahre röstfeiner Geschmack, Magdeburg 2008.

Roland, Peter / Reis-Liechti, Myriam / Ruch, Christian, Geschäfte und Zwangsarbeit. Schweizer Industrieunternehmer im »Dritten Reich«, Zürich 2001.

Schilling, Heinz, Höfe und Allianzen. Deutschland 1648–1763, Berlin 1998.

Schimmel, Annemarie, Sufismus. Eine Einführung in die islamische Mystik, 4. Auflage, München 2008.

Schnyder-von Waldkirch, Antoinette, Wie Europa den Kaffee entdeckte. Reiseberichte als Quellen zur Geschichte des Kaffees, Zürich 1988.

Schuerkens, Ulrike, Geschichte Afrikas, Köln-Weimar-Wien 2009.

Schug, Alexander, 100 Jahre Kaffee-Handels-Aktiengesellschaft, in: Kraft Foods Deutschland (Hg.), 100 Jahre Kaffee HAG. Die Geschichte einer Marke, Bremen 2006, S. 33–61.

Schwarz, Friedhelm, Nestlé. Macht durch Nahrung, Stuttgart-München 2000.

Shapin, Steven, Social History of Truth. Civility and Science in Seventeenth-Century England, Chicago 1994.

Teuteberg, Hans-Jürgen, Zur Kulturgeschichte der Kaffee-Surrogate, in: Daniela U. Ball (Hg.), Kaffee im Spiegel europäischer Trinksitten. Coffee in the Context of European Drinking Habits, Zürich 1991, S. 169–99.

Thurman, Judith, Tania Blixen. Ihr Leben und Werk, Reinbek 1991.

Topik, Steven, The Integration of the World Coffee Market, in: William Gervase Clarence-Smith / Steven Topic (Hgg.), The Global Coffee Economy in Africa, Asia, and Latin America, 1500–1989, Cambridge 2003, S. 21–49.

Tuchscherer, Michel, Coffee in the Red Sea Area from the Sixteenth to the Nineteenth Century, in: William Gervase Clarence-Smith / Steven Topic (Hgg.), The Global Coffee Economy in Africa, Asia, and Latin America, 1500–1989, Cambridge 2003, S. 50–66.

Wallraff, Günter, Brauner Sud im Filterwerk, in: ders., Neue Reportagen, Untersuchungen und Lehrbeispiele, Reinbek 1974, S. 7–29.

Wild, Anthony, Black Gold. The Dark History of Coffee, London 2005.

Wintgens, Jean Nicolas (Hg.), Coffee. Growing, Processing, Sustainable Production. A Guidebook for Growers, Processors, and Researchers, Weinheim 2009.

Wünderlich, Volker, Die »Kaffeekrise« von 1977. Genussmittel und Verbraucherprotest in der DDR, in: Historische Anthropologie, 11/2003, S. 240–61.

Abbildungsnachweis

Abb. 1: John Coackley Lettsom/John Ellis, Geschichte des Thees und Koffees, Leipzig 1776, (Neudruck: Leipzig 1985), eingelegtes Faltblatt.

Abb. 2, 3, 5, 6: Antoinette Schnyder-v. Waldkirch, Wie Europa den Kaffee entdeckte. Reiseberichte als Quellen zur Geschichte des Kaffees, Zürich 1988, S. 41, 56 und 71.

Abb. 4: Horst Kopp (Hg.), Länderkunde Jemen, Wiesbaden 2005, S. 31.

Abb. 7, 8, 9, 10: Markman Ellis, The Coffee House. A Cultural History, London 2004, zwischen S. 178 und 179.

Abb. 11: Ulla Heise, Kaffee und Kaffeehaus. Eine Geschichte des Kaffees, Frankfurt a.M. 2002, vor S. 129.

Abb. 12: Ralph S. Hattox, Coffee and Coffeehouses. The Origins of a Social Beverage in the Medieval Near East, Seattle/London 1985, nach S. 52.

Abb. 13, 14, 17: Kraft Foods Deutschland (Hg.): 100 Jahre Kaffee HAG –Die Geschichte einer Marke, Bremen 2006, S. 46, 58 und 59.

Abb. 15, 16: Mechthild Hempe, 100 Jahre Melitta. Geschichte eines Markenunternehmens, Köln 2008, S. 102 und 117.

Abb. 18: Siegfried Lenz, Jütländische Kaffeetafeln. Mit Illustrationen von Kirsten Reinhold, 3. Auflage, Hamburg 2009, S. 9.

Abb. 19, 20: Reiner Klingholz: Wo die wilde Bohne wächst, in: Geo. Das Reportage-Magazin, Heft 01, Januar 2003, S. 48 und 51.

Register

Namensregister

Ortsregister